DEUS NÃO ESTÁ MORTO

PROVAS DA EXISTÊNCIA E DA AÇÃO DE DEUS NUM MUNDO DE DESCRENTES

RICE BROOCKS

Tradução
Francisco Nunes

Prefácio
Augusto Cury

THOMAS NELSON
BRASIL®

Rio de Janeiro, 2014

Título original: GOD'S NOT DEAD: EVIDENCE FOR GOD IN AN AGE OF UNCERTAINTY

Copyright © 2013, by Rice Broocks
Edição original por Thomas Nelson, Inc., um selo da HarperCollins Christian Publishing, Inc. Todos os direitos reservados.
Copyright da tradução: © Vida Melhor Editora S.A. 2014.

PUBLISHER	*Omar de Souza*
EDITOR RESPONSÁVEL	*Samuel Coto*
PRODUÇÃO	*Thalita Aragão Ramalho*
PRODUÇÃO EDITORIAL E REVISÃO DE TRADUÇÃO	*Daniel Borges*
REVISÃO	*Gregory Neres* *Maria Fernanda Barreto* *Luiz Antônio Maia*
CAPA	*Ana Carolina Aguiar*
DIAGRAMAÇÃO	*Filigrana*

Todas as citações bíblicas foram extraídas da Nova Versão Internacional (NVI).

CIP-BRASIL. CATALOGAÇÃO NA PUBLICAÇÃO
SINDICATO NACIONAL DOS EDITORES DE LIVROS, RJ

B888r
    Broocks, Rice
       Deus não está morto : provas da existência e da ação de Deus num mundo de descrentes / Rice Broocks ; tradução Francisco Nunes. - 1. ed. - Rio de Janeiro : Thomas Nelson Brasil, 2014.

    Tradução de: God's Not Dead
    ISBN 978.85.7860.498-1

    1. Confiança em Deus - Cristianismo. 2. Fé. 3. Vida cristã. 4. Religião. I. Título.

14-09409   CDD: 248.4
                           CDU: 27-423.79

Thomas Nelson Brasil é uma marca licenciada à Vida Melhor Editora S.A.
Todos os direitos reservados à Vida Melhor Editora S.A.
Rua da Quitanda, 86, sala 218 – Centro – 20091-005
Rio de Janeiro – RJ – Brasil
Tel.: (21) 3175-1030
www.thomasnelson.com.br

Este é simplesmente o mais conciso, contundente e abrangente argumento a favor da existência de Deus e da verdade do cristianismo escrito em anos recentes. Citando ateístas de Richard Dawkins a Christopher Hitchens, Rice Broocks derruba, com inteligência e graça, a tolice do naturalismo baseado em Darwin. Com encontros que variam de uma conferência ateísta em Melbourne, Austrália, à tenda de um médium em Nova Orleans, Rice descreve seus muitos diálogos sábios e compassivos com incrédulos. Este livro oferece um brilhante raio de esperança para os cristãos desmoralizados pelos recentes ataques dos adoradores da incredulidade.

— DAVID AIKMAN,
autor de *The Delusion of Disbelief* [O delírio da descrença]
e de *One Nation Without God?* [Uma nação sem Deus?]

Quando uma voz confiante explica o evangelho de Jesus, de modo a responder às questões de uma era, vidas são mudadas. O Reino de Deus avança. As trevas do ceticismo são repelidas. O livro *Real Christianity* [Cristianismo verdadeiro], de William Wilberforce, conseguiu isso. O mesmo fez C.S. Lewis, com seu *Cristianismo puro e simples*. Agora Rice Broocks nos dá *Deus não está morto*, um livro que segue essa grande tradição. Ele responde aos argumentos superficiais dos neoateus, anima os cristãos a confiarem no evangelho e os equipa com armas para as batalhas de nosso tempo, tanto espirituais quanto intelectuais. Ele tem a experiência, a formação acadêmica, o humor e a paixão do guerreiro, e os coloca todos nestas páginas. Este é o toque de trombeta de que precisávamos para uma defesa vigorosa do evangelho.

— STEPHEN MANSFIELD,
autor de livros da lista dos mais vendidos do *The New York Times*

Para os filhos de meus filhos,

de modo que a geração seguinte o conheça,
e também os filhos que ainda nascerão,
e eles, por sua vez,
contarão aos seus próprios filhos.

Salmos 78:6, tradução livre

SUMÁRIO

Prefácio ··11
Introdução: O marco zero da fé ·················13

Capítulo 1: Deus não está morto ·················23
Capítulo 2: A fé verdadeira não é cega ·········38
Capítulo 3: O bem e o mal não são ilusões ·····55
Capítulo 4: Houve um começo ·····················77
Capítulo 5: A vida não é um acidente ···········94
Capítulo 6: A vida tem sentido e propósito ·····115
Capítulo 7: Jesus e a ressurreição ···············136
Capítulo 8: O testemunho das Escrituras ·······154
Capítulo 9: O Efeito Graça ························173
Capítulo 10: Provas vivas ··························194
Conclusão: A busca por Deus ·····················217

Agradecimentos ······································223
Sobre o autor ··225
Notas ···227

PREFÁCIO

Nietzsche, sob os alicerces do seu ateísmo, indagou com contundência: "Como? O Homem é só um equívoco de Deus? Ou Deus apenas um equívoco do Homem?" Nietzsche não entendeu que Deus e o ser humano são cúmplices um do outro, fruto do mais excelente equívoco, o equívoco do mais indecifrável dos sentimentos: o amor.

Ele escreveu que Deus está morto. Queria matar o Deus religioso, porque em seu tempo as religiões discriminavam as pessoas e controlavam sua liberdade, mas, no fundo, procurou intensamente o Autor da existência enquanto escrevia um dos textos mais importantes de sua vida. Como o ofegante que procura o ar, Nietzsche escreveu um poema ao Deus desconhecido. Ele o procurava nas entrelinhas da existência, nos recônditos da sua mente.

Todos os ateus tentam saciar o mar de dúvidas sobre as origens da vida e dos fenômenos da existência. Fazem do conhecimento um templo, sua religião. Eles rejeitam Deus, mas não conseguem fugir dele como tema central. Eu já me atormentei demais tentando provar para mim mesmo que Deus não existia. Tentei de todas as formas desconstruir Deus da minha psique. Entretanto, depois de milhares de análises compreendi que o "nada existencial" é eternamente estéril. A existência só pode ser construída a partir da própria existência. Deus, portanto, deixou de ser uma pequena hipótese.

E, além disso, ao analisar os pensamentos de Jesus, fiquei perplexo. Sua personalidade ultrapassa a criatividade do melhor dos melhores ficcionistas. Ele dava a uma prostituta um status de rainha e a um leproso um status de príncipe. Ele não distinguia religião, raça, sexo, cultura. Era um apaixonado pela humanidade. E para espanto das ciências sociopolíticas, ele dizia frequentemente "não conte para ninguém o que fiz". Não tinha, portanto, a necessidade neurótica de poder e de evidência social. Que homem é este?

No pai-nosso e nos Dez Mandamentos o Deus autoexistente esfacelou os parâmetros da lógica ao declarar solenemente que como Pai tem uma necessidade vital de ser amado. Todavia, quem quer ser verdadeiramente amado tem de dar o direito para ser rejeitado, caso contrário, seu amor será falso, uma maquiagem da emoção. Muitos pais dominam seus filhos pelo poder financeiro, por meio de chantagens, autoridade, presentes. Têm, portanto, o temor e a obediência dos filhos, mas nem sempre seu amor. Você é um apóstolo da liberdade? Não poucos líderes espirituais e intelectuais têm necessidade ansiosa de controlar os outros.

Dar ao ser humano uma inteligência complexa para não apenas escrever a sua história, mas também para escolher ou rejeitar o próprio Deus, foi uma aposta altíssima. Somente alguém que possui um amor essencialmente maduro e inteligente é capaz de correr tal risco.

E esse risco se materializou. Ninguém foi tão excluído como Deus. Ninguém foi tão usado como ele. Ninguém foi atirado no lixo das loucuras sociais como ele. Ninguém foi colocado em segundo plano como ele. Muitos usam Deus para executar suas vaidades. Em nome de Deus matam, discriminam e espoliam o direito dos outros.

Neste livro, você vai conhecer os pensamentos de um homem notável, dr. Rice. Eu o conheci nos Estados Unidos e me impressionei. Sua mente é brilhante, criativa, sensível e generosa. Em seu livro ele quebra paradigmas e confirma que aquele que se esconde atrás da cortina do tempo e do espaço não está morto. A liberdade que dá para encenarmos a peça da existência com nossas loucuras e lucidez é assombrosa.

Sua obra provoca a inteligência e fomenta a arte de pensar. Um livro que vai levar o leitor a fazer a mais fascinante viagem que um ser humano deve empreender. Uma viagem para dentro dos recônditos de seu ser para procurar suas próprias origens.

Dr. Augusto Cury

INTRODUÇÃO
O MARCO ZERO DA FÉ

O cristianismo tem sido, com sucesso, atacado e marginalizado[...] porque aqueles que professam a fé são incapazes de defendê-la do ataque, mesmo que os argumentos dos adversários sejam profundamente falhos.
— WILLIAM WILBERFORCE,
Real Christianity [Cristianismo verdadeiro][1]

"DEUS, EU NÃO CREIO MAIS EM TI." Essa foi a conclusão frustrada de meu amigo Dean enquanto dirigia pela rodovia, pensando em uma conversa que tivera recentemente com um ateu, uma conversa que abalou seu mundo. Ele tinha sido profundamente desafiado pelos questionamentos e pelas objeções sobre a existência de Deus feitas por aquela pessoa. O mais perturbador para Dean foi que não obteve respostas. Frustrado e constrangido pela própria incapacidade de responder àquele bombardeio cético, ele finalmente disse a Deus que pretendia parar de crer.

O que aconteceu a seguir foi a última coisa que ele esperava. Depois de declarar que não creria mais, ele ouviu uma voz: "Com quem você acha que está falando?" Ele imediatamente levou o carro para o acostamento a fim de "acertar o coração" com Deus. E ele o fez. Então, ele também tinha que "botar a cabeça no lugar". Para que pudesse entender, Dean começou a estudar as evidências que sustentam a fé real. Ele diz que agora é capaz de responder ao cético que ataca a fé em Deus, bem como ajudar aquele que está em dúvida e lutando para encontrar a fé.

Histórias como a de Dean me levaram a escrever este livro. Minha esperança é que cada cristão seja capaz de compreender as razões para crer em Deus e seja capaz de comunicá-las às pessoas a seu redor. Esse é o desafio que nos foi dado por um dos maiores exemplos da história de alguém que foi resgatado da noite escura da incredulidade: o apóstolo Pedro. "Estejam sempre preparados para responder a qualquer pessoa que pedir a razão da esperança que há em vocês" (1Pedro 3:15). Há respostas diretas para as perguntas dos céticos, mas a maioria dos cristãos não está suficientemente familiarizada com elas para poder explicar suas razões para os outros. Espero que este livro mude isso para aqueles que o lerem.

A gritaria das fileiras de incrédulos é resumida pelas palavras do músico e zoólogo Greg Graffin, da banda Bad Religion, que afirma que os que sugerem que a vida foi projetada de modo inteligente "ainda não produziram uma única migalha de dados" para sustentar sua afirmação[2]. Graffin está parcialmente certo. Não há uma única migalha de dados. Na verdade, há grandes volumes de dados para sustentar que o universo foi projetado por um Criador inteligente. Dizer que não há evidência desse Criador é como dizer que as milhares de pinturas em um museu de arte não poderiam ter sido pintadas, porque não há artistas visíveis na galeria. A evidência de uma mente inteligente por trás do universo é tão avassaladora que tem "esmigalhado" a noção de que tudo foi produzido somente pela natureza. A evidência a favor de Deus não é encontrada apenas em algum fóssil obscuro ou nas hipóteses não testáveis de um físico teórico: ela está evidentemente presente para onde quer que você olhe.

Tenho a intenção de lhe dar uma visão geral dessa evidência. A fé em Deus está crescendo, mas o ceticismo também está. Em nome da ciência e da razão, a fé está sendo retratada como irracional e ilógica. A metanarrativa da evolução darwiniana atraiu muitos corações e muitas mentes, ensinando que a vida surgiu espontaneamente do nada, por nenhuma razão e para nenhum propósito é guiada pelo "relojoeiro cego" da seleção natural.[3] A crença de que tudo o que vemos ao nosso redor surgiu de causas naturais é chamada *naturalismo*. Como conclui Stephen Hawking: "Se realmente o universo é completamente autocontido, sem limite ou margem, não teria havido começo, nem haverá fim; ele seria, simplesmente. Que papel estaria então reservado ao criador?"[4]

Tenho a intenção de mostrar-lhe a necessidade do Criador para explicar o mundo em torno de nós assim como o mundo dentro de nós, isto é, a alma humana. Para fazer isso, vou utilizar alguns dos milhares de trabalhos acadêmicos escritos sobre as evidências da existência de Deus. Por séculos, mentes brilhantes têm lutado com a ideia de uma criação inspirada e brilhantemente respondido a dúvidas, dilemas e acusações. E hoje precisamos da sabedoria dos gigantes da filosofia, da teologia e da ciência. Vou me referir a seus argumentos ao lado de meus próprios comentários enquanto você absorve o gênio daqueles que já lutaram e venceram grandes batalhas intelectuais pela fé. Minhas próprias ideias e observações vêm dos anos de estudo e de discussões sobre esses temas tanto com céticos quanto com pessoas que buscam respostas. A realidade é que as pessoas vêm à fé não contra a razão, mas por meio dela. É por isso que o primeiro passo da fé, ou seu *marco zero*, é crer que Deus existe.

Não se engane: os ateus apresentam sua argumentação com grande fervor. Eles afirmam não haver nenhuma prova racional da existência de Deus, que a Bíblia é um livro de contos de fadas e de contradições e que religião, em geral, é uma coisa ruim. Além disso, eles afirmam que quem é racional e não delirante chegará às mesmas conclusões. Eles se deleitam com pessoas religiosas despreparadas que, de modo não inteligente, mantêm crenças meramente herdadas, tendo, assim, somente uma fé de segunda mão. Mas esses céticos raramente dão uma segunda olhada para ver quão insustentáveis são seus próprios pontos de vista. Em vez disso, eles acreditam que é só uma questão de tempo até que todos vejam as coisas do modo deles. A estratégia deles é simples:

1. Usar a ridicularização e a zombaria para rotular pessoas de fé como anti-intelectuais ou irracionais;
2. Estabelecer uma falsa dicotomia entre ciência e fé, dizendo que as pessoas devem escolher uma ou outra;
3. Fazer com que o debate se mantenha unilateral, não permitindo uma opinião dissidente na arena pública, certificando-se de que os únicos lugares em que expressões de fé sejam permitidas estejam nos ambientes estritamente religiosos.

A triste realidade é que essa estratégia está funcionando. De acordo com o Centro de Pesquisas Pew, em 2007, 83% dos que pertencem à geração Y disseram nunca duvidar da existência de Deus. Em 2012, o número caiu para 68%. Isso é uma queda de 15 pontos em cinco anos.[5] Outros estudos têm mostrado que mais da metade dos jovens americanos que frequenta a igreja vai deixá-la quando passarem do Ensino Médio para o Superior.[6] Embora haja muitas razões para isso, uma delas é que esses estudantes nunca foram preparados para lidar com as objeções que os céticos levantam. Os jovens precisam ter mais do que uma experiência com Jesus para resistirem ao ataque intelectual que os espera na faculdade.

Como ministro cristão, minha paixão é ensinar as verdades sobre as quais aqueles que nelas creem não precisam só se defender de terem sua fé roubada, mas também ensinar-lhes com quais verdades devem partir para a ofensiva em meio ao incrédulo mundo que os rodeia, mostrando que Deus existe. Uma vez que a verdade esteja firmemente segura, torna-se uma necessidade lógica investigar a natureza e o caráter do Criador. Este Deus de fato revelou-se à humanidade por intermédio de Jesus Cristo.

Uma de minhas grandes alegrias foi ver pessoas encontrando uma fé em Deus que é tanto intelectualmente satisfatória quanto espiritualmente realizadora. A boa notícia é que há sinais encorajadores de um despertar espiritual acontecendo entre os jovens. Embora não tão dramático como o crescimento da fé cristã na África, na Ásia e na América do Sul, milhares de pessoas nos Estados Unidos têm vindo à fé em Deus pela primeira vez ou voltado à fé que um dia tiveram. Mas a luta está longe de terminar. A nova geração de céticos está comprometida com sua própria agenda de incredulidade. Sua missão é ver a eliminação de toda fé religiosa, ou como o ateu Sam Harris diz, "a morte da fé".[7]

As pessoas de fé não podem se dar ao luxo de serem passivas e desengajadas. Muitas caem na armadilha de pensar: "Talvez se formos bem bonzinhos, eles vão saber que somos cristãos de verdade e que Deus é real. Afinal, a Bíblia não diz para 'pregarmos o evangelho e, se necessário, usar palavras'?" Bem... não, ela não diz. Essa frase é normalmente atribuída a Francisco de Assis, mas é provável que ele nunca tenha dito isso. Certamente devemos tratar com dignidade aqueles que expressam hostilidade a Deus, mas também devemos estar preparados para falar a verdade corajosamente. Ninguém disse que seria fácil. Mesmo o grande evangelista e apóstolo da Igreja primitiva, Paulo de Tarso, pediu às pessoas: "Orem para que, permanecendo nele, eu fale com coragem, como me cumpre fazer" (Efésios 6:20). A evidência do Novo Testamento é que os apóstolos e os primeiros cristãos possuíam essa ousadia para proclamar o evangelho com o risco da própria vida. Devemos, pelo menos, ser tão ousados em nosso testemunho de Cristo quanto os céticos são em seus ataques à fé.

Aqueles primeiros cristãos apegaram-se a algo que precisamos compreender. Toda visão de mundo é, em essência, uma história, uma metanarrativa que tenta responder às questões reais de nossa existência. Como tem sido dito muitas vezes por grande número de autores, quem conta a história mais verossímil ganha a era. Os primeiros cristãos contaram sua história e a confirmaram com evidências: Jesus ressuscitou para cumprir as palavras dos profetas antigos. Em nosso mundo pós-moderno, as pessoas querem acreditar que todas as histórias são igualmente válidas, mas elas não são todas iguais. Certa vez em um avião sentei-me ao lado de uma mulher desconhecida que me disse acreditar ser Deus. Depois de ouvir isso, eu sorri e disse: "Se você é Deus, eu tenho um monte de perguntas para lhe fazer." A razão nos ajuda a descartar afirmações absurdas como essa.

De modo semelhante, os céticos fazem afirmações que são frágeis e ao mesmo tempo facilmente refutáveis. Outros argumentos exigem muito mais ponderação para serem respondidos, como a alegação deles de que a religião depende do lugar onde você nasceu. Se nasceu nos Estados Unidos, você será cristão. Se nasceu na Índia, será hindu. Há alguma verdade nisso, mas não é a história inteira. O fato de você ter nascido em determinada religião não significa, por si só, que você permanecerá naquela fé quando tiver idade suficiente para pensar por si mesmo e para considerar outros pontos de vista. Na verdade, a vida de muitos céticos endossa esse argumento. Muitos deles nasceram em culturas e em famílias cristãs, mas as deixaram quando ficaram mais velhos. O mesmo acontece com frequência com pessoas nascidas em qualquer cultura. Quando, em algum momento da vida, são expostas ao mercado livre das ideias, elas mudam. Elas trocam. Elas escolhem outras opções.

É por isso que passei os últimos trinta anos focando em universidades do mundo todo. O *campus* é um lugar empolgante, um lugar de encontro da formação cultural de uma pessoa com o mundo das ideias. Ele também pode ser o lugar onde a verdade de Jesus Cristo brilha mais. O evangelho de Jesus Cristo não prevalece apenas quando não há concorrentes; ele brilha mais intensamente quando é exposto a outras fés. Religiões seculares, como o naturalismo darwinista, não podem se orgulhar disso. Elas não se saem bem quando confrontadas com a concorrência. Elas tentam eliminar rivais. É por isso que muita energia está sendo gasta para manter qualquer referência à existência do *design* ou da criação inteligente fora da sala de aula. A fé real — particularmente a fé real em Jesus Cristo — dá boas-vindas aos rivais.

Lembre-se de que o cristianismo surgiu originalmente na cultura hostil do Império Romano, onde crer em Jesus Cristo podia custar a vida. Milhares dos primeiros cristãos foram jogados aos leões, queimados em estacas ou mesmo crucificados, como Cristo havia sido, por sua fé. A experiência dos primeiros cristãos não era resultado da cultura em que nasceram ou da forma como seus pais os criaram. Ao contrário de religiões mais militantes que forçam as pessoas a crerem pelo uso da espada, o cristianismo primitivo se espalhou graças a uma força que era relativamente desconhecida para os homens daquela época: a força do amor divino. Foi isso que fez com que aqueles que haviam crescido na cultura de violência, subjugação e medo do Império Romano se voltassem para o cristianismo. Cristo ordenou a seus seguidores que levassem sua mensagem adiante pela força irresistível do amor e do poder da verdade.

A verdadeira fé em Deus não surge da coação. Ela surge livremente. A mensagem de Cristo transformou o Império Romano porque era baseada no amor e na verdade e porque não exigia obediência como as outras religiões. É por isso que céticos, idólatras e ateus converteram-se à mensagem de Jesus nos primeiros anos do cristianismo, independentemente de onde nasceram. Em lugares como os Estados Unidos, em que a fé cristã é praticada há gerações, aqueles que nasceram na fé têm uma vantagem que não deve ser ignorada ou rejeitada como trivial.

A duradoura história do evangelho

O evangelho é a boa notícia de que Deus se fez homem em Jesus Cristo. Ele viveu a vida que nós deveríamos viver (guardando perfeitamente a lei moral); ele, então, morreu a morte que era destinada a nós (por termos quebrado essa lei). Três dias depois, ele ressuscitou, provando ser o Filho de Deus, e oferece o dom da salvação para aqueles que se arrependem e creem no evangelho.

• *Deus se fez homem em Jesus Cristo.*

Deus entrou no mundo, assumindo a carne humana. As religiões do mundo chamam o homem para ascender e abrir seu caminho para Deus. O cristianismo diz que Deus desceu até nós.

• *Ele viveu a vida que nós deveríamos viver.*

Deus espera que nós guardemos a lei moral. Cristo viveu de modo perfeito. Sua vida foi o modelo de uma vida completamente rendida a Deus. Essa foi a vida que Deus planejou que todos os homens e mulheres vivessem.

• *Ele morreu a morte que era destinada a nós.*

Esta é uma verdade difícil para os céticos abraçarem: o mal deve ser punido. Se não há nenhuma consequência para a quebra de uma lei, então, a lei deixa de ser lei. Cristo carregou nossa punição por tomar o nosso lugar em sua morte em uma cruz romana.

• *Ele ressuscitou.*

A ressurreição de Cristo confirmou sua identidade e provou que sua autoridade era real. Também nos dá esperança de que existe vida após a morte.

• *Ele oferece o dom da salvação para aqueles que se arrependem e creem.*

No dom divino da salvação não só recebemos perdão de pecados, mas também somos libertados do poder do mal e de suas consequências, tanto nesta vida como na próxima. Arrepender-se significa afastar-se do mal e da confiança em nossos próprios esforços para ganhar a salvação. Ao desviarmo-nos do mal, voltamo-nos para Cristo e cremos. A promessa é direta:

Deus tanto amou o mundo que deu o seu Filho Unigênito, para que todo o que nele crer não pereça, mas tenha a vida eterna.

João 3:16

Minha história

Apesar de ter nascido nos Estados Unidos e ter sido criado em uma família que frequentava a igreja, eu vivia como se Deus não existisse. Enquanto não quebrasse nenhuma lei séria, eu estaria bem. A noção de ser religioso me era repulsiva. Igreja era apenas um lugar para casamentos e funerais.

Como estudante universitário do terceiro ano, meus problemas pessoais se tornaram grandes demais para ignorá-los. Por mais que eu tentasse fugir deles ou afogá-los com drogas e álcool, eles só cresciam. O ponto de virada foi quando comecei a duvidar de meus questionamentos sobre Deus e me humilhei, admitindo que eu tinha necessidades profundas. Esse ato de humildade me colocou na posição de ouvir quando alguém começava a falar comigo sobre a realidade de Deus e de sua Encarnação em Jesus Cristo. Eu sou grato às pessoas que investiram tempo para falar comigo, responder às minhas perguntas e, por fim, desmascarar minha ilusão ao desafiar minha incredulidade.

Eu entendi pela primeira vez algo que era realmente uma boa notícia. O que era? Que Deus tinha previsto minha necessidade e me ajudado muito antes de eu saber que precisava de ajuda. Quanto tempo antes? Que tal 2 mil anos antes? No momento certo da História, Deus se fez homem.

Eu decidi crer na história de Deus e aceitá-la como verdadeira — não apenas para mim, mas realmente verdadeira para toda a humanidade —, a metanarrativa que define a realidade nesta era de incertezas. Aquela decisão definitiva mudou o rumo da minha vida. Minhas perguntas não foram respondidas todas de uma só vez. De fato, seguir Cristo tem sido uma jornada contínua de encontrar as respostas para as perguntas e os dilemas da existência. Assim, vez após vez, as respostas vêm.

Deus não tem medo de nossas perguntas, mas devemos fazê-las não por hostilidade contra ele, mas por confiança nele, "pois quem dele se aproxima precisa crer que ele existe e que recompensa aqueles que o buscam" (Hebreus 11:6). Por Deus ser real, a busca que a humanidade faz por ele não é em vão. Com essa esperança em mente, escrevi este livro para três tipos de pessoa:

O que busca e está tentando crer, mas enfrenta dúvidas sobre a realidade de Deus. Eu ofereço evidências nestas páginas esperando que este tipo de pessoa seja capaz de perceber que é tanto verdadeiramente crível como altamente satisfatório crer em Deus. Mesmo antes de compreender o cristianismo ou a Bíblia, há ampla evidência de que o mundo ao nosso redor não existe por acidente.

O que crê e sabe, de modo subjetivo, que Deus é real, mas não consegue facilmente enunciar essa fé para os incrédulos. Espero que estes capítulos tornem clara a evidência sobre Deus, de tal modo que possa ser facilmente compreendida e então apresentada aos outros.

O cético, que pode estar lendo este livro de um ponto de vista crítico e com uma disposição mental predeterminada de que Deus não existe. Minha esperança é que, independentemente de quanto esse leitor seja ligado ao ceticismo, as evidências a seguir ironicamente permitam que uma semente de dúvida seja plantada, ajudando-o a se libertar da "matrix" de uma visão de mundo ímpia e a abraçar a história real que melhor corresponde à evidência, a única que declara: *Deus não está morto*.

CAPÍTULO 1
DEUS NÃO ESTÁ MORTO

O que nos divide não é ciência, pois estamos ambos comprometidos com ela, mas sim a visão de mundo que temos. Ninguém quer basear a vida em uma ilusão, mas qual é uma ilusão: o cristianismo ou o ateísmo?
— JOHN LENNOX[1]

Quando um homem para de crer em Deus, ele passa, então, não a não crer em nada, mas a crer em qualquer coisa.
(Atribuído a G.K. Chesterton)[2]

EU ESTAVA NO TERCEIRO ANO DE FACULDADE quando Ben, meu irmão mais velho e ateu, decidiu tentar me dissuadir de minha fé cristã. Eu provavelmente parecia um alvo fácil. Não fazia muito tempo que eu era cristão, e Ben estava no terceiro ano da faculdade de direito na Universidade Metodista do Sul, em Dallas. Ele estava entre os melhores da turma, já tinha um mestrado em aconselhamento e vinha afiando seu desdém pelo cristianismo havia algum tempo.

Combinamos de nos encontrar em um fim de semana, na casa de meus pais, em Dallas. Ben se preparou como se estivesse embasando uma ação judicial, estudando a Bíblia para obter a munição de que precisava para me arrancar de minha nova fé. Ele disse a um colega: "Eu vou para casa a fim de tirar meu irmão dessa coisa de ser nascido de novo." Ele apareceu com suas perguntas bem-preparadas e com desafios ajustados com requinte, antecipando qualquer coisa que eu pudesse dizer. Ele estava confiante de que poderia me fazer abandonar toda a noção de fé em Deus e em Jesus Cristo.

Eu gostaria de dizer que tive respostas prontas e brilhantes para tudo aquilo que ele levantou. Mas eu nunca tive a chance de responder. Enquanto eu ouvia e respondia de maneira simples às dúvidas de Ben, a verdade da Palavra de Deus começou a amolecer seu coração. Eu podia ver que ele estava duvidando das próprias dúvidas. Houve, por fim, um momento em que eu lhe disse: "Ben, não é o que você não sabe sobre Deus que o está impedindo de crer, mas é o que você sabe. Você sabe que ele é real e que é santo (ou seja, puro)." O apóstolo Paulo escreveu que as pessoas "suprimem a verdade pela injustiça" (Romanos 1:18). O motivo? Elas não gostam das regras de Deus. O problema é que isso é como tentar segurar uma bola debaixo da água: quanto mais você empurrar a verdade para baixo, com mais força ela virá à superfície. Definitivamente era isso que meu irmão estava fazendo. Ele estava tentando escapar do peso na consciência que o estava convencendo de seu comportamento.

No final daquele dia, em que Ben pretendia me dissuadir de minha fé, eu o batizei na piscina. Logo depois que saiu da água, ele disse: "Não acho que você tenha respondido a todas as minhas perguntas, mas penso que eu estava fazendo as perguntas erradas." Hoje, Ben é um advogado bem-sucedido em Austin, Texas, e uma testemunha maravilhosa de Cristo.

Aquele fim de semana trinta anos atrás foi um ponto de virada tanto para Ben quanto para mim. Ele passou a crer em Jesus Cristo enquanto estava tentando me fazer mudar de opinião sobre "essa coisa de ser nascido de novo". E desde aquele dia tenho dedicado a vida para livrar as pessoas dessa "coisa de ser ateu". Trabalho principalmente entre estudantes universitários de todo o mundo, e tenho sido acompanhado por milhares de outros que têm descoberto que a fé em Deus é tanto espiritualmente revitalizante quanto intelectualmente satisfatória. Também temos visto o contrário: que o ateísmo não satisfaz o coração nem a mente das pessoas.

O fim da fé?

Mais de quarenta anos atrás, a capa da revista *Time* perguntou: "Deus está morto?"[3] Os articulistas estavam refletindo sobre a famosa afirmação feita no século XIX pelo filósofo alemão Friedrich Nietzsche de que Deus está morto. Outras vozes daquele século levantaram a mesma questão em palavras diferentes. Seguidores de Charles Darwin sugeriram que a crença em Deus logo desaparecerá de uma sociedade cientificamente progressista. Karl Marx disse que a religião é uma droga, "o ópio do povo".[4] Em 1999, a revista The Economist publicou um obituário para Deus.[5]

Mas uma coisa engraçada aconteceu no caminho para o enterro. Em 2009, o editor sênior da The Economist foi o coautor do livro God Is Back [Deus está de volta],[6] que serviu como uma retratação do artigo de 1999. O cristianismo está experimentando um crescimento impressionante na África, na Ásia e na América Latina. Na Europa, onde o declínio religioso é visto há gerações, há sinais encorajadores de crescimento espiritual, especialmente em lugares como Londres, Berlim e Dublin, que têm uma história profunda de fé em Deus. Isso é devido a um renascimento tanto intelectual quanto espiritual. Pessoas estão despertando do torpor dogmático do secularismo e do naturalismo. E nos Estados Unidos a esmagadora maioria das pessoas ainda reconhece a existência de Deus, e a nação está começando a testemunhar um despertamento espiritual entre os jovens.

Apesar de Deus ter sido praticamente banido da sala de aula, estudantes universitários e do Ensino Médio estão questionando o que lhes é ensinado — o dogma naturalista de que o universo e a vida são meramente o produto de forças cegas e aleatórias — e estão reconhecendo que há bases racionais para a crença em um Criador. O nevoeiro de incredulidade que tem pairado sobre o ambiente acadêmico está começando a se dissipar conforme surgem mais e mais evidências acerca de um Criador inteligente.

Com esse aumento da fé em todo o mundo, veio uma resposta correspondente. Durante a última década, o quartel secularista propôs-se a conter a maré de fé renovada. O termo neoateus tem sido dado a um grupo de céticos que procuram reavivar os argumentos contra Deus e apresentá-los em nova embalagem para uma nova geração. Ironicamente, muito pouco há de novo nesses argumentos ateístas. Na verdade, o sucesso de suas reivindicações é principalmente devido ao fato de que as respostas teístas àquelas afirmações — que são a verdade sobre Deus — não são amplamente divulgadas.

Uma geração atrás, C.S. Lewis compôs um conjunto de palestras que foram transmitidas pela rádio BBC e, posteriormente, transcritas e publicadas como *Cristianismo puro e simples*. Anteriormente um ateu, Lewis percebeu que teve de ignorar muitas evidências para manter sua incredulidade:

> Se você é ateu, é obrigado a acreditar que o ponto de vista central de todas as religiões do mundo não passa de um gigantesco erro. Se você é cristão, está livre para pensar que todas as religiões, mesmo as mais esquisitas, possuem pelo menos um fundo de verdade. Quando eu era ateu, tentei me convencer de que a raça humana sempre estivera enganada sobre o assunto que lhe era mais caro.[7]

Os argumentos que os ateus usam contra Deus desaparecem rapidamente como uma miragem quando são respondidos por crentes* eruditos, tais como Lewis. Os ateus afirmam que o universo não é o que você exatamente esperaria se um Deus sobrenatural existisse. A morte e o sofrimento, eles dizem, são evidências claras de que um Deus amoroso e inteligente não pode estar por trás de tudo.

A verdade é que Deus criou um mundo em que agentes morais livres podem de fato escolher entre fazer o bem ou o mal. Se Deus tivesse criado um mundo sem a escolha e a opção fundamentais de fazer-se o mal, então, não estaríamos tendo esta discussão. Deus fez um mundo onde as escolhas são reais e os seres humanos são afetados pelas escolhas de outros seres humanos. Motoristas bêbados matam pessoas inocentes. Alguns assassinam e roubam seus semelhantes. Embora Deus tenha dado claros mandamentos à humanidade, temos, na maior parte, ignorado essas diretivas. A bagunça resultante não é culpa de Deus. É nossa.

Somos chamados a seguir a Deus e a amá-lo de todo o nosso coração e mente. Isso significa que temos de pensar e investigar. A verdade é uma outra palavra para realidade. Quando algo é verdade, o é em todo lugar. A tabuada de multiplicação é tão verdadeira na China quanto nos Estados Unidos. A gravidade funciona na África do mes-

---

* N.T.: o termo crente é usado, ao longo do livro, como, literalmente, alguém que crê, que tem fé. Não ressalta diretamente se essa fé é cristã ou não, mas serve para contrastar alguém que crê (como, por exemplo, um cristão) de alguém que não crê (como, por exemplo, um cético).

mo modo que na Ásia. O fato de que há verdades morais aceitas em todos os lugares aponta para uma moral transcendente que não inventamos e da qual não podemos escapar.[8]

Como Criador, Deus estabeleceu não apenas leis naturais da terra, mas também leis espirituais. Por exemplo, mentir é errado em todos os lugares. Roubar também. Crueldade com crianças é errado, independentemente da cultura em que você esteja inserido ou de qual país você seja nativo. Quando essas leis são violadas, as pessoas são violadas. Quebrar essas leis espirituais não só nos separa de Deus, mas também provoca dor em nossa vidas e na vida dos que nos cercam. A grande pergunta, portanto, é: o que pode ser feito por nós nessa condição? Ao quebrarmos essas leis, a quem podemos pedir ajuda? Como podemos ser reconciliados com Deus, bem como libertos desse ciclo de dor e disfunção?

Ateísmo é uma religião?

Dentro de cada ser humano há um desejo por Deus. Às vezes, tentamos satisfazer essa fome praticando uma religião, tendo fé em alguma coisa. O ateísmo, em todas as suas trincheiras contra Deus, também tem crenças intrínsecas, dogmas e doutrinas que, supostamente, não podem ser desafiados. Ele é, em si mesmo, um sistema de crenças com todos os traços de uma religião. Em uma edição intitulada "Forget the Church. Follow Jesus" [Esqueça a Igreja. Siga Jesus], a revista *Newsweek* concordou com esta posição, chamando o ateísmo de uma "crença".[9] O ateísmo como uma religião (um conjunto de crenças) é tão intolerante e de pensamento fechado quanto qualquer sistema de fé que ele ataca.

Com fervor de fundamentalistas religiosos, esses novos ateus rejeitam quaisquer ideias concorrentes, e não apenas da religião, mas também da filosofia. Stephen Hawking, em seu livro *O grande projeto*, declarou que "a filosofia está morta".[10] No entanto, Daniel Dennett, um dos chamados Quatro Cavaleiros do Ateísmo, admite: "Não existe tal coisa como ciência livre de filosofia, apenas ciência cuja bagagem filosófica é aceita sem exame."[11] Por conseguinte, em suas mentes, a ciência torna-se a única fonte da verdade, como um ditador cruel em um país do Terceiro Mundo, e os ateus devem eliminar toda a concorrência. Nenhum desvio quanto ao dogma darwinista ateu será tolerado. Quer perder credibilidade nesses redutos seculares? Basta sugerir que possa haver algo além da natureza que seja responsável por nossa existência. A reação exagerada do cético é simplesmente... irracional.

Delírio da descrença

Em seu livro *Deus, um delírio*, Richard Dawkins afirma que Deus deve ser uma ilusão, porque Deus não poderia existir. Dawkins, que talvez seja o mais famoso ateu do mundo, faz a afirmação de que, embora o universo pareça ter sido projetado, não o poderia ser porque, ainda que o fosse, restaria a pergunta "Quem projetou o projetista?". Esse é um exemplo da posição irracional e inflexível da mente ateísta. A verdade é que você não tem que ter uma justificativa para cada explicação. Tal exigência configura uma regressão infinita, sob a qual nada seria conhecível e a ciência e a razão sofreriam um colapso (admitindo que esse seria o caso extremo).

Se você estivesse andando pela floresta e encontrasse uma tartaruga em cima de uma cerca, você poderia racionalmente concluir que ela não chegou lá por si só. Alguém a teria colocado lá. Mesmo que você não tivesse uma explicação para quem o fez, você seria franco em assumir que o tempo e o acaso não acabariam por colocar uma tartaruga sobre a cerca.

Sigmund Freud falou de crença religiosa como uma realização dos desejos, o desejo de ter alguma "figura paterna no céu", que pode endireitar as coisas para nós e falar conosco quando estamos sós. David Aikman, ex-correspondente sênior da revista *Time* e autor do livro *The Delusion of Disbelief* [O delírio da descrença], coloca o ateísmo na mesma categoria em que a religião, dizendo: "Ateísmo é, em si, um delírio", a realização do maior desejo.[12] Há razões reais pelas quais descrentes não querem que Deus exista ou, pelo menos, tentam reduzi-lo a uma força cega e impessoal. Sem Deus, sem prestação de contas. Sem Deus, sem moral real. Segundo Malcolm Muggeridge, "se Deus está morto, alguém terá que tomar o lugar dele",[13] e geralmente esse "alguém" é o próprio homem.

Pense nisso: mais de 90% do planeta acredita que Deus existe. Sustentar que aqueles que acreditam em Deus estão delirando significa que ateus (ou céticos radicais, como eu os chamo) creem que a maior parte do mundo está sob algum tipo de ilusão em massa. Para manter essa posição a partir de um ponto de vista intelectual objetivo, eles teriam de desclassificar todas as evidências de Deus e, em seguida, explicar como tudo o que vemos ao nosso redor surgiu por si mesmo — por acaso.

A provocação do cético é: aqueles que têm fé não têm nenhuma prova real para ela. Os céticos dizem que tudo é baseado em sentimentos ou delírios ou é devido à educação religiosa. Uma das linhas de pensamento comuns dos ateus soa mais ou menos assim: "Quando me pedem para provar que Deus não existe, peço aos crentes para provarem que não há dragões cuspidores de fogo que vivem no centro da terra." Algumas outras analogias comumente utilizadas são as da fada do dente e a favorita de Richard Dawkins, a do "Monstro de Espaguete Voador".[14] Eles relaxam, como se esse argumento por si só justificasse a sua descrença, mas estão errados. Não há boas razões para se acreditar em um Monstro de Espaguete Voador, a fada do dente ou dragões cuspidores de fogo no centro da terra. Há boas razões para se acreditar em Deus.

A verdadeira questão é: quantas provas são suficientes para convencê-lo de que Deus é real? Na maioria das vezes, os ateus não pensam sobre o que seria realmente necessário para levá-los a crer. Quando Dawkins foi questionado sobre isso durante um debate público, ele disse:

> Essa é uma pergunta muito difícil e interessante porque, quer dizer, eu costumava pensar que talvez se, de alguma forma, você sabe, um Jesus gigante, de trezentos metros de altura, com uma voz igual à do Paul Robeson, de repente aparecesse e dissesse "Eu existo. Aqui estou eu", mas, ainda assim, na verdade, eu às vezes me pergunto se mesmo isso[...].[15]

Ele não parece ter dado muita atenção a esta resposta trivial. De fato, se alguém afirmasse ter visto um Jesus de trezentos metros, seria ridicularizado. A verdade é que, se a sua mente está convencida sobre aquilo em que não acredita e em que não vai acreditar, então nenhuma soma de evidências vai convencê-lo. Você vai desprezar até o testemunho mais devastador se ele for contra a sua posição.

Fui desafiado repetidamente nos *campi* universitários: "Você vai ter que me provar que Deus existe e que o cristianismo é verdadeiro." Minha resposta? "Se eu fizer isso, você vai crer em Deus e seguir a Cristo?" Quando eles dizem que não, eu respondo: "O problema não é falta de informação. Se você tem todas as suas perguntas respondidas e ainda não acredita, então o seu verdadeiro problema é espiritual, e não intelectual."

Guerra das cosmovisões

Ninguém chega a essas discussões sobre Deus completamente neutro ou objetivo. Em outras palavras, a razão nem sempre é aceitável. Nossa razão pode ser comprometida pelos nossos motivos egoístas. Pessoas que agem de forma corrupta ou destrutiva podem pensar que têm razões que justifiquem suas ações. Somado a isso, eles têm uma maneira como veem o mundo. A visão de mundo deles é composta por um conjunto de pressuposições que enviesam a razão.

A visão de mundo (ou cosmovisão) teísta se centraliza em Deus. *Theos* é a palavra grega que significa "Deus", portanto, um teísta crê em Deus e vê Deus como o criador e sustentador da vida e do mundo que nos cerca. As leis da física, as constantes da natureza e a complexidade da vida apontam para uma inteligência racional. Teístas vão além dessa lógica, acreditando que essa inteligência não seja apenas uma força impessoal, mas que é consciente e relacional exatamente como os seres humanos são seres conscientes e relacionais. Assim como nós desejamos intimidade, confiança e amor das relações que valorizamos, o mesmo acontece com o nosso Criador.

A cosmovisão ateia, também descrita como naturalista, centra-se na natureza. "A" é o prefixo grego que significa "ausência", portanto, um ateu acredita na ausência de Deus. Que tudo pode ser explicado por causas e efeitos naturais. Como o vocalista do Bad Religion afirmou em seu livro, *Anarchy Evolution* [Evolução anarquista]:

Se as pessoas me perguntam sobre a minha visão de mundo, digo que sou um naturalista. Quando as pessoas ouvem a palavra, pensam em alguém que passa muito tempo ao ar livre, observando as aves e admirando paisagens — e suponho que a descrição se aplica a mim. Mas penso no naturalismo como filosofia em vez de um estilo de vida. Do ponto de vista filosófico, naturalistas acreditam que o universo físico é o universo. Em outras palavras, não existem entidades ou forças sobrenaturais que atuam sobre a natureza, porque não há evidência empírica para nada além ou fora da natureza.[16]

Essa visão de mundo elimina a possibilidade de Deus desde o início, portanto, nenhuma evidência de um Criador inteligente jamais será convincente.

A pretensão de muitos ateus é que de alguma forma eles realmente não possuem quaisquer desses pressupostos. Eles projetam esse ar de objetividade, argumentando como Sócrates que "os cientistas seguem 'para onde a razão [...] levar'".[17] Exceto, é claro, se levar a Deus. Dizer que não existe nada fora do mundo físico é uma declaração de fé. Não há nenhuma maneira de alguém provar que ela é verdadeira.

Ateísmo e outras cosmovisões são apenas ideias — grandes ideias — e, como a História tem mostrado, ideias têm consequências. Por exemplo, a visão de mundo naturalista decorrente da evolução darwinista teve repercussões desastrosas quando aplicada como filosofia e ética: milhões de pessoas morreram nas mãos de ateus comunistas e nazistas durante o século XX.

"Imagine que não há céu"

Se há um hino da incredulidade, é, sem dúvida, a canção "Imagine", escrita pelo falecido John Lennon: "Imagine que não há céu."[18] E se a canção de Lennon fosse verdade? O mundo seria um lugar melhor se Deus não existisse? Vamos imaginar.

Se não existe Céu, então Deus não existe. Se Deus não existe, ou o Céu, então esta vida é tudo o que existe: quando você morrer, morreu. O que John Lennon imaginou, Vladimir Lenin já havia cons-

Deus não está morto   31

truído no Estado comunista da Rússia. O mundo sem Deus de Lenin era um pesadelo de tortura, genocídio e escuridão. O século XX foi o século mais sangrento da história, graças aos regimes ateus de Hitler, Stálin, Pol Pot e Mao Tsé-Tung.

Se Deus está morto, então o homem também está. Sonhos utópicos de um paraíso humanista parecem ideais até que um fato inevitável é relembrado: o homem é a verdadeira causa do mal. Sem a restrição de Deus e sua lei, a humanidade é livre para agir por qualquer impulso, desejo ou paixão. Nada seria, em última análise, certo ou errado. Imagine que um anúncio foi feito em uma grande cidade do mundo: a polícia vai tirar a semana de folga. Nenhum crime seria reprimido, nenhuma lei aplicada. Qual você imagina que seria o resultado? Paz e tranquilidade ou tumultos e caos?

Se não há um céu, então não há nenhuma recompensa por qualquer boa ação feita. Por que sacrificar a sua vida pelo seu país ou por qualquer outra causa? Se não há um inferno, então não há punição absoluta para qualquer crime. Em outras palavras, terroristas que cometem atrocidades contra seus semelhantes, ao final, sairão impunes.

Já experimentaram construir uma sociedade sem Deus. Ela falhou. Ao mesmo tempo, a religião sem Deus é igualmente desastrosa. Os profetas do passado advertiram que as pessoas poderiam adorar com os seus lábios enquanto seus corações estivessem longe de Deus. A advertência é repetida nos escritos do Novo Testamento, dizendo que algumas pessoas vão ser vistas como "tendo aparência de piedade, mas negando o seu poder" (2Timóteo 3:5). Se observarmos a história, não leva muito tempo para percebermos que alguns cristãos têm dado muita munição aos críticos da fé. A maioria das falhas resultaram de desobedecer aos mandamentos dados por Cristo de amar, servir e perdoar. Jesus era totalmente contra a religião impotente, sem compaixão e chamou-lhe de hipocrisia; mas não se engane, a religião não monopoliza a hipocrisia.

"Desmaherado"

Durante o século passado, arrogância e ignorância lesaram o cristianismo no debate público com os céticos. Neste século, no entanto, os papéis foram invertidos. Uma das táticas favoritas dos ateus é a utilização de zombaria e ridicularização para tentar desacreditar qualquer coisa de natureza religiosa, particularmente o cristianismo. Dá-se credibilidade a qualquer reivindicação infundada desde que ela sirva para minar a fé em Deus. Se os crentes não estiverem preparados, eles podem ser erroneamente influenciados a pensar que sua fé está equivocada.

Uma vez um aluno me disse que ouviu esta pergunta em uma aula de filosofia: "Se Deus é Todo-poderoso, ele poderia fazer uma pedra tão grande que ele mesmo não conseguisse mover?" Ele me disse que quando não conseguiu encontrar a resposta, acabou decaindo da fé. Meu pensamento foi: se um enigma abalou sua fé, então você não caiu de muito alto. Não devemos abandonar a verdade quando esses evangelistas da incredulidade gritam suas mentiras presunçosas a nós. A pergunta, na verdade, viola a "lei da não contradição". A resposta para a charada do filósofo é simples: já que Deus é Todo-poderoso, então ele não poderia criar qualquer coisa que ele próprio não pudesse carregar.

Há outros desafios ainda muito mais absurdos. O humorista e cético profissional Bill Maher (pronuncia-se "mar") usa constantemente a ridicularização para expor a religião. A maioria de seus argumentos são o que a filosofia chama de *falácias do espantalho*: reproduções falsas de algo, criadas apenas para poderem ser facilmente refutadas. Maher muitas vezes extrai as piores partes de qualquer coisa que se associe com religião (homens-bomba, padres que abusam de crianças e, principalmente, alguém que se recuse a aceitar a evolução como um fato) e retrata todos da pior maneira possível. Em seguida, ele anuncia: "A religião deve morrer."[19]

Embora muitas coisas ruins tenham sido feitas em nome da religião e até em nome de Jesus Cristo, uma investigação honesta pode rapidamente separar a verdade do erro e o que é fato do que é ficção. Alegações falsas devem ser desafiadas e vistas como aquilo que são — imaginações vãs. O fanatismo é um problema humano, não é um problema da religião. Não acredita? Basta assistir a qualquer evento esportivo, show de rock, ou comício político. Ateus fanáticos são tão irracionais quanto os seus opostos religiosos. Assim como você não descarta a política por haver políticos ruins ou o comércio por existi-

Deus não está morto   33

rem empresas ruins, você certamente deve saber separar o precioso do inútil quando se trata de Deus e da fé.

Mais uma vez, Jesus Cristo se distingue da filosofia e da religião feita pelo homem. Ele foi o primeiro crítico de práticas religiosas vazias e de vidas superficiais. Com um pouco de esforço, você pode ter uma fé "desmaherada"*, aquela que está livre de máculas ou manchas. Esse tipo de fé começa com um conhecimento sólido de que, de fato, Deus é real. As falsas noções desta era devem ser examinadas por nós do mesmo modo que um caixa de banco examina uma nota de cem dólares potencialmente falsa. Não devemos ser enganados por falsos argumentos, e não basta simplesmente saber que Deus é real. Até mesmo os demônios creem — e tremem (ver Tiago 2:19). Temos de ser capazes de articular a verdade de Deus de uma forma que as pessoas ao nosso redor possam entender, assim como Jesus o fez.

O que o 11 de setembro nos ensinou

Dias depois dos ataques, eu fui de carro com alguns amigos a Nova York para ver como poderíamos servir àquela grande cidade em seu momento de crise sem precedentes. Não foi necessário muito para percebermos que precisaríamos plantar uma igreja no centro de Nova York para atender consistentemente às necessidades espirituais do maior número possível de pessoas. Em um mês, estávamos voando toda noite de domingo de Nashville para Nova York e realizando cultos à noite. Hoje, essa igreja, Morning Star Nova York, consiste em três congregações.

Depois de algumas semanas voando regularmente para lá, para as reuniões noturnas de domingo, o proprietário de um dos meus restaurantes favoritos nos agradeceu pelo nosso compromisso em ajudar sua cidade. No meu livro *Finding Faith at Ground Zero* [Encontrando fé no Marco Zero], reconto um incidente que ocorreu no restaurante dele.

Sandy, o proprietário do Carnegie Deli, me chamou a uma mesa em que estavam executivos de uma rede de TV, para me apresentar a

---

* N.T.: o autor, no original inglês, brinca com a sonoridade similar entre Maher (sobrenome de Bill) e *mar* (mácula, defeito).

eles. Ele disse: "Reverendo [eu realmente não gosto quando as pessoas me chamam assim], esses homens estão tendo que queimar seus móveis por causa do antraz de cartas contaminadas que estão recebendo. Eles precisam de respostas sobre o que está acontecendo."

Sentei-me à mesa com aqueles líderes tão importantes da mídia. Fiz uma pausa para considerar o que eu conseguiria dizer que pudesse causar um impacto espiritual de maneira sensata e convincente. Disse: "Bem, se há alguma coisa que o 11 de setembro nos ensinou é que as religiões não são todas iguais. O deus que disse àqueles homens para entrarem em aviões e virem a esta cidade ferir pessoas não é o mesmo Deus que nos inspirou a entrar em aviões a cada semana e vir aqui ajudar pessoas."[20]

Não há como juntar todas as crenças e práticas religiosas e, em seguida, presunçosamente condenar a religião como uma coisa só. Nem todas as crenças são iguais. Algumas são verdadeiras e outras falsas. A história tem provado que as ideias — religiosas, filosóficas ou científicas — têm consequências.

A maior notícia

A maior ideia da História, aquela que produziu o benefício mais significativo e duradouro para a humanidade, é Jesus Cristo. A ideia que Deus teve de vir à terra como um ser humano, inegavelmente demonstrando o poder da verdade, nos deu a mensagem definitiva de esperança, a qual se chama evangelho ou Boas-novas. As Boas-novas de Deus são tão atuais quanto qualquer notícia de última hora que você ver ou ouvir hoje em qualquer canal de notícias. Elas são tão animadoras que vou me referir a elas sempre que possível para que a mensagem delas não seja perdida ou mal-interpretada. As Boas-novas anunciam que Deus se fez homem em Jesus Cristo, ele viveu a vida que deveríamos ter vivido, e, em nosso lugar, morreu a morte que deveríamos ter morrido. Três dias depois, ele voltou à vida para atestar sua identidade como Filho de Deus, e agora oferece pleno perdão e remissão a todos os que acreditam e voltam as costas para as trevas do pecado e para a futilidade de tentarem salvar a si mesmos. Aqueles que se convertem e colocam sua confiança nele jamais serão envergonhados.

Essa mensagem de esperança, essa boa notícia é verdadeira, não importa de que país ou cultura você seja. Cristo veio para lidar, de uma vez por todas, com as consequências do fato de a humanidade ter violado a lei de Deus. Longe de querer que sejamos religiosos, ele nos chama simplesmente para amá-lo e amar aos outros. O evangelho nos transforma de dentro para fora. É por isso que muitos são rápidos em dizer que Cristo não nos chamou para a religião, mas para um relacionamento com ele e uns com os outros.

Porque a existência de Deus é importante

Uma vez, na Universidade de Buenos Aires, Argentina, passei um tempo conversando com cinco jovens estudantes que se identificaram como ateus. Passei muito tempo fazendo perguntas sobre as razões para seu ateísmo. Graças a um bom tradutor, Phillip Steele, eu pude entender os detalhes de sua descrença. Enquanto ouvia atentamente, um jovem carregando um violão me perguntou: "Por que devemos nos preocupar com a pergunta 'Será que Deus existe?'. Será que realmente importa?" Perguntei-lhe: "Você já escreveu alguma música?"

Sua expressão facial mudou instantaneamente, parecia que eu estava mudando de assunto: de Deus para algo sobre o que ele realmente queria conversar. Ele disse que sim, então eu indaguei: "Por que você quis escrever uma canção?"

Ele levantou a mão para enfatizar sua paixão. "Eu queria compartilhar meus sentimentos com os outros, criar algo que eles pudessem apreciar e expressar meu coração e meus pensamentos."

"O que você faria se escrevesse uma música com essas nobres razões, e alguém negasse que foi você quem escreveu a música ou erroneamente desse o crédito a outra pessoa pela autoria? Será que isso o incomodaria?", continuei.

Parecendo saber que eu iria ressaltar um ponto maior, ele concordou: "Sim, eu ficaria chateado se não fosse reconhecido como o autor da canção que escrevi."

Parei por um momento. "E se você criasse um planeta?"

Você conseguiria ver no rosto dele a evidência de que tinha feito a conexão entre os dois pensamentos.

Deus merece o reconhecimento por tudo o que ele criou. Saber que o Criador existe muda tudo na nossa visão de mundo. Isso deve nos inspirar a honrá-lo mais do que honraríamos a qualquer mulher ou homem por qualquer realização humana. Também deve nos levar a buscá-lo, a sinceramente desejar um relacionamento com ele.

A realidade de Deus como Criador nos compele a investigar, com maior confiança, o mundo que ele criou e compreender a natureza e o caráter de Deus. Toda a beleza, grandeza e provisão sobre o planeta devem produzir uma gratidão que nos domine. Este é o espírito de evangelismo que nos envia com uma mensagem de amor, esperança e reconciliação, não de ódio e divisão.

Resumo

Quando você ouve: "Deus está de volta", isso, obviamente, não significa que ele tenha ido a algum lugar. A fé em Deus é que está de volta. Não é uma fé cega, sem razão, mas uma que está bem fundamentada em evidência. A evidência fundamentada é a base para comunicar essa fé de forma clara e direta. Os escritos dos novos ateus conseguiram, se nada mais, despertar milhões de cristãos de sua sonolência dogmática.

Este livro é uma das muitas obras que foram inspiradas pela audácia e pela arrogância de alguns desses escritores céticos, que decidiram travar sua batalha pessoal e levar ao público o seu ódio pela religião. Quando eu estava fazendo o meu trabalho de doutorado no Seminário Teológico Fuller, meu mentor, Dan Shaw, aconselhava-me constantemente a evitar que minha escrita soasse maçante. O objetivo era produzir uma tese de doutorado baseada em dados empíricos e pesquisas, reduzindo a um mínimo as opiniões pessoais e as pregações. Apesar de eu ainda me esforçar em apresentar argumentos a favor da existência de Deus que sejam racionais, sólidos e com base na melhor explicação das evidências, também quero oferecer o encorajamento e esperança que a verdadeira fé em Deus produzem. Vamos agora às razões para se acreditar na existência de Deus — a começar pela própria razão.

Deus não está morto   37

CAPÍTULO 2
A FÉ VERDADEIRA NÃO É CEGA

A fé não é um salto no escuro, é exatamente o oposto. É um compromisso com base em evidências. [...] É irracional reduzir toda a fé à fé cega e, em seguida, submetê-la à ridicularização.

— John Lennox[1]

A razão é uma ferramenta para nos ajudar a compreender e defender melhor a nossa fé; como disse Anselmo, temos uma fé à procura de compreensão.

— William Lane Craig,
Apologética contemporânea: a veracidade da fé cristã[2]

É SEGURO DIZER QUE A CONFERÊNCIA MAIS INUSITADA a que eu já assisti foi a Convenção Global de Ateus 2012, em Melbourne, Austrália, promovida como "Uma celebração da razão". Mais de 3500 pessoas vieram ouvir palestrantes como o biólogo evolucionista Richard Dawkins, Daniel Dennett e Sam Harris. Parece que, se havia cristãos ali, eram muito poucos.

Meu objetivo em participar foi simplesmente ouvir. Pensei que, se os ateus estavam se reunindo de vários lugares do mundo, então seria dito algo de sacudir a terra e eu gostaria de ouvir em primeira mão; talvez alguma nova descoberta científica que demonstrasse (ao ver deles) que Deus não existe. Em vez do ataque intelectual para o qual eu estava me preparando, os palestrantes da noite de abertura foram quatro comediantes profissionais. Suas manifestações profanas talvez fossem uma tentativa de demonstrar o seu desprezo por qualquer indício de moralidade que pudesse ter sobrado da criação religiosa dada por seus pais.

No dia seguinte, em vez de oferecer razões científicas ou filosóficas para a inexistência de Deus, orador após orador protestou contra a religião e continuou o tom estabelecido pelos comediantes na noite de abertura. Novamente, escárnio e ridícularização foram as tônicas. Ironicamente, havia muito pouca "razão" presente na sua "celebração da razão". A emotividade na qual afirmam que a religião se baseia permeou cada apresentação.

Deixei a conferência convencido de que a principal estratégia dos novos ateus é reivindicar a palavra *razão*, como um homem de negócios tentando garantir o domínio de uma propriedade antes da concorrência. Ao fazer isso, eles podem rotular qualquer um que se oponha a eles como "antirrazão" ou irracional. Com o zelo de um partido político, a sua esperança é que a ciência elimine qualquer fé ou religião, bem como a filosofia. Isto foi claramente afirmado por Dawkins em uma discussão com John Lennox na Universidade de Oxford, patrocinado pela Fixed Point Foundation:

O que me preocupa é que se você não tem[uma base racional], se suas concessões não são feitas em uma base racional para o que você acredita, então é possível que as pessoas digam: "Sinto muito, acredito que Alá me disse para ir matar um monte de gente. E não é bom discutir comigo, porque não se trata de um questão para se discutir." Trata-se de fé, e esse é o perigo.[3]

John Lennox, um matemático de Oxford contra quem Dawkins tem debatido em várias ocasiões, respondeu a essa observação em um de seus encontros:

Eu entendo, a partir de minha própria percepção do Novo Testamento, que não é isso que a fé cristã é. Isso[que Dawkins descreveu] é perigoso, essa fé cega. Mas nem toda fé é cega, e assim como você diz ter fé no método científico e eu também tenho, também tenho fé em Deus e acredito que ela é baseada em evidências.[4]

É uma preocupação legítima pensar que as pessoas possam acreditar sem qualquer evidência. Isto lhes permite cometer atos horríveis, irracionais, como os atos terroristas de 11 de setembro, em nome de sua fé. Aquele que disse: "Amem os seus inimigos" é o extremo oposto de alguém que ordenou seus seguidores a "matar os infiéis".

A razão serve como um tipo de sistema imunológico nos ajudando a separar as crenças benéficas das nocivas. Quando nós, seres humanos, olhamos para qualquer conjunto de eventos, usamos nossa razão para tirar conclusões sobre o que aconteceu. Quer se trate de um incidente que acabou de acontecer diante de nossos olhos, quer de um que aconteceu há milhares de anos, a razão processa os eventos e decide se a explicação oferecida é plausível. Irracionalidade não é uma coisa religiosa, é uma coisa humana. Já ouviu falar em cientista louco? Defender o ponto de que a fé verdadeira não é cega também inclui não entregar cegamente nossas vidas às mãos de cientistas. A prova de que Deus existe está ao nosso redor e dentro de nós. A você tem sido dada a capacidade de observar os fenômenos ao seu redor e raciocinar se eles são o produto de forças cegas ou de um Criador inteligente.

De toda a história, o século XXI é o momento mais surpreendente para se viver; cada dia aprendemos mais sobre o universo estelar e as partículas subatômicas. Considere a descoberta da partícula bóson de Higgs no Grande Colisor de Hádrons, perto de Genebra, na Suíça, em julho de 2012. Essa partícula, apelidada por não cientistas de "partícula de Deus", está abrindo a compreensão dos físicos sobre o misterioso mundo subatômico e produzindo a crença de que a humanidade pode, em breve, compreender até o menor detalhe de como o universo funciona. No entanto, apenas sabermos como um mecanismo funciona não elimina a existência do arquiteto e construtor do mecanismo. A forma como esses fatos são interpretados se resume às crenças que você carrega ou à lente através da qual você olha.

Os ateus acreditam em uma fantástica história de que o universo simplesmente aconteceu ao acaso e que toda esta vida e complexidade vieram do nada. "O universo apenas é", afirma o naturalista. No entanto, será que isso é realmente verdade? Essa é a única opção que uma pessoa racional tem de considerar? O falecido Christopher Hitchens, um dos ateus mais veementes desta geração e considerado sua voz mais eloquente, parecia bastante surpreso quando encontrou, em seus debates, cristãos que, de fato, tinham razões para sua fé. Ele pensou que tudo o que tínhamos era o apelo à nossa experiência subjetiva.

A razão exige que examinemos as alegações religiosas da mesma forma como examinaríamos os ingredientes em um frasco de comprimidos ou um alimento na prateleira do mercado. Nem todas as reivindicações são iguais. Quando uma alegação religiosa é feita, ela deve ser examinada. Isso é verdade? Muitos céticos afirmam que os únicos testes confiáveis para a verdade residem no domínio da ciência. Como será mostrado, a ciência aponta para Deus. Existem métodos indutivos para testar a razoabilidade e credibilidade não só da crença em Deus, em geral, mas especificamente do cristianismo.

Espero demonstrar que fé e razão são parceiros vitais e componentes complementares para a descoberta da verdade. Tim Keller, um autor de best-sellers e pastor em Nova York, fez este desafio para os céticos:

Insisto para que os céticos lutem contra a "fé cega" não examinada na qual se baseia o ceticismo e vejam como é difícil comprovar tais crenças para os que não as compartilham. Também insisto para que os crentes lutem contra suas objeções pessoais e culturais à fé.[5]

Deus ou a ciência?

A capa da revista *Time* de 13 de novembro de 2006 trazia a reportagem com o título "God vs. Science" [Deus *versus* ciência]. O título por si só sugere que se deve escolher entre os dois. O slogan da edição on-line do artigo afirmou: "Nós reverenciamos a fé e o progresso científico, a fome por milagres e por ressonância magnética. Mas será que as visões de mundo são compatíveis? A *Time* convoca um debate."[6] O debate foi entre Francis Collins, geneticista e cristão, autor de *A linguagem de Deus: um cientista apresenta evidências de que Ele existe*, que escreveu sobre a fantástica evidência de inteligência encontrada no DNA, e Richard Dawkins, biólogo e ateu. Collins quebra o estereótipo de uma pessoa religiosa de mente fechada como Dawkins caracteriza as pessoas de fé. Na verdade, a *Time* observou, antes de apresentar o debate entre os dois homens, que um número crescente

Deus não está morto   41

de cientistas estavam se tornando mais veementes em seu apoio a uma alternativa para a rígida linha de batalha que Dawkins e seus companheiros estavam desenhando:

E para contrabalancear porta-bandeiras formidáveis [do ateísmo] como Dawkins, buscamos aqueles que possuem convicções religiosas, mas também realizações científicas para argumentar com credibilidade a esperança amplamente aceita de que ciência e Deus estão em harmonia — de que, de fato, a ciência é de Deus.[7]

O artigo passou a mencionar cientistas como Collins, que não veem conflito entre ciência e fé e estão apontando o terreno comum que permite um diálogo construtivo. Da mesma forma, o físico e sacerdote anglicano John Polkinghorne se refere à conexão vital entre a fé e a ciência como "visão binocular". Ele explica: "Ver o mundo com os dois olhos — ter a visão binocular — permite-me entender mais do que eu poderia se visse com cada um deles separado."[8] Lembre-se, a noção que está sendo vendida para o público é de que a ciência se move por fatos e a religião se move por fé. Mas a ciência tem suas próprias doutrinas de fé, e a fé verdadeira é baseada em fatos.

Ciência e fé

A ciência é, realmente, "de Deus", como a *Time* declarou. Já que a cosmovisão cristã indicava o fato de o universo ter sido projetado, ele poderia ser racionalmente compreendido. Como C.S. Lewis expressou: "Os homens tornaram-se científicos porque esperavam que houvesse lei na natureza, e eles esperavam que houvesse lei na natureza porque criam em um Legislador."[9] Albert Einstein concordaria: "[...] o eternamente incompreensível no universo é o fato de ele ser compreensível."[10] Eles acreditavam que o universo fora modelado por um Deus cheio de propósito, que havia criado a humanidade segundo a sua imagem: criaturas que podiam (para usar a famosa frase de Johannes Kepler) "pensar os pensamentos de Deus após ele". Para Kepler, "o principal objetivo de todas as investigações do mundo externo é descobrir a ordem racional e a harmonia que foram impostas por Deus e que ele nos revela na linguagem da matemática."[11]

Quando os ateus fazem referência ao tratamento brutal que Galileu recebeu da Igreja Católica por causa de suas descobertas científicas, estão exagerando a história real. Não é típico da fé se opor de tal forma à ciência. Primeiro, Galileu, bem como a maioria dos cientistas da época, era uma pessoa de fé. Em segundo lugar, ele desafiou não apenas as visões religiosas de sua época, mas as científicas e filosóficas também. No fim, a observação de Galileu, de que a Terra estava realmente girando ao redor do sol, não exerceu nenhuma influência sobre qualquer doutrina de fé, mas apenas sobre uma interpretação da Escritura que mudaria ao final. Algumas interpretações de dados científicos pareciam, a princípio, contradizer a Escritura, mas depois tiveram de ser ajustadas e acabaram confirmando as Escrituras (tais como: o universo tem um começo), portanto se vê que a coisa funciona igualmente para os dois lados.

Insultos não são argumentos

A tática de insultar a oposição nunca funcionou nesse debate. Zombaria e escárnio são, de fato, a evidência de que existe uma relutância em encarar o teísmo em bases racionais e teológicas. Apenas alguns meses antes da Convenção Global de Ateus 2012, em Melbourne, houve o encontro dos Estados Unidos, em Washington, DC. O orador principal, Richard Dawkins, convocou todos os presentes a usarem esse tom e essa tática amarga: "Zombem deles, ridicularizem-nos em público, não caia nessa convenção de que somos educados demais para falar da religião. A religião não está fora de cogitação. A religião não está além dos limites."[12]

Ele não está sozinho em seu palanque emotivo. As legiões de incrédulos aprenderam a gritar "razão", enquanto consistentemente dão golpes baixos com um apelo emocional após o outro. Qualquer erro cometido por alguém com fé religiosa é coletado como prova de que Deus não existe. É um pouco como dizer que, porque meus filhos cometem erros, eu não existo.

Peter Hitchens, irmão de Christopher Hitchens, um dos ateus atuais mais "sem papas na língua", testemunhou isso em primeira mão e escreveu sobre essa tendência em seu livro *The Rage Against God* [A raiva contra Deus]:

As dificuldades dos anti-teístas começam quando eles tentam discutir com quem não concorda com eles, momento em que sua reação é muitas vezes uma raiva frustrada com o fato de o resto de nós não ser tão estúpido assim. Mas e se esse não for o problema? Sua recusa em aceitar que os outros possam ser tão inteligentes quanto eles e, ainda assim, discordarem leva-os a muitas armadilhas.

Eu fico inclinado a simpatizar com eles. Também já me zanguei com adversários que me obrigavam a reexaminar as opiniões que eu tinha abraçado mais por paixão do que pela razão.[13]

O *The New York Times* publicou uma resenha do livro, *A Universe from Nothing* [Um universo a partir do nada], do ateu Lawrence Krauss. Nela, o autor David Albert identifica a raiva irracional que é demonstrada contra a religião.

[...] parece uma pena, mas é mais que uma pena e pior que uma pena, quando se tem tudo isso em mente, pensar que tudo o que é oferecido a nós agora, por caras como esse [Krauss], em livros como este, é a acusação nerd, pálida, pequena, boba, de que religião é, sei lá, burra."[14]

Fé e razão não são inimigas

De alguma forma, a percepção é que os crentes têm medo de lidar com as questões difíceis que a fé pode suscitar. O retrato pintado é o de que os crentes devem ser protegidos de qualquer opinião contrária e apenas "parar de fazer perguntas".

Joe Marlin, cursando o duplo grau em medicina com doutorado na Universidade de Nova York, e ex-ateu, tinha lido *Deus, um delírio*, de Dawkins, e muitos outros trabalhos que tentaram dissipar a fé em Deus. Ele me disse em uma entrevista que ele já foi "militante" em seu ateísmo. "Especialmente quando alguém dizia 'graças a Deus' por alguma coisa. Eu sentia que eles estavam dando a Deus o crédito por algo que, na realidade, uma pessoa tinha feito." Ele descreveu o processo como começou a duvidar de seu ateísmo, a conversar regularmente com uma pessoa de fé e a lidar objetivamente com suas perguntas de forma aberta. Ele disse: "A razão de fato levou-me para Deus, não para longe dele."[15]

Quando acontece algo que nós não entendemos, sugerir que o ocorrido é simplesmente parte dos "misteriosos caminhos de Deus" não é abandonar a razão e aceitar cegamente tudo em nome da fé. Se um motorista bêbado mata uma família inocente, perguntamos: por que isso aconteceu? A resposta razoável é que isso aconteceu porque alguém foi negligente e ilegalmente dirigia um carro indevidamente, resultando na morte de uma família inocente. Mas a verdadeira pergunta é: por que Deus permitiu que isso acontecesse? Ele não poderia ter parado tudo? Ouvimos histórias de intervenção divina, então por que não aconteceu neste caso? Quando fazemos um apelo ao mistério, estamos simplesmente reconhecendo que há muitas coisas que não sabemos. Isso certamente não significa que nós vivemos nossas vidas com uma resignação fatalista. Devemos continuar a procurar respostas para essas grandes questões. Muitas vezes, o verdadeiro mistério está em compreender as motivações das pessoas que fazem o que fazem.

No próximo capítulo, vamos falar mais detalhadamente sobre o mal, o sofrimento e a tentativa de abordar a questão desconcertante de por que coisas ruins acontecem em nosso mundo.

A fé é o produto do pensamento

A fé envolve raciocínio, pensamento e pesquisa, ou estudo. A fé é um trabalho árduo. Temos de fazer a nossa parte para entender o que Deus está prometendo, compreender as condições dessas promessas, analisar as evidências da fidelidade dele no passado, e nos apegar às nossas convicções sobre isso, independentemente dos nossos sentimentos traiçoeiros, como C.S. Lewis sugere:

Quando eu era ateu, porém, passava por fases em que o cristianismo parecia probabilíssimo. A rebelião dos humores contra o nosso verdadeiro eu virá de um jeito ou de outro. E por isso que a fé é uma virtude tão necessária: se não colocar os humores em seu devido lugar, você não poderá jamais ser um cristão firme ou mesmo um ateu firme; será apenas uma criatura hesitante, cujas crenças dependem, na verdade, da qualidade do clima ou da sua digestão naquele dia.[16]

Lewis está dizendo que a fé está, na realidade, se sustentando sobre o que sua razão o levou a concluir, apesar de suas oscilações de humor. Isso é quase completamente o oposto de como ela é representada pelos céticos. Somos chamados a amar a Deus com todo o nosso coração e com toda a nossa mente. É então que nos aplicamos a entender, buscar sabedoria, examinar tudo e reter o que é verdade; é quando discernimos o caminho certo e fazemos as decisões sábias sobre a nossa vida e sobre nosso mundo.

A fé envolve três principais ingredientes

A fé é a base de todos os nossos relacionamentos uns com os outros e com Deus. Em um casamento nós juramos fidelidade a uma pessoa. Cometer adultério é, portanto, chamado de *infidelidade*. Os negócios são baseados em confiança. Duas partes fazem um acordo e se comprometem mediante um contrato para cada uma cumprir várias obrigações. Em ambos os casos, casamento e negócios, há três ingredientes-chave à fé:

1. *Conhecimento:* os detalhes específicos do acordo
Deus escolheu comunicar-se conosco por meio de palavras. "No princípio era aquele que é a Palavra", começa o Evangelho de João. O conhecimento do Senhor é a informação que ele permitiu entrar na terra. Esse conhecimento é a base da nossa fé.

Quando o meu pai me disse que tinha comprado um carro pra mim depois que me formei na universidade, eu acreditei nele sem ver o carro. A base da minha fé era a promessa dele. Esse conhecimento não é encontrado apenas nas Escrituras (ver capítulo 8), mas também em toda a natureza:

Os céus declaram a glória de Deus;
o firmamento proclama a obra das suas mãos.
Um dia fala disso a outro dia;

uma noite o revela a outra noite.

Sem discurso nem palavras, não se ouve a sua voz.

Mas a sua voz ressoa por toda a terra,

e as suas palavras até os confins do mundo.

Salmos 19:1-4

Deus quer que você tenha conhecimento dele. Este conhecimento não vem apenas da Escritura, mas pela evidência exibida no mundo que ele criou. O que de Deus se pode saber tem sido visto claramente, sendo compreendido por meio das coisas criadas (ver Romanos 1:20).

2. *Consentimento:* vontade de celebrar um contrato

Esse consentimento é o produto da razão. Tendo considerado as promessas e ponderado a realidade da evidência para apoiar a reivindicação específica, então concordamos quanto ao resultado de pensar e considerar sobre um assunto.

O aspecto consensual é fundamental porque Deus deu ao homem o direito de escolher livremente, portanto essa escolha deve ser sincera e não coagida. Deus não quer que você faça algo contra a vontade que você tem. Você deve, logo, desejar conhecê-lo e ter um relacionamento com ele. "Hoje invoco os céus e a terra como testemunhas contra vocês, de que coloquei diante de vocês a vida e a morte, a bênção e a maldição. Agora escolham a vida, para que vocês e os seus filhos vivam" (Deuteronômio 30:19).

3. *Confiança:* crença de que ambas as partes vão fazer o que dizem que vão fazer. Essa confiança não é cega. Ela é baseada em conhecimento e evidência, que demonstram que a pessoa que faz uma promessa é digna de confiança.

Quão importante para Deus é tal confiança? É o maior sinal da verdadeira fé nele. Jesus disse: "Não se perturbe o coração de vocês. Creiam em Deus; creiam também em mim" (João 14:1). A Bíblia está repleta de louvores a Deus por sua fidelidade e confiabilidade. "Os que conhecem o teu nome confiam em ti, pois tu, SENHOR, jamais abandonas os que te buscam" (Salmos 9:10). A confiança é provavelmente o ingrediente mais importante na construção de um relacionamento. Isso é verdade não apenas entre as pessoas, mas em um relacionamento com Deus também.

A incredulidade é o produto de não pensar

A Escritura explica a tendência do coração humano gravitar em direção à incredulidade por suprimir a evidência a favor de Deus. Como um advogado em um julgamento, não querendo que surja qualquer evidência que possa desacreditar seu cliente, o cético fica ameaçado pelo crente que defende a Deus baseado na razão. Paulo escreveu:

A ira de Deus é revelada dos céus contra toda impiedade e injustiça dos homens que suprimem a verdade pela injustiça, pois o que de Deus se pode conhecer é manifesto entre eles, porque Deus lhes manifestou.

Romanos 1:18-19

É por isso que há tanta frustração e raiva por parte dos ateus quando Deus é mencionado. Todo seu duro trabalho de suprimir a verdade é sabotado. A tendência da mente humana é a de suprimir ou ignorar intencionalmente algo que não queira ouvir. O medo opera de uma maneira semelhante. É quando paramos de pensar e raciocinar de modo saudável que o medo vem se infiltrando em nossas vidas.

Por exemplo, eu sei que viajar de avião é muito mais seguro do que de carro e já voei milhões de quilômetros em minhas viagens ao longo dos últimos trinta anos de ministério. Mesmo sabendo que voar é seguro, há momentos em que a turbulência pode desnecessariamente causar uma preocupação de haver um acidente. Ao usar a razão, posso acalmar meus medos e restaurar a minha confiança de que a turbulência não vai fazer com que o avião colida, assim como uma estrada de terra esburacada não faria meu carro quebrar. Raciocínio saudável pode restaurar a minha fé em voar.

A incredulidade pode resultar da falha em lembrar. Jesus realizou muitos milagres, como a alimentação de milhares de pessoas a partir de um punhado de pães e alguns peixes. Vez ou outra, apesar de seus discípulos terem experimentado milagre após milagre, eles se esqueciam do poder de Jesus assim que enfrentavam outro desafio. A incredulidade dos discípulos era resultado de não pensar claramente e não se lembrar. Raciocínio saudável pode restaurar a sua fé em Deus.

Ciência é a resposta para tudo?

Mesmo a razão sendo, obviamente, vital para a nossa existência, ela não deve ser aplicada de forma imprudente. Essa tendência é vista quando a razão é usada de uma forma reducionista e tenta limitar a verdade a apenas aquilo que é cientificamente e empiricamente verificável, até eliminando meios lógicos e filosóficos de alcançar o conhecimento. Ateus tendem a fazer isso quando retratam a ciência como a salvadora da humanidade. Essa filosofia é chamada *cientificismo* e é a crença de que a ciência é a única fonte de conhecimento; a filosofia ou a teologia nem mesmo podem ser ponderadas no que diz respeito às questões fundamentais que cercam o nosso mundo.

Na verdade, é a ideologia de uma grande parte do mundo científico. Seus seguidores veem a ciência como tendo uma missão que vai além da mera investigação da natureza ou da descoberta de leis físicas. Essa missão é libertar a humanidade da superstição em todas as suas formas e, especialmente, na forma de crença religiosa.[17]

Cientificismo é uma posição filosófica de que todos os desafios e enigmas da vida podem e devem ser tratados cientificamente. A ciência é certamente importante, mas não é capaz de responder às questões últimas. Em uma resenha do livro de Daniel Dennett, *Quebrando o encanto*, o crítico literário Leon Wieseltier escreveu no *The New York Times*:

Cientificismo, a visão de que a ciência pode explicar todas as condições e expressões humanas, tanto mentais, como físicas, é uma superstição, uma das superstições dominantes de nossa época, e dizer isso não é insulto algum à ciência."[18]

O linguista Noam Chomsky, de modo algum um defensor da religião, no entanto, apontou os limites da ciência:

A ciência fala sobre coisas muito simples e faz perguntas difíceis sobre elas. Assim que as coisas se tornam muito complexas, a ciência não consegue mais lidar com elas. [...] Mas é um assunto complicado: a ciência estuda o que está no limite da compreensão, e o que está nos limites da compreensão é geralmente bastante simples. E raramente alcança os assuntos humanos. Assuntos humanos são por demais complicados.[19]

Portanto, devemos procurar algo além da ciência para nos guiar através dessa complexidade com justiça, equidade e misericórdia. No entanto, encontrar tal fonte de ética que se origine na humanidade não é fácil.

Limites da ciência

A ciência é, de fato, importante. Explica como o mundo físico funciona. É o processo que é utilizado para investigar como fazer cultivo agrícola, curar doenças e desenvolver invenções que tornem o nosso mundo mais seguro e mais interconectado por meio da tecnologia. Mas a ciência não consegue explicar alguns dos elementos mais importantes da existência humana. O filósofo cristão William Lane Craig, em debate com o ateu Peter Atkins, apontou essas coisas que demonstram os limites da ciência. Em uma discussão bastante bem-humorada, Atkins, de modo chocante, asseverou que "a ciência é onipotente",[20] ao que Craig respondeu rapidamente haverem várias coisas não comprováveis pelo método científico. Elas incluem o seguinte:

Ética e moral
A ciência não pode nos dizer como devemos viver nossa vida, o que é certo e errado, bom e mau. Cientistas podem, de fato, ser pessoas éticas e morais, mas eles não obtêm caráter por meio da experimentação científica. Em outras palavras, um cientista não realiza um experimento e conclui cientificamente que assassinato é errado. A ciência não consegue responder às mais profundas questões éticas do nosso tempo. Ciência não determina a ética; a ética deve ser um guia para a ciência.

Ela consegue explicar o que acontece, mas nunca determinar como se deve viver. Por exemplo, cientistas podem estudar as consequências de certas ações, como caridade ou abuso. Entretanto, eles nunca poderão justificar por que uma ação é moralmente superior a outra.

Matemática

A ordem matemática do universo foi descoberta, não inventada. Ainda mais básico do que a ordem são os próprios números, que devem ser aceitos como simplesmente verdadeiros. É por causa dessa ordem matemática que podemos explorar o mundo em torno de nós com tanta confiança. A matemática nos permite enviar sondas para o espaço exterior, como também para dentro de nossos próprios corpos.

O milagre da adequação da linguagem da matemática para a formulação das leis da física é um presente maravilhoso que não entendemos nem merecemos. Devemos ser gratos por ele e espero que ele continue válido em pesquisas futuras.[21]

A matemática é um conjunto de regras e relações criado pela mente humana. Por que explicaria tão elegantemente a mecânica do nosso universo com relativamente poucas equações? Mais significativamente, a matemática é a linguagem e a fundação da ciência, então a ciência nunca poderá justificar existência a partir dela. Em outras palavras, se a matemática é a base da ciência, a ciência não pode ser o meio de verificação da matemática. Seria como uma casa suportando uma fundação, em vez de a fundação sustentar a casa. Este é um vislumbre de como é difícil a ciência ser o juiz final sobre a existência de Deus, uma vez que Deus é o Criador e o fundamento de todo ser.

Razão

A razão é como a unidade de processamento central em relação ao disco rígido do computador. Quando você compra um computador, como este em que eu estou trabalhando ao escrever este livro, o criador do computador colocou dentro dele um processador que é capaz de executar os programas que são carregados no disco rígido. Da mesma forma, Deus nos criou para sermos criaturas racionais. Temos a capacidade de pensar abstratamente, aprender línguas a uma velocidade incrível e de saber a diferença entre certo e errado. Em contraste, a seleção natural só teria desenvolvido em nós as habilidades básicas para a sobrevivência: obter alimento, evitar o perigo e encontrar um parceiro. A natureza não teria gerado a capacidade de alta razão.

A noção de que as únicas crenças racionais são aquelas que podem ser confirmadas pela observação científica, pela experiência e pela medição é mais uma proposta autorrefutável, já que é uma declaração que, ela mesma, não pode ser confirmada por observação científica, experiência e medição.[22]

Deus deve necessariamente existir para que os ateus não acreditem nele. (Não há outra explicação para a capacidade de raciocinar, mesmo que seja a de mal raciocinar.) Ateísmo e naturalismo não podem explicar a razão. Dizer que a razão surgiu sem motivo é irracional. Os processos lógicos da razão e da dedução no método científico devem ser pressupostos para que a investigação científica ocorra, portanto, a ciência não pode verificar a si mesma em sentido estrito.

Por quê?

A maior limitação da ciência é que ela não pode nos dizer por que estamos aqui. Por que o universo foi feito? Por que estamos aqui? Por que existe algo em vez de nada? Dawkins agora se irrita com a pergunta do "por quê?". Chama a pergunta de boba, possivelmente porque ele sabe que a ciência nunca vai realmente respondê-la.

"Por quê?" é uma bobagem. [...] "Por quê?" é uma pergunta besta. "Por quê?" é uma pergunta boba. Você pode perguntar: "Quais são os fatores que trouxeram algo à existência?" Essa é uma pergunta sensível. Mas "qual é o propósito do universo?" é uma pergunta boba. Não tem nenhum significado."[23]

Curiosamente, poucos anos antes, em um debate com John Lennox, em Birmingham, Alabama, em sua declaração de abertura, Dawkins disse que sua motivação para ter ido para a ciência era a pergunta "por quê?". "Meu interesse por biologia começou com os questionamentos fundamentais da nossa existência. Por que estamos todos aqui?"[24] A questão de por que estamos aqui está longe de ser boba, ela é fundamental para a nossa existência, o marco zero para a nossa identidade como seres humanos, e parte do nosso futuro.

Religião e ciência estão respondendo perguntas diferentes

O falecido Stephen Jay Gould, da Universidade de Harvard, falou sobre fé e ciência serem "magistérios não interferentes".[25] Isso significa que elas são duas esferas de existência distintas, igualmente válidas. Embora seu trabalho e suas contribuições sejam celebrados pela maioria dos céticos, muitos deles criticam Gould por não ter descartado a religião e a fé como delírios e ainda reconhecer que as pessoas de fé têm feito contribuições ao mundo.

Ciência e religião não são mutuamente excludentes, [John] Polkinghorne argumenta. Na verdade, ambas são necessárias para nosso entendimento do mundo. A ciência pergunta como as coisas acontecem. Mas há questões de significado, valor e propósito que a ciência não aborda. A religião pergunta "por quê?". E é minha convicção que podemos e devemos fazer ambas as perguntas sobre um mesmo acontecimento.[26]

A ciência basicamente nos diz *como* as coisas funcionam. A religião e a fé nos dizem *por que* as coisas estão aqui e como devemos viver ética e moralmente. Nenhuma dessas perguntas podem ser respondida pela ciência.

"A ciência nos diz que a queima de gás aquece a água e faz com que a chaleira ferva", [Polkinghorne] diz. Mas a ciência não explica o porquê. "A chaleira está fervendo porque eu quero fazer uma xícara de chá. Aceita um pouco? Eu não tenho que escolher uma dentre as respostas a essas perguntas", afirma Polkinghorne. "Na verdade, a fim de compreender o evento misterioso da chaleira fervendo, eu preciso de ambos os tipos de respostas para saber o que está acontecendo. Então eu preciso dos *insights* da ciência e das ideias da religião se pretendo compreender o mundo em que vivemos, que é rico e de muitas camadas."[27]

Não há nenhum conflito real entre ciência e Deus, mas há um conflito entre naturalismo e fé. O naturalismo é a crença de que a natureza é tudo o que existe. Isso exclui, por definição, qualquer coisa sobrenatural ou além da natureza. Em uma palestra em 1941, chamada "Ciência, filosofia e religião: um simpósio", preparada para uma conferência no Instituto Teológico Judaico de Nova York, Albert Einstein deu *insights* sobre sua visão de que ambos os domínios, religião e ciência, são válidos:

> A ciência só pode ser criada por quem esteja plenamente imbuído da aspiração dirigida à verdade e ao entendimento. A fonte desse sentimento, no entanto, brota da esfera da religião. Para isso, há também a fé na possibilidade de que as normas válidas para o mundo da existência sejam racionais, isto é, compreensíveis à razão. Não posso pensar em um autêntico cientista sem essa fé profunda. A situação pode ser expressa por uma imagem: a ciência sem a religião é manca, a religião sem a ciência é cega.[28]

Embora Einstein não cresse em um entendimento tradicional de Deus, ele, de fato, expressou a compreensão de muitos cientistas de então e de hoje de que a ciência é tão dependente de fé quanto qualquer grande religião.

Resumo

A verdadeira fé não é cega. É baseada em evidências e exige todos os nossos esforços na busca pela verdade. Deus exige que não enterremos a cabeça na areia, mas abramos os olhos para contemplar sua evidência ao nosso redor. Ele nos chama a usar nossa razão e nosso intelecto (ver Isaías 1:18; Mateus 22:37) enquanto desenvolvemos uma fé que é real. O desafio para os céticos é seguir a razão aonde quer que ela leve, independentemente de ideias preconcebidas; não fechar os olhos para o óbvio quando ele contradiz sua visão de mundo. Ironicamente, é a natureza dos céticos não saber que são cegos para as verdades que comprovam um Criador sobrenatural. Nesse caso, seu raciocínio pode se tornar obscuro e pouco confiável (ver Romanos 1:21).

Toda fé deve possuir razão, assim como a própria razão contém fé. Eu ouvi dizer que ninguém tem certeza absoluta, exceto Deus e alguns loucos. Tragicamente, quando os céticos tentam afirmar a inexistência de Deus, eles perdem o contato com a realidade e a razão sadia, rumando inadvertidamente pela longa e escura estrada que leva à insanidade.

CAPÍTULO 3
O BEM E O MAL NÃO SÃO ILUSÕES

Quero dizer, de certa forma, sinto que uma das razões para aprendermos sobre a evolução darwiniana é a de ela servir de lição sobre como não se devem estabelecer os nossos valores e nossas vidas sociais.

— RICHARD DAWKINS[1]

Se deve haver moral, deve haver um absoluto, e deve existir um absoluto para que existam valores reais. Se não há absoluto além das ideias do homem, então não há que fazer um apelo definitivo para se julgar entre indivíduos e grupos cujos julgamentos morais conflitam.

— FRANCIS A. SCHAEFFER,
Como viveremos?[2]

ERA UMA DAS ESTREIAS MAIS AGUARDADAS de todos os tempos: *O cavaleiro das trevas*. Literalmente milhões de pessoas em todo o mundo contavam os dias até a estreia do último filme de Christopher Nolan, em sua trilogia *Batman*. No Colorado, um verdadeiro cavaleiro das trevas estava surgindo. Rompendo entrada, sala 9 a dentro, estava um homem de 24 anos, vestido como o Coringa, vilão central do segundo filme de Nolan. Vestindo uma máscara de gás e um colete à prova de balas, ele começou a disparar aleatoriamente no meio da multidão em pânico, matando 12 e ferindo 58 pessoas. Crianças aterrorizadas e seus pais amontoaram-se em horror e oraram para serem poupados do ataque daquele louco. Lembro-me de um sobrevivente dizendo em uma reportagem na televisão: "Eu nunca vou olhar para a vida da mesma forma."

Uma vez que o mal toque nossas vidas, nós também nunca olharemos para a vida do mesmo jeito. Essas tragédias são como as dores de parto que parecem vir com maior frequência. O protesto após meditar-se na tragédia foi traduzido em perguntas como estas: "Como algo assim pôde acontecer?"; "Qual o problema desse nosso mundo?".

Há respostas reais para essas perguntas. A resposta curta? O mal existe. Muitos usaram o adjetivo *surreal* para descrever o tiroteio no Colorado. Por que descrevê-lo dessa maneira? Talvez seja uma tentativa de dizer que isso acontece em filmes o tempo todo, mas não deveria saltar da tela para o mundo real. Infelizmente, esses tipos de atos estão gradualmente se tornando mais comuns devido à presença decrescente do conhecimento de Deus na sociedade. Tal conhecimento é um sistema imunológico em nossas almas. Quanto menos desse conhecimento há na mente das pessoas, mais mal surge, seja em que cultura for. O apóstolo Paulo sabia disso:

Além do mais, visto que desprezaram o conhecimento de Deus, ele os entregou a uma disposição mental reprovável, para praticarem o que não deviam. Tornaram-se cheios de toda sorte de injustiça, maldade, ganância e depravação. Estão cheios de inveja, homicídio, rivalidades, engano e malícia.

Romanos 1:28-29

Essa é uma descrição apropriada das manchetes diárias de depravação, ódio e crueldade realizados por aqueles que aprenderam a calar suas consciências.

Quando as pessoas descartam a crença em Deus, considerando-a ilusória, tendem a ver os conceitos de bem e mal como ilusórios também. Larry Taunton, um autor e debatedor cristão, lembrou uma conversa com Richard Dawkins em sua casa em Oxford, Inglaterra, quando lhe perguntou se os seres humanos eram intrinsecamente bons ou maus. Taunton relembrou sua resposta: "Como era de se prever, Dawkins considera as noções de bem e mal meras construções humanas artificiais, optando por falar, no lugar delas, de 'predisposições genéticas'."[3]

A maior parte do mundo não é tão ingênua assim. Se nada mais testemunhar isto, o registro da história da humanidade evidencia a propensão da humanidade para o mal. O verdadeiro mistério está em entender o que é *o bem*. Taunton resumiu: "Deus inclusive aben-

56   Rice Broocks

çoa a humanidade ao nos conferir uma restrição à nossa natureza má."[4] Embora o mal exista, há também uma força do bem que mantém o mal na jaula. Como o astrônomo Hugh Ross explicou: "Evidentemente, Deus projetou as leis da física de modo que, à medida em que as pessoas se tornam mais depravadas, piores são as consequências que elas sofrem."[5]

No caso do tiroteio, a polícia chegou e impediu um louco de acabar com todos os presentes. Na realidade, a existência do bem é, na verdade, uma questão maior a ser respondida do que o problema do mal.

Sem Deus, sem mal

Uma vez eu me sentei ao lado de um distinto cavalheiro em um voo e puxei uma conversa agradável. Ele ensinava filosofia em uma grande universidade da Inglaterra, então eu tinha muitas perguntas sobre seus escritores favoritos, embora eu estivesse um pouco nervoso tentando não confundir os filósofos e suas respectivas filosofias. Finalmente, lhe perguntei se ele tinha alguma fé religiosa, ao que ele respondeu com um sorriso: "Eu sou um ateu militante."

Sorri e apertei sua mão e lhe agradeci por ser tão direto sobre isso. Minha próxima pergunta foi fácil: "E por que você é um ateu militante?"

Ele respondeu: "Duas razões. Em primeiro lugar, eu acredito na evolução."

Nós conversamos sobre fósseis, genética e Darwin por vários minutos, e eu mesmo puxei o saco de enjoo e desenhava nele para ilustrar as camadas geológicas da Terra. Não demorou muito até eu perceber que ele não estava muito confortável com os detalhes da evolução. Só porque alguém tem um PhD não significa que é um especialista em todas as áreas da vida, mas ele pode ser um microespecialista em uma ou duas disciplinas. A realidade era que esse professor de filosofia não tinha feito o dever de casa na única coisa em que ele estava baseando toda a sua visão de mundo e seu sistema de crenças. O professor mudou o rumo da conversa, declarando que a evolução não havia sido a principal razão para rejeitar a Deus.

Fiz uma pausa por um momento, ansioso por qual seria sua verdadeira razão para rejeitar a Deus. Na verdade, me preparei para

Deus não está morto   57

algum desafio filosófico incrível que eu nunca tivesse ouvido antes, como se eu estivesse prestes a levar um soco do próprio Mike Tyson. Quando ele finalmente me contou a sua verdadeira razão para não acreditar, eu estava completamente surpreso: "Se há um Deus", disse ele, "por que há tanta maldade no mundo?"

Eu não disse, mas é certo que pensei bem alto em minha mente: "É isso? É esse o verdadeiro motivo para você ser um ateu militante?"

Eu estava pronto para essa. Virei o saco de enjoo do outro lado e escrevi as palavras: "Sem Deus, não há mal." Pegando emprestada a lógica do teólogo Cornelius van Til, expliquei-lhe: "Se Deus não existe, não existe tal coisa como o mal."[6] Perceba: sem Deus, o mal não existe na realidade. Um descrente não pode descrever o mundo em que vivemos sem tomar emprestado os conceitos bíblicos do bem e do mal.

No final, aquele pensativo ateu disse que eu havia levantado um excelente ponto, uma concessão que raramente acontece nas fileiras dos ateus militantes.

As morais não são todas criadas iguais

A Declaração da Independência norte-americana afirma que é "autoevidente que todos os homens são criados iguais", mas também é evidente que a moral pela qual vivem não é igual. Dizer que as crenças de quaisquer pessoas são igualmente válidas é autorrefutável. Não é possível todos estarem certos. Mas, sem Deus, a ideia absurda de que a moral de todos é verdadeira se torna um pesadelo da vida real. Alguém que diz que é permitido ferir crianças ou negligenciar deficientes e doentes não tem a mesma estatura moral de alguém que protege as crianças, os deficientes, os idosos e os doentes.

Mas se Deus não existe, não poderia haver uma moralidade transcendente que todos devessem obedecer. O bem e o mal seriam simplesmente ilusões criadas arbitrariamente pelo homem. Certamente, sem um Deus transcendente ou uma fonte de autoridade moral, tudo se resume a quais são as opiniões da maioria. Então, de onde vem este senso universal de certo e errado?

C.S. Lewis disse:

Meu argumento contra Deus era o de que o universo parecia injusto e cruel. No entanto, de onde eu tirara essa ideia de justo e injusto? Um homem não diz que uma linha é torta se não souber o que é uma linha reta. Com o que eu comparava o universo quando o chamava de injusto?[7]

Por haver coisas que são erradas, independentemente do país ou do contexto, existe uma lei moral real que nós não inventamos e da qual não podemos escapar. Nós não inventamos a moral tanto quanto nós não inventamos os números ou mesmo a própria razão. Essas são coisas que estão inscritas em nossos corações pelo nosso Criador.

O problema do mal tem atormentado as mentes de homens e mulheres desde o início dos tempos. No entanto, Deus tem a intenção de que entendamos a origem do mal, e não que sejamos apenas conscientes de sua existência. O verdadeiro desafio é o seguinte: seja você crente ou descrente, teísta ou ateísta, o mal não está somente ao nosso redor: ele está em nós. É por isso que é seguro dizer que a existência do mal não é evidência da ausência de Deus no universo, mas evidência de sua ausência em nossas vidas. Rejeitar Deus não vai necessariamente fazer de você um criminoso horrível, assim como dizer que acredita em Deus não vai automaticamente torná-lo um santo. A Bíblia diz: "Você crê que existe um só Deus? Muito bem! Até mesmo os demônios creem — e tremem!" (Tiago 2:19). Só porque você crê que a polícia rodoviária existe, isso não significa necessariamente que você obedeça o limite de velocidade sinalizado. As pessoas que simplesmente acreditam que Deus existe e não seguem seus mandamentos recebem a maior condenação do próprio Jesus. "Por que vocês me chamam 'Senhor, Senhor' e não fazem o que eu digo?" (Lucas 6:46).

11/9/2001

Se o mal tem um aniversário, essa pode ser a data dele. Foi nesse dia que o nosso mundo mudou para sempre. Vidas foram perdidas por causa dos atos de terror; nossa vulnerabilidade foi exposta. Toda alma viva conhece aquelas imagens de aviões colidindo com o World Trade Center, de pessoas fugindo aterrorizadas, e dos nobres policiais de Nova York buscando por sobreviventes. As cenas de centenas de pessoas segurando cartazes de seus entes queridos e amigos ainda estão gravadas na minha mente. Vez ou outra, todos nós nos perguntamos: Como algo assim poderia acontecer?

Aquele momento provocou uma nova missão em meu coração, a missão de ajudar o povo de Nova York da melhor maneira que eu conhecia: começando uma igreja em Manhattan que ministrasse diariamente para a cidade. Semana após semana, vimos pessoas se tornarem mais fortes em sua fé em Deus e em suas batalhas contra o medo. Aquela foi realmente a grande questão: o medo. Afinal, o objetivo dos terroristas é impor um terror que se estenda além dos seus atos de violência.

Para o escritor ateu Sam Harris, o 11 de setembro foi o momento que o convenceu a lançar seu próprio ataque — contra a religião. Em seu livro *A morte da fé*, ele aponta para o reconhecimento do mal da religião e da realidade que a fé é uma coisa ruim, pegando o tema de Lennon em "Imagine". Harris diz:

> Os homens que cometeram as atrocidades do 11 de setembro certamente não eram "covardes"', como foram repetidamente descritos pela mídia ocidental, nem tampouco lunáticos em qualquer sentido. Eram homens de fé — fé perfeita, aliás —, e isso, como se deve finalmente reconhecer, é uma coisa terrível.[8]

Harris conduz o leitor por um discurso sobre a diferença entre o pensamento racional e o que ele chama de "fé cega" (como discutimos no capítulo 2), que reúne os piores aspectos de diversas expressões de fé em um grande retrato do que ele chama de "religião". Na verdade, apareceram muitos clamores contra o extremismo religioso depois dos ataques de 11 de setembro em Nova York, e com razão. No entanto, pessoas como Harris e Maher utilizaram-se dos acontecimentos daquele dia trágico para pedir o fim de toda religião, demonstrando a sua própria forma de irracionalidade e extremismo. Por algum motivo, essas pessoas não conseguem ver a diferença entre um terrorista suicida e um professor da escola dominical.

Em busca de um fundamento moral

Sabendo que a moralidade deve ser fundamentada em alguma autoridade, a luta desesperada dos céticos é encontrar uma alternativa que não seja Deus. O problema real torna-se identificar a base para a moralidade.

Assim, se Deus não existe, por que pensamos em ter obrigações morais de fazer qualquer coisa que seja? Quem ou o quê impõe essas obrigações a nós? De onde é que elas vêm? É muito difícil ver o motivo porque elas seriam apenas uma impressão subjetiva entranhada em nós pelo condicionamento social e paterno.[9]

Enquanto o movimento Nova Era, caracterizado por uma crença no mundo espiritual em que todas as crenças são iguais, oferece Deus sem moral, os novos ateus tentam oferecer um mundo sem dimensão espiritual, nos dando moral sem Deus. Isto cria um dilema extremo. Se você tentar construir um mundo sem Deus, alguma outra coisa tomará o lugar dele.

Quando os seres humanos brincam de Deus, geralmente agem em seus próprios interesses, não segundo os interesses dos outros. Harris propõe que a ciência seja a fonte e o árbitro da ética. Outros do campo ateu acham que a ciência pode nos dizer o que é o bem e o mal. A maioria dos acadêmicos admitiria que a ética está no território da filosofia e não no da ciência. Por outro lado, quando você se prende a uma visão de mundo de que só a ciência pode lhe dar a verdade, então você se encontra forçado a ir em direção a ela para buscar todas as suas respostas. Esta é a filosofia do cientificismo aparecendo mais uma vez. Como Melanie Phillips disse:

Tome [por exemplo] os cientistas que não promovem a ciência, mas o cientificismo, a crença de que a ciência pode lidar com todos os aspectos da existência. O desprezo e a injúria que eles amontoam sobre os crentes e os religiosos são incompreensíveis. No entanto, seu materialismo os leva a dizer coisas que são simplesmente [...], bem, loucura.[10]

A humanidade pode ser boa sem Deus?

A resposta curta a essa pergunta é sim, mas não porque a humanidade não precise de Deus para ser boa. Deus nos fez e colocou a lei moral dentro de nós. A presença dessa lei moral como indicador da existência de Deus foi uma declaração central nos escritos de C.S. Lewis. No entanto, a realidade é que, embora as pessoas saibam o certo e o errado, muitas vezes não fazem o que deveriam fazer. Isso é verdade quer professem ser religiosas, quer não. Lewis deixaria isso bem claro em sua obra clássica, *Cristianismo puro e simples*:

> São essas, pois, as duas ideias centrais que pretendia expor. Primeiro, a de que os seres humanos, em todas as regiões da terra, possuem a singular noção de que devem comportar-se de uma certa maneira, e, por mais que tentem, não conseguem se livrar dessa noção. Segundo, que na prática não se comportam dessa maneira. Os homens conhecem a Lei Natural e transgridem-na. Esses dois fatos são o fundamento de todo pensamento claro a respeito de nós mesmos e do universo em que vivemos.[11]

A lei moral está escrita no coração de cada pessoa. Se há coisas que são erradas independentemente do país, cultura ou contexto em que são cometidas, então há uma lei absoluta, e, portanto, um legislador. Lewis falou sobre a existência de uma lei moral transcendente que pesa sobre o coração de cada pessoa.

Harris, por outro lado, tenta estabelecer uma "paisagem moral" sem Deus: "A ciência pode, em princípio, nos ajudar a compreender o que *devemos* fazer e o que *deveríamos* querer, [...] viver a melhor vida possível."[12] Mas a ciência tem seus limites. Mesmo o agnóstico britânico David Hume, famoso por seus escritos contra a crença em milagres, argumentou que nenhuma descrição científica do mundo pode nos dizer como devemos viver em termos morais.[13] Mas Harris tenta o impossível no intuito de afirmar exatamente isso. Ele declara sua própria versão de uma verdade moral universal muito sucintamente: "Estou defendendo que, na esfera moral, é seguro começarmos com a premissa de que é bom evitar comportar-se de modos que produzam a pior miséria possível para todos."[14]

Assim, de acordo com Harris, a moralidade se resume a isto: julgar suas ações refletindo se elas prejudicam todo mundo. Isso significa que, se minhas ações machucarem poucos, estarei certo? É como alguém que cometeu um assassinato em pé diante do juiz dizendo: "Eu sei que matei aquele homem, mas pense só em todas as pessoas nesta cidade que eu não matei."

O imperativo categórico

Opondo-se diretamente a Harris está Immanuel Kant, um filósofo do século XVIII, que falou sobre a evidência de Deus vindo do "céu estrelado [acima de mim] e, em mim, a lei moral".[15]

Em outras palavras, a ordem natural do cosmos fala da existência de Deus e a ordem moral dentro de nós também. Kant explica a moralidade em termos desse axioma; talvez denunciando o tipo de linguagem, Harris tenta empregar: "[...] devo proceder sempre de maneira que eu possa querer também que a minha máxima se torne uma lei universal."[16] Isso foi o que Kant chamou de *imperativo categórico*.[17] Em outras palavras, julgar o acerto de suas ações, indagando-se com esta pergunta: e se cada um agisse dessa mesma maneira? Essa verdade é sinônimo da que Jesus ensinou na Regra de Ouro: "Como vocês querem que os outros lhes façam, façam também vocês a eles" (Lucas 6:31).

É quase cômico como os ateus tanto afirmam essa lei moral ensinada por Jesus e simultaneamente minimizam sua importância, referindo-se a ela como senso comum. Isso porque eles estão projetando o cenário cultural do século XXI sobre gerações passadas. Historicamente, a mencionada Regra de Ouro é uma reversão completa de uma mentalidade passada de sobrevivência do mais forte. Você consegue imaginar Alexandre, o Grande, ou Napoleão concordando em viver de acordo com essa regra?

Friedrich Nietzsche, que anunciava a frase "Deus está morto", também afirmou que, com a morte de Deus, veio a morte da moralidade. Ao dizer que Deus está morto, ele não quis dizer que ele acreditava em um Deus que existia e, então, literalmente, morreu. Ele viu isto como a morte da ideia do Deus cristão. Ele entendeu as implicações de se eliminar este ideal nas condições de seu impacto sobre a moralidade.

Se se renuncia à fé cristã, despoja-se alguém ao mesmo tempo do direito à moral cristã. Porém isso não é coisa que se entenda por si só.

[...] Se se extrai dele [cristianismo] uma parte essencial, a crença em Deus, destrói-se tudo, e não nos fica nada necessário entre os dedos.[18]

Quando a força de restrição de Deus e seu conhecimento são removidos, o mal é livre para expressar-se plenamente.

Ética darwinista?

Vamos, por um momento, olhar a principal história científica da nossa existência e a maior alternativa à crença em um Criador divino: a evolução darwiniana. Ela afirma que todas as espécies que existem hoje surgiram por meio do processo de seleção natural, ou como Herbert Spencer chamou, "sobrevivência do mais apto".[19] Organismos mais fracos são eliminados à medida em que a seleção natural vai escolhendo os genes mais fortes para passar à próxima geração. Elementos dessa teoria são inquestionáveis e verificados a partir de um ponto de vista científico, mas a verdadeira questão permanece: será que isso é a história toda, e que não há outra lei ou influência operando em nosso meio?

Vamos voltar ao questionamento de por que os seres humanos possuem esse senso universal de certo e errado. O bem e o mal existem, e nós sabemos disso. Como poderia um processo cego como a seleção natural, que surgiu por acaso, produzir tal sentido universal de certo e errado? Se a vida surgiu espontaneamente a partir de processos químicos aleatórios, não teríamos mais obrigação moral do que uma tigela de sopa. Surpreendentemente, os evolucionistas tendem a distanciar-se das implicações éticas e filosóficas da evolução darwiniana.

Thomas Huxley, conhecido como "buldogue de Darwin", tentou dizer que esse instinto de sobrevivência do mais forte deve ser detido. "Compreendamos, de uma vez por todas, que o progresso ético da sociedade depende não de imitarmos os processos cósmicos, menos ainda de negarmos sua existência, mas de lutarmos contra eles."[20] Lutar contra eles? Isso significaria negar nossos instintos evolutivos programados no nosso DNA. Como Richard Dawkins insistiu: "O DNA não sabe e nem se importa. O DNA apenas é. E nós dançamos de acordo com a sua música."[21] Se o DNA não sabe e nem se importa, então como você explica o fato de que podemos saber e nos importar? Por que nos importaríamos se a nossa propensão genética é exatamente a oposta?

Por que nós sabemos que devemos lutar contra esses instintos? Em um debate com o arcebispo de Sydney, Dawkins afirma categoricamente que viver segundo a ética darwinista não seria agradável, demonstrando a inconsistência e a natureza contraditória daqueles que afirmam que Deus não existe e que são o produto de forças cegas:

> Espero muito sinceramente que não nos voltemos para a ideia de sobrevivência dos mais aptos ao planejarmos nossa política, nossos valores e nosso modo de vida. Eu sempre disse que eu sou um darwinista apaixonado quando se trata de explicar por que nós existimos. É, sem dúvida, a razão pela qual estamos aqui e por que todas as coisas vivas estão aqui. Mas viver nossas vidas de uma maneira darwiniana, fazer de nossa sociedade uma sociedade darwininiana, isso seria um tipo muito desagradável de sociedade na qual viver.[22]

Essa atitude parece estar em contraste direto com as declarações enfáticas de que o nosso propósito é simplesmente propagar nosso DNA, e de que nosso DNA não se importa, e de que o universo não se importa. Por que nós ainda nos importamos? Aldous Huxley, neto de Thomas Huxley, veria a cosmovisão evolutiva como a libertação dessa luta. Longe de uma lição sobre como não viver a vida, a evolução darwiniana seria a liberdade para se viver como mais agradar. Ele disse:

> Para mim, sem dúvida, como para muitos dos meus contemporâneos, a filosofia da falta de significado era essencialmente a liberação de um certo sistema político e econômico e a liberação de um determinado sistema de moralidade. Nós nos opomos à moralidade, pois interferiu na nossa liberdade sexual.[23]

Sem Deus, tudo é permitido

Durante o século XIX, a Rússia estava experimentando as dores do parto de sua futura revolta. Diante de uma crescente onda de ateísmo e niilismo, livros de Fiódor Dostoiévski, como *Crime e castigo* e *Os irmãos Karamazov* falaram à consciência letárgica de uma nação. O alerta soou por meio de sua escrita: "Sem Deus, tudo é permitido."

Jean-Paul Sartre, ateu, ligou a ausência de Deus à ausência de fundamentos morais reais.

> O existencialista [...] pensa que é extremamente incômodo que Deus não exista, pois, junto com ele, desaparece toda e qualquer possibilidade de encontrar valores num céu inteligível [...]; não está escrito em nenhum lugar que o bem existe, que devemos ser honestos, que não devemos mentir, já que nos colocamos exatamente num plano em que só existem homens. Dostoiévski escreveu: "Se Deus não existisse, tudo seria permitido."[24]

O sofrimento do próprio Dostoiévski o levou a um despertar religioso que lhe deu alívio do desespero crescente da época. Enquanto estava na prisão, ele leu o Novo Testamento e descobriu a diferença entre uma religião morta e um relacionamento com Cristo.

> É a crença de que não há nada mais fino, mais profundo, mais atraente, mais razoável, mais corajoso e mais perfeito do que Cristo, e não apenas não há, mas ainda digo a mim mesmo, com um amor ciumento, que nem pode haver.[25]

O raciocínio de que, se eliminar Deus, então você tirará o fundamento da moralidade ainda deve ser desenvolvido aqui.

Em um salto quase cego de fé, ao negar Deus, os ateus simplesmente afirmam que são morais e têm uma base para a moralidade sem Deus. O problema é que eles nunca identificam qual seria essa base. Isso é meramente afirmado e assumido como verdadeiro. Dawkins fez esta afirmação em um debate público em Birmingham contra John Lennox: "Eu não consigo conceber uma trilha lógica que diga que porque eu sou um ateu, portanto, seja racional que eu mate ou seja cruel."[26]

Foi precisamente o fato do enveredamento lógico do ateísmo em direção à violência e crueldade que fez do século XX o mais sangrento da história. Os regimes ateus de Stalin, Hitler, Mao-Tsé-Tung e Pol Pot eclipsaram os horrores dos séculos anteriores, principalmente porque a restrição moral foi removida quando Deus foi eliminado do seu pensamento. Sem Deus, mandamentos morais são atendidos com uma frase de pátio da escolinha: "Quem é que disse?" Por que deveríamos obedecer a qualquer comando moral se eles são simplesmente a opinião de um grupo?

A lei moral existe para nos proteger

Os céticos afirmam que, se Deus é um Pai amoroso, então ele deve ser responsabilizado por não fazer algo quanto ao mal e ao sofrimento. Deixe-me propor uma analogia da minha própria vida. Como pai de cinco filhos, os preparo para enfrentarem os desafios do mal no mundo. A lição mais importante que tento lhes ensinar é a de, primeiro, manter o mal subjugado em seus próprios corações. Eles são ensinados a andar com sabedoria em seus relacionamentos com os outros. Eles também são ensinados a cuidarem de sua saúde física e a se protegerem da exposição a influências nocivas.

Eu faço de tudo para prepará-los para encararem as pessoas que, intencionalmente, os prejudicariam ou as circunstâncias que poderiam ser perigosas. Usando a sabedoria e o bom senso, eles podem evitar uma enorme quantidade de dor, pelo menos quanto à parte que é autoinfligida. A outra dor, que vem das más ações dos outros, pode ser tanto evitada quanto entendida de forma mais clara.

Da mesma forma, Deus nos dá instruções sobre como viver nossa vida, de modo a evitar ao máximo a dor. Seus mandamentos são como placas na estrada nos avisando de perigo iminente. Se esses sinais forem atendidos, temos maior chance de experimentar mais alegria e paz a longo prazo. Deus não é apenas um Pai. Ele é o Criador, que projetou um planeta com uma infinidade de peças, sistemas e processos interligados.

Imagine-se entrando em uma fábrica complexa onde a atividade é necessária para o bom funcionamento dos sistemas, mas perigosa para os seres humanos se eles entram em contato com ela sem tomar as precauções necessárias. Compreender o seu ambiente seria crucial para a sobrevivência. Deus criou um mundo onde os seres humanos estão expostos a fatores que são necessários para o ecossistema e para o bom funcionamento do planeta em geral, mas também são prejudiciais para as pessoas se elas entram em contato com esses elementos de modo errado.

Ciência, medicina e razão estão nos ajudando a nos tornar conscientes das formas de evitar tais coisas e a encontrar curas quando somos por elas acometidos. A tecnologia que pode ajudar a humanidade também pode ser prejudicial se dela abusamos. Deus nos dá a sabedoria para melhorarmos nossa vida e livramos nosso mundo de doenças, pobreza e abuso. Ter raiva de Deus por permitir o mal é estar zangado com ele por nos permitir nascer e viver.

Ele nos dá não só a compreensão para lidarmos com o mundo físico que nos rodeia e com os perigos que estão presentes, mas também conhecimento sobre o mundo espiritual invisível. Não há somente humanos maus, mas também espíritos malignos. Longe de ser uma visão pré-moderna de que todas as doenças e acidentes são devidos a espíritos que devem ser agradados e apaziguados, existem entidades malignas que devemos levar em conta.

Jesus tratou pela primeira vez com elas no início de seu ministério terreno (ver Marcos 1:21-27). Mais tarde, Pedro diria aos gentios: "[...] Deus ungiu Jesus de Nazaré com o Espírito Santo e poder, e [...] ele andou por toda parte fazendo o bem e curando todos os oprimidos pelo Diabo, porque Deus estava com ele" (Atos 10:38). A misericórdia de Deus é demonstrada por tornar-se homem em Jesus Cristo e por dar fim ao nosso maior inimigo, que vive no mundo invisível.

A mente cética zomba ruidosamente disso, mas há evidência dessa entidade maligna invisível que inspira e energiza o mal nos seres humanos. Esse mal pode ser ignorado pela cultura ocidental e sua visão naturalista do mundo, mas ele é compreendido muito bem pelo mundo não ocidental em desenvolvimento, que constitui dois terços do planeta.

As origens do mal

Então, de onde vem o mal? Será que Deus o criou? Como poderia um Deus amoroso e Todo-poderoso sujeitar-nos a esse tipo de mundo? A resposta é direta: Deus criou seres que tiveram a capacidade de falhar. Falhar significou escolher não fazer o bem. Dos seres que chamamos anjos aos seres humanos feitos à sua imagem, as criações de Deus têm o poder real de fazer escolhas reais. Se Deus tivesse nos criado sem esse direito e capacidade, não estaríamos tendo esta discussão.

Em países onde ditadores governam, as liberdades fundamentais como a liberdade de fala e liberdade de expressão não existem. Vivemos em um mundo em que Deus permite que o ateu, o cético e o crente se expressem. Christopher Hitchens costumava dizer que ele se recusou a acreditar em Deus como um governante supremo porque imaginou um mundo governado por Deus como "uma Coreia do Norte celestial".[27]

A ironia é que o mundo em que Hitchens viveu foi feito por Deus e era a coisa mais distante da cruel ditadura a qual ele erroneamente o comparou. Na Coreia do Norte, Hitchens nunca teria sido capaz de expressar tal opinião contrária ao líder. Ele nunca teria sido ouvido. No mundo de Deus, Hitchens teve uma escolha real. Deus nos deu esse direito de escolher, sabendo que iríamos fazer a escolha errada. Isso começou com os anjos e se espalhou para os homens. O fato de Deus não ter criado uma espécie de robôs que tiveram de obedecer-lhe cegamente ressalta o grande privilégio e responsabilidade que temos de poder fazer escolhas.

Deus criou um mundo que funciona por leis, e ele permite que decisões reais sejam tomadas por homens e anjos. Ele dá a capacidade de se fazer boas escolhas e se realizar atos heroicos e também concede a oportunidade de se fazer o oposto, que é o mal. Deus nos deu suas leis morais para revelar seu caráter e sua natureza, que são puros e sem mancha. "Deus é luz; nele não há treva alguma" (1João 1:5). Ele também nos deu suas leis para que pudéssemos exercer corretamente nossas funções como pessoas e minimizar os danos resultantes da quebra dessas leis às nossas vidas.

> Na realidade, as regras morais são como que instruções de uso da máquina chamada Homem. Toda regra moral existe para prevenir o colapso, a sobrecarga ou uma falha de funcionamento da máquina. É por isso que essas regras, no começo, parecem estar em constante conflito com nossas inclinações naturais.[28]

O melhor mundo possível?

Quando vemos o mal e o sofrimento no mundo, somos obrigados a perguntar, como o fez o matemático e filósofo Gottfried Leibniz: "É este o melhor mundo possível?" Ele acreditava que, à luz de todos os fatores incertos, este foi o melhor mundo possível.[29] Isso não quer dizer, de forma alguma, que seja um mundo perfeito. Christopher Hitchens discordaria totalmente, citando um mundo com doenças e estrelas colapsantes como evidência de uma engenharia ruim.[30] Ele e outros sentem que as imperfeições do universo revelam a ausência de um Projetista inteligente. No entanto, qualquer coisa criada que é finita está sujeita a morte e deterioração. Deus nos criou como seres humanos, com uma dimensão espiritual eterna. Somos, no âmago, seres espirituais que vivem em corpos físicos. Embora estes corpos decaiam, as partes espirituais viverão para sempre.

Como o apóstolo Paulo disse no primeiro século: "Não desanimamos. Embora exteriormente estejamos a desgastar-nos, interiormente estamos sendo renovados dia após dia" (2Coríntios 4:16). A vida curta que vivemos neste planeta nem chegam a merecer lembrança se esta vida é tudo o que existe. À luz das vastas eras de tempo e do ameaçador pano de fundo da eternidade, somos menos que uma gota em um balde. Essa crise existencial tomou conta de pessoas durante séculos. Existem basicamente três mundos que Deus poderia ter criado:

1. *Controlado*:

Deus poderia ter-nos criado sem a capacidade ou a opção de fazer o mal. Sem escolhas, apenas bondade programada. Como acabei de mencionar, se esse fosse o caso, não estaríamos tendo essa discussão. Nós, como seres humanos, seríamos nada mais do que bonecos de bufê infantil. Nós tendemos a exigir a nossa liberdade e, em seguida, amaldiçoar o fato de a termos. Embora Deus esteja no controle da história, ele tem-nos permitido fazer escolhas reais que têm consequências reais.

2. *Caótico:*

Deus poderia ter criado um mundo sem qualquer intervenção de sua parte. Ele criaria tudo e permitiria que as coisas tomassem seu próprio curso. Um indivíduo poderia fazer tudo o que quiser, sem consequências. Sem qualquer intervenção, em momento algum, seria, verdadeiramente, questão de sobrevivência do mais apto. Eu não acho que alguém fosse realmente gostar de viver em um mundo onde não há esperança de qualquer ajuda além do esforço humano.

3. *Cooperativo:*

Deus poderia ter criado um mundo em que ele nos dá escolhas reais a serem feitas. Ele trabalha entre nós e age de acordo com seus propósitos e suas promessas. Ao fazer uma aliança com a humanidade, ele entra na nossa vida quando nós o convidamos. Essa é a razão por que oramos e pedimos a ele por ajuda, bem como por que optamos por seguir seus mandamentos.

A opção 3 parece ser o mundo que Deus criou. Há opções reais com consequências reais para nossas ações. Ao mesmo tempo, Deus é capaz de interagir com sua criação. Ele não é apenas o dramaturgo que se senta e assiste, mas é um ator de sua própria história. Como o grande escritor C.S. Lewis apontou:

> Deus criou coisas dotadas de livre-arbítrio: criaturas que podem fazer tanto o bem quanto o mal. Alguns pensam que podem conceber uma criatura que, mesmo desfrutando da liberdade, não tivesse possibilidade de fazer o mal. Eu não consigo. Se uma coisa é livre para o bem, é livre também para o mal. E o que tornou possível a existência do mal foi o livre-arbítrio. Por que, então, Deus o concedeu? Porque o livre-arbítrio, apesar de possibilitar a maldade, é também aquilo que torna possível qualquer tipo de amor, bondade e alegria. Um mundo feito de autômatos — criaturas que funcionassem como máquinas — não valeria a pena ser criado.[31]

Por que Deus não remove o mal do mundo?

Não poderia haver nenhum conhecimento do que é bom se não fosse pelo contraste do mal. Como você poderia saber o que é luz sem a existência das trevas? Calor, sem a existência de frio? Deus nos permite compreender a realidade através do uso de contrastes.

Ao criar seres que eram espirituais e não físicos e também dar-lhes o direito de escolher, Deus criou a possibilidade de existirem seres malignos invisíveis. De alguma forma, esses seres possuem a capacidade de infligir dano, bem como de injetar doença na condição humana. Ao permitir livre-arbítrio ao universo, Deus sabia que daria a essas criações a opção de cometer o mal, mas ele nos preparou com armas espirituais, discernimento e oração para combatê-lo.

Deus *define* o mal. Ele nos diz o que é. Seus mandamentos não são pesados, mas existem para nos proteger. Como sinais de alerta sobre a rodovia ou rótulos de aviso em produtos químicos, as leis de Deus são atos de misericórdia, não de raiva.

Deus *denuncia* o mal. Ele nos ordena que evitemos e nos abstenhamos do mal. Ninguém é mais contrário ao mal do que Deus. Sua própria natureza é oposta. Ele nos chama para nos afastarmos do mal, mas nos permite fazer escolhas e ter a oportunidade de desobedecer.

Deus *derrota* o mal. Por sua vida e sua morte na cruz, Cristo veio para quebrar o poder do mal sobre a humanidade. Em sua crucificação, ele absorveu a punição para o nosso mal, provendo, assim, perdão e libertação.

Deus *destrói* o mal. Assim como o mal teve um começo, terá um fim. Hugh Ross explicou que Deus permitiu a possibilidade do mal no tempo e no espaço para que pudesse eliminá-lo por toda a eternidade em uma nova criação que irá substituir o universo:

> Como uma expressão de seu amor pela humanidade, Deus criou o universo do jeito que se vê para nos proteger de um futuro afetado pelo mal. Ele fez este cosmos para servir como uma arena na qual o mal e o sofrimento podem ser erradicados definitiva e eternamente, ao mesmo tempo mantendo a capacidade humana de exercer o livre-arbítrio e, portanto, experimentar e expressar o amor.[32]

Ao permitir uma presença momentânea do mal na existência humana, Deus não apenas o derrotou na cruz, mas também acabará por removê-lo para sempre.[33] Por isso, na eternidade, seremos capazes de existir com o nosso livre-arbítrio intacto, sem a presença do mal.

Um retrato fiel de nós mesmos

As pessoas delirantes acham que são algo que, na realidade, não são. A questão é: quem decide o que é realidade? Quando você olha um espelho, vê uma imagem que corresponde ao que você conhece como verdadeiro. O início de uma melhora de vida é ver-se como você realmente é. Por outro lado, ignorar a realidade conduz à inutilidade. Como o filósofo Ravi Zacharias ressalta: "É por isso que o ateísmo está tão falido como conceito de vida, pois miseravelmente deixa de tratar da condição humana como esta realmente é."[34]

Um avião a dez quilômetros de altura é um dos melhores lugares para se ter uma discussão sobre Deus e as coisas espirituais. Talvez seja a turbulência ou apenas estar um pouco mais perto do céu. Independentemente disso, quando você está sentado ao lado de um estranho por algumas horas em um avião, você pode falar mais honestamente do que em qualquer outro lugar na Terra. Quando se trata de compartilhar o evangelho, já tive alguns notáveis e inesquecíveis momentos em aviões. Esses encontros vão desde o ridículo até o sublime.

Um deles ocorreu quando eu estava ao lado de um homem no assento 14D. Assim que começamos a conversar e ele descobriu que eu sou um pastor, disse em voz alta que Deus não poderia existir de maneira nenhuma por causa de "todo o mal no mundo". Toda vez que essa questão é levantada, tenho cuidado para não banalizar o mal e o sofrimento, porque coisas ruins podem ter acontecido com as pessoas com quem eu estou falando ou com aqueles a quem elas amam. É importante perguntar discretamente sobre a dor do outro.

Nesse caso, eu senti que a desculpa do mal estava mais para uma cortina de fumaça. Eu disse ao homem no 14D: "Deus poderia se livrar de todo o mal no mundo, de uma vez só. O que ele teria de fazer é apenas matar todo mundo."

Pense nisso. Isso é exatamente o que aconteceu na história bíblica de Noé e do dilúvio.

O SENHOR viu que a perversidade do homem tinha aumentado na terra e que toda a inclinação dos pensamentos do seu coração era sempre e somente para o mal. Então o SENHOR arrependeu-se de ter feito o homem sobre a terra, e isso cortou-lhe o coração.

Gênesis 6:5-6

Ele, ao final, destruiu a maioria das coisas vivas e salvou uma família de oito pessoas. O vírus do mal estava neles também, embora não totalmente manifesto, e tem crescido no mundo que temos hoje.

Eu continuei: "Deus tem um plano para se livrar de todo o mal no mundo, sem ter de nos destruir."

O homem estava agora um pouco atordoado por sua razão para rejeitar Deus estar sendo criticada.

"Ele quer remover todo o mal em seu coração sem ter de destruir-nos por sermos portadores do vírus. Deus quer se livrar de todo o mal do mundo, começando pelo assento 14D."

O problema era que o passageiro queria se livrar do mal dos outros, mas ele não estava disposto a abrir mão de seu próprio mal. A verdade é que queremos que Deus pare as más consequências, mas não as nossas próprias más ações. Nós queremos que o mal pare de acontecer conosco, mas não por nosso intermédio.

Enquanto estive em Nova Orleans, há alguns anos, levando meus três meninos a um jogo de basquete, passamos pela mesa de um quiromante psíquico prometendo "ler a palma da mão e prever o seu futuro". Sentindo um puxão no meu coração por parte do Senhor, eu pedi ao meu amigo Troy que esperasse por um momento com meus filhos enquanto falava com aquele leitor de mãos. Apresentei-me, sentei-me à sua mesa, me identifiquei como um pastor e indaguei se poderia lhe fazer algumas perguntas. A primeira delas: "Por que você se tornou um quiromante?"

Sua resposta me surpreendeu: "Eu era cristão e passei muito tempo em um avivamento na Flórida buscando o poder de Deus. Quando não consegui encontrá-lo, comecei a brincar com o ocultismo e até com vodu. Essas coisas me assustaram, então eu decidi estudar quiromancia, porque parecia mais seguro."

Eu continuei a lhe fazer perguntas e, de verdade, ouvir suas respostas. Eu propositadamente abstive-me de desafiá-lo logo à primeira vista. Depois de 15 a vinte minutos, ele olhou para mim e disse: "Agora me diga: por que você faz o que você faz?"

"Eu prego o evangelho por duas razões principais. Em primeiro lugar, o evangelho é a única coisa neste planeta que pode dizer a uma pessoa o que está realmente errado com ela. Alguns anos atrás, minha esposa estava doente e não conseguia descobrir a fonte de sua dor. Em viagem a Israel, um doutor baixinho e afável no Hospital Hadassah a diagnosticou, e aquele conhecimento nos trouxe uma grande esperança de que ela poderia agora ser tratada adequadamente. Você vê, o evangelho nos diz que a fonte da nossa dor é a nossa separação de Deus por causa do pecado. Visto que quebramos as leis morais de Deus, nossas vidas e almas tornaram-se quebradas."

John (como vou chamá-lo) foi realmente ouvindo enquanto eu lhe expliquei o evangelho. Como um médico entregando notícias difíceis, eu fiz o meu melhor para ser gentil, enquanto honestamente dizia-lhe qual era sua condição real. Eu não suavizo a mensagem em nome de alguma opinião distorcida sobre o que é ser amoroso. Eu, então, concluí: "A segunda razão pela qual eu prego o evangelho é porque é a única coisa neste planeta que pode nos dizer o que fazer para curar a nossa doença."

Preguei, então, o evangelho de forma clara e ofereci a resposta de Deus para sua vida. Ele me agradeceu e me permitiu orar por ele. Em seguida, disse: "Eu tenho uma mãe em Nashville que está orando por mim todos os dias. Aposto que você está sentado aqui por causa das orações dela."

Resumo

A lei moral está escrita em cada coração humano. O bem e o mal são muito reais e só verdadeiramente entendidos à luz da existência de uma autoridade transcendente. Isso ocorre porque há princípios morais que são universalmente verdadeiros, independentemente de cultura ou contexto. A existência do mal não é evidência da ausência de Deus no universo, mas evidência de sua ausência em nossas vidas.

Sim, o mundo está cheio de mal e de sofrimento, mas os seres humanos são as únicas criaturas que percebem isso e as únicas criaturas capazes de um ato intrinsecamente mau ou bom. O homem é moral, mas o ateísmo não pode realmente explicar o porquê. O naturalismo não oferece nenhuma ajuda para responder à pergunta de por que o mal existe, exceto pela crença de que o homem, ao contrário de outros animais, simplesmente tem essa propensão inata.

Como o dr. William Lane Craig disse em seu debate com Sam Harris em Notre Dame:

> Assim, a visão naturalista do dr. Harris não fornece uma base sólida para valores e deveres morais objetivos. Portanto, se Deus não existe, não temos uma base sólida para a moralidade objetiva, que é a minha segunda afirmação. Em conclusão, então, vimos que, se Deus existe, temos uma base sólida para valores e deveres morais objetivos, mas que, se Deus não existe, então não temos uma base sólida para valores e deveres morais objetivos. O ateísmo do dr. Harris fica muito fora do alvo com a sua teoria ética.

O que eu estou oferecendo ao dr. Harris hoje não é um novo conjunto de valores morais — eu acho que, em geral, nós compartilhamos da mesma ética aplicada — em vez disso, o que eu estou lhe oferecendo é um fundamento para os valores e deveres morais objetivos por que ambos prezamos.[35]

Esta mesma oferta de uma base moral e ética sólida está disponível a cada pessoa. É por isso que acreditar que Deus existe é tão vital para a nossa existência. Assim como observamos interiormente a lei moral para nela ver a prova da existência de um Criador, vamos agora voltar nosso olhar para os céus estrelados acima, como Kant sugeriu.

CAPÍTULO 4
HOUVE UM COMEÇO

Uma interpretação dos fatos com bom senso sugere que um superintelecto andou aprontando com a física.

— FRED HOYLE,
"The Universe: Past an Present" [O universo: passado e presente][1]

Os melhores dados que temos [sobre o Big Bang] são exatamente o que eu teria previsto caso não tivesse mais nada com o que prosseguir a não ser os cinco livros de Moisés, os Salmos, e a Bíblia como um todo.

— ARNO PENZIAS, Prêmio Nobel de Física[2]

PARECE UMA BOA PIADA:
"O que Moisés sabia sobre o universo que Einstein não sabia?"
"Que ele teve ínicio."

Mas não é nenhuma piada. A declaração de abertura da Bíblia, registrada há mais de 3.500 anos atrás, faz uma afirmação cientificamente precisa de que houve um começo para tudo. Os cosmólogos (físicos que estudam a estrutura e as origens do universo) concordam que houve um momento inicial em que tudo, incluindo tempo e espaço, veio a existir. O astrofísico teórico Stephen Hawking concorda. "[...] Quase todos acreditam, hoje, que o universo, e o próprio tempo, teve começo no Big Bang."[3]

O fato de que, hoje em dia, acredita-se que o universo teve um começo é um desenvolvimento surpreendente na maioria das áreas da física. O ponto de vista aceito por pensadores de Aristóteles a Einstein era que o universo sempre existira. "O cosmos é tudo o que existe, que existiu ou que existirá" foi a declaração de abertura de Carl Sagan no livro best-seller, *Cosmos*.[4] Esse livro foi transformado em uma série de televisão e deu mais legitimidade à noção de que o mundo material sempre existiu, ou como argumentou o filósofo ateu Bertrand Russell, "[...] o universo aí está, eis tudo".[5]

Para dar alguma perspectiva histórica, essa visão foi amparada no século XIX pelo lançamento do trabalho *A origem das espécies*, de Charles Darwin, que propôs que toda a vida surgiu espontaneamente através de causas naturais. Isso parecia confirmar a ideia de que não havia necessidade de olhar para além da própria natureza para se ter a resposta de como tudo começou.

No raiar do século XX, houve avanços praticamente simultâneos nos campos da física e da astronomia. Einstein deu ao mundo a Teoria da Relatividade e iniciou uma revolução na maneira de entender como o mundo funciona. O mundo subatômico foi redefinido pela mecânica quântica, que nos deu uma visão anti-intuitiva de como as partículas no nível mais diminuto operam.

Mas talvez a descoberta mais avassaladora tenha vindo por meio das observações do astrônomo Edwin Hubble, em 1929. Como Galileu mais de trezentos anos antes, ele olhou através de seu telescópio e observou algo que mudaria o mundo: que a luz das estrelas distantes parecia ser mais vermelha conforme a distância entre as estrelas e a Terra aumentava. A luz aparece mais avermelhada quando uma estrela está se movendo para longe da Terra e mais azul quando vindo em direção à Terra.

Este é o chamado *efeito desvio para o vermelho*, e demonstrou que todas as galáxias distantes estão se afastando da Terra a velocidades proporcionais às suas distâncias dela. Essa descoberta levou à Teoria do Big Bang, a ideia de que se você revertesse a expansão do universo observado, tudo voltaria a um único ponto de partida (único volume infinitesimalmente pequeno).

Por esta razão, a maior parte dos cosmólogos pensam na singularidade inicial como o início do universo. Deste ponto de vista, o Big Bang representa o evento da criação, a criação não só de toda a matéria e energia do universo, mas também do espaço-tempo em si mesmo.[6]

Mais significante, essa evidência sobre o início do universo mostra que o seu Criador deve ter existido fora do tempo e do espaço, exatamente como está implícito em Gênesis.

As implicações do Big Bang

Astrônomo, agnóstico e ex-diretor do Instituto Goddard da NASA, Robert Jastrow capturou a tensão da Teoria do Big Bang em seu livro *God and the Astronomers* [Deus e os astrônomos].

Quando cientistas escrevem sobre Deus, seus colegas supõem que ele já esteja começando a descer ladeira abaixo ou ficando maluco. No meu caso, deve ser entendido desde o início que eu sou agnóstico em assuntos religiosos. [...] No entanto, eu sou fascinado pelas implicações de alguns dos avanços científicos dos últimos anos. A essência destes progressos é que o universo teve, em certo sentido, um começo, começou em um determinado momento no tempo.[7]

Muitos na comunidade cética tentariam minimizar a noção de um começo absoluto por causa das implicações religiosas. Sir Arthur Stanley Eddington ecoaria essa mesma relutância: "Filosoficamente, a noção de um início da ordem presente da Natureza é repugnante para mim. [...] Eu gostaria de encontrar uma brecha legítima."[8] A ideia de um princípio era desconfortável para o naturalista que estava comprometido com uma visão de mundo que exclui a existência de um reino sobrenatural. Stephen Hawking observou esse desconforto em seu best-seller, *Uma breve história do tempo*: "Muitas pessoas não aceitam a ideia de que o tempo tenha um começo, provavelmente porque ela cheira a intervenção divina."[9]

O astrônomo Fred Hoyle sugeriu o termo Big Bang como zombaria. A ideia de um começo para ele era o mesmo que deslizar para o conceito de um Criador:

À primeira vista, alguém poderia pensar que o forte viés anticlerical da ciência moderna seria totalmente destoante da religião ocidental. Isso está longe de ser assim, no entanto. A Teoria do Big Bang requer uma origem recente do universo que convida abertamente o conceito de criação, e as assim chamadas teorias termodinâmicas sobre a origem da vida na sopa orgânica primordial da biologia são o equivalente contemporâneo à voz na sarça ardente e às tábuas de Moisés.[10]

Independentemente das implicações, todo o universo, juntamente com toda a matéria, a energia, o espaço e o tempo teve um começo. Tentar conceber o que poderia ter existido antes do início ou o que o causou é alucinante. No entanto, a lógica da conexão entre a evidência em favor de um início do universo e um Criador é muito difícil de ignorar.

A lógica da fé

Quando alguém diz "a crença em Deus não é lógica", está simplesmente lançando um insulto às pessoas de fé muito parecido com candidatos de partidos políticos rivais tentando marginalizar seus adversários. Talvez uma pessoa não consiga articular sua fé de forma lógica, mas isso não significa que a fé em Deus seja, em si mesma, ilógica ou irracional. Isso é ilustrado por um dos mais antigos argumentos pela existência de Deus, conhecido como o *argumento cosmológico*. William Lane Craig é um notável filósofo e teólogo que se tornou uma das principais vozes no debate sobre as origens. Ele tem escrito numerosos livros e publicado dezenas de artigos submetidos à revisão por pares* sobre estas questões afins. Ele e o coautor J.P. Moreland também são especialistas no *argumento cosmológico*, o conceito de que havia uma "causa primeira" ou "causa não provocada" para o universo.

> O argumento cosmológico é uma família de argumentos que visa a demonstrar a existência de uma Razão Suficiente ou Causa Primeira para a existência do cosmos. O rol dos defensores desse argumento consiste quase num "manual da filosofia ocidental": Platão, Aristóteles, Avicena, al-Ghazali, Maimônides, Anselmo, Aquino, Escoto, Descartes, Espinosa, Leibniz e Locke, para citar apenas alguns.[11]

Uma forma do argumento cosmológico é indicado da seguinte maneira:

---

* N.T.: revisão por pares: avaliação de um trabalho por outros pesquisadores, que não o autor, sendo eles de, no mínimo, igual nível acadêmico do autor na mesma disciplina ou na subespecialidade mais próxima.

1. Tudo que começa a existir tem uma causa.
2. O universo começou a existir.
3. Portanto, o universo tem uma causa.[12]

O *passo 1* é, sem dúvida, verdadeiro. A frase-chave é "começa a existir". Isso, obviamente, não inclui um ser sem começo. O *passo 2* é o tão próximo a um fato físico quanto se chega na realidade:

Pois não só toda a matéria e energia, mas também o espaço e o tempo vieram a existir com a singularidade inicial cosmológica. [...] Em tal modelo, o universo se origina *ex nihilo* no sentido de que é falsa a afirmação de que existia alguma coisa antes da singularidade.[13]

O *passo 3* é uma causa que tem de ser, ela própria, sem causa. A causa do universo deve existir fora do espaço e do tempo, já que o espaço e o tempo vieram a existir nesse começo. Deve ser, portanto, eterna, imaterial e, finalmente, pessoal, já que o universo parece ter a intenção propositada de suportar a vida humana.

A Causa Primeira não provocada deve transcender o tempo e o espaço e ser a causa de sua origem. Tal ser deve, além disso, ser extremamente poderoso, uma vez que trouxe à existência a totalidade da realidade física, incluindo toda a matéria e a energia e o próprio espaço-tempo, sem nenhuma causa material.

Finalmente, e o mais notável, considera-se que tal causa transcendente seja pessoal.[14]

Alguns se contentam em dar um sinal de assentimento para o fato de que uma força divina está por trás do universo. A bruta magnitude de evidência para esta assim chamada "causa não provocada" exige a consideração pela existência de Deus. Contanto que esta entidade permaneça anônima e impessoal, fica tudo bem. Mas esse tipo de Deus pessoal, que se importa, que responde à oração e julga o pecado é assustador para a imaginação. Se o Criador do olho realmente vê ou se o fabricante da orelha realmente ouve, então nós somos responsáveis e prestamos contas por nossas palavras e ações.

Por que existe algo em vez de nada?

O matemático e filósofo alemão Gottfried Leibniz formulou a seguinte pergunta no século XVII: "Por que existe algo em vez de nada?"[15] Essa interrogação parece capturar a essência do dilema em que a posição cética se encontra. Por que estamos aqui? Por que há algo aqui? As respostas a essa pergunta vão do mais absurdo até o sublime.

Uma vez, na Universidade de Nova Orleans, eu estava realizando uma reunião de estudantes no campus e fiz a seguinte declaração: "Ou tudo o que você vê ao seu redor começou por si mesmo, ou foi iniciado por algo além de si mesmo." Eu pensei: "Com certeza isso aqui é só lógica simples."

Surpreendentemente, um estudante no fundo da sala levantou a mão e disse: "Bem, há uma terceira opção."

"Qual seria?", perguntei.

Tentando soar muito filosófico, ele disse: "Talvez nós não estejamos realmente aqui."

Muito do diálogo contemporâneo está repleto de afirmações grosseiras como esta. As pessoas dizem o que querem, independentemente da evidência ou da lógica, e esperam que a ideia receba a mesma consideração que é dada a outras vozes, muito mais razoáveis.

Minha única resposta foi: "Se não estamos realmente aqui, logo você não está aqui, então fique quieto."

Embora a classe tenha rido, o fato permanece: estamos aqui!

As respostas céticas são divergentes e, às vezes, irracionais, como a que acabamos de descrever naquela sala de aula. Por um lado, Dawkins diz que a pergunta "por quê?" é bobagem. Bobagem? Ele tenta evitar o assunto, fingindo que não é importante. Ele está "dando tiro para todo lado", na melhor das hipóteses. Ele frequentemente "vira a casaca" como um político inexperiente que ainda não percebeu direito que seus comentários anteriores foram gravados. De fato, em um debate com John Lennox, ele afirmou que a pergunta "por quê?" foi o que o atraiu à sua carreira na ciência.[16] Não é uma pergunta boba quando é ele quem pergunta.

Lawrence Krauss, físico do estado do Arizona, tenta responder à pergunta "por quê?" em seu livro *A Universe from Nothing* [Um universo a partir do nada]. Como um devoto materialista, ele tenta dar uma resposta a essa pergunta de um ponto de vista puramente naturalista ou, pelo menos, impessoal. Qualquer noção da impossibilidade de tal explicação mostra que ela seria desastrosa.

Seu primeiro truque é redefinir a palavra *nada*. Nada não é, na verdade, nada na visão de Krauss.

> Porque, certamente, "nada" é tão físico quanto "algo", especialmente se for para ser definido como a "ausência de algo". Assim, compete a nós entender precisamente a natureza física de ambas as quantidades mencionadas. E sem a ciência, quaisquer definições são apenas palavras.[17]

Muito barulho por nada

Esse tipo de ciência dá legitimidade para tantas ideias absurdas quanto os céticos afirmam que a religião dá. Só pense por um momento quanto tempo e esforço têm que ser gastos para definir "nada". Os ateus contam um conto digno de peça de Shakespeare, de fato *Muito barulho por nada*. Devo divagar por um momento e reconhecer quão obscura e pedante esta discussão pode parecer para muitos. Apesar disso, ela deve ser tratada, pois é dentro dessa obscuridade que se afirma a prova para a impessoalidade ou falta de necessidade de Deus.

A realidade é que o que Krauss quer dizer quando fala em "nada" não é, de fato, nada. Ao longo de *A Universe from Nothing*, Krauss constantemente muda sua definição de "nada", e suas definições quase sempre não são "nada", mas, na verdade, "alguma coisa". A maioria dos "nadas" dele não elimina a necessidade de algo externo que explique como as "ausências" são preenchidas. Em uma resenha detalhada do livro de Krauss, Hugh Ross explica que os "nadas" que Krauss descreve podem fazer coisas incríveis que, no entanto, ainda necessitam de Deus.[18] O ateu Victor Stenger escreveu: "Algo é mais natural do que nada"[19], e seu colega Michael Shermer declarou:

> Em ambas, tradição judaico-cristã [...] e visão de mundo científica, o tempo começou quando o universo veio à existência, seja mediante criação divina, seja mediante o Big Bang. Deus, portanto, teria que existir fora do espaço e do tempo, o que significa que, como seres naturais delimitados para viver em um universo finito, não podemos

saber coisa alguma sobre tal entidade sobrenatural. A resposta do teísta é uma hipótese que não pode ser testada.[20]

Ironicamente, Shermer passa a propor várias hipóteses "não testáveis" sobre por que existe algo em vez de nada. O erro fatal de lógica que Shermer comete é limitar nossa capacidade de entender como verdade apenas aquilo que podemos testar. Não há como repetirmos e testarmos, experimentalmente, tal evento único. No entanto, o universo pode ser observado, suas propriedades determinadas e suas implicações teóricas, incluindo a da existência de um agente causal, pessoal, além do espaço e do tempo, podem ser postas sob rigoroso teste científico. Assim, a teoria que oferecer a melhor explicação é mais plausível de ser aceita como verdadeira.

Outro erro de Shermer é assumir que só porque nós, como seres humanos, somos limitados pela nossa existência finita, o Criador não é limitado pelo espaço e pelo tempo e pode optar por fazer-se conhecido à sua criação. A forma como o Criador faz isso é o assunto dos capítulos restantes. Allan Sandage, vencedor do Prêmio Crafoord em astronomia (equivalente ao Prêmio Nobel), comentou:

Acho que é bastante improvável que tal ordem tenha vindo do caos. Tem que haver algum princípio organizador. Deus para mim é um mistério, mas é a explicação para o milagre da existência, porque existe algo em vez de nada.[21]

Será que o universo apareceu do nada?

Agora chegamos a um ponto muito crítico na desconstrução da tentativa dos céticos de eliminar a necessidade de Deus. Se tudo o que existe veio do nada, então o primeiro vestígio de qualquer coisa teria que aparecer abruptamente, de repente. Um dos cientistas mais célebres do nosso tempo que defende essa tese é Stephen Hawking. Hawking tem sido uma força inegável na área de física teórica.

No entanto, em seu mais recente trabalho, ironicamente intitulado *O grande projeto*, Hawking declara enfaticamente que o universo poderia literalmente ter aparecido de um estouro — sem Deus —, em última análise, como consequência das leis da natureza.

Devido ao fato de existir uma lei como a da gravidade, o universo pode e criará a si mesmo do nada; [...] a criação espontânea é a razão por que há algo em vez de nada, por que existe o universo, por que existimos. Não é necessário invocar Deus para acender o pavio e colocar o universo em movimento.[22]

Essa crença deriva-se da Teoria Quântica, que descreve como partículas (como prótons) aparecem e desaparecem sem causa aparente. Isso está em contraste com as leis da física de Newton, que afirmam que os objetos foram postos em movimento porque eles foram influenciados por outros objetos. A reivindicação central de alguns na física é a de que a Teoria Quântica elimina a necessidade de uma causa. O Discovery Channel exibiu um programa chamado "Curiosidade: Deus criou o universo?" Nele, as afirmações de Hawking são dramaticamente ilustradas quanto à possibilidade de criação espontânea do universo, sem a necessidade de Deus.

O que poderia causar o aparecimento espontâneo de um universo? No começo parece um problema desconcertante. Afinal, em nosso dia a dia as coisas simplesmente não se materializam do nada. Você não pode apenas estalar seus dedos e invocar uma xícara de café quando você tiver vontade, não é? Você tem de fazê-lo a partir de outras coisas, como grãos de café, água, talvez um pouco de leite e açúcar. Mas viaje para dentro desta xícara de café, por meio das partículas de leite, até o nível atômico, e até ao nível subatômico, e você entra em um mundo onde conjurar algo do nada é possível, pelo menos por um curto período de tempo. Isso porque, nessa escala, partículas tais como prótons se comportam de acordo com as leis da natureza que chamamos de mecânica quântica. E eles realmente podem aparecer de forma aleatória, permanecer por um tempo e depois desaparecer novamente, para reaparecer em outro lugar. Como sabemos que o universo em si já foi muito pequeno, menor que um próton, de fato, isso tem um significado bastante notável. Isso significa que o próprio universo em toda a sua vastidão e complexidade aterradoras poderia simplesmente ter saltado do nada à existência sem violar as conhecidas leis da natureza.[23]

Para o observador medíocre parece que a discussão acabou. Se a ciência mostra que tudo poderia simplesmente vir à existência, sem causa aparente, então Deus como necessária Causa Primeira é declarado desnecessário. No entanto, em sua pressa para eliminar a necessidade de causalidade, cientistas ateus deixam de mencionar que, sem as leis da natureza, absolutamente nada aconteceria. Isso me faz lembrar da cena de *O Mágico de Oz* em que a cortina é puxada e Dorothy e seus três amigos contemplam o Mágico em pessoa. O véu de mistério intencional é retirado. O Mágico freneticamente diz: "Não deem atenção ao homem que está atrás da cortina."[24] De certa forma, o ateu quer que você ignore essas leis por trás do universo e simplesmente aceite que elas estão lá e pare de perguntar de onde vieram.

O mundo é composto de coisas, as quais obedecem a regras. Se você continuar perguntando "por quê?" sobre o que acontece no universo, você finalmente chega à resposta "por causa do estado do universo e das leis da natureza". [...] Os teólogos às vezes invocam "sustentar o mundo" como uma função de Deus. Mas nós sabemos mais; o mundo não precisa ser sustentado, ele pode simplesmente ser.[25]

Então, de onde vêm as leis da física? Elas devem ser pressupostas para que as partículas venham à existência.

Em qualquer caso, mesmo em um universo sem milagres, quando você se depara com uma ordem subjacente profundamente simples, pode tirar duas conclusões diferentes. Uma, desenhada pelo próprio Newton e anteriormente defendida por Galileu e uma série de outros cientistas ao longo dos anos, é que tal ordem foi criada por uma inteligência divina responsável não apenas pelo universo, mas também por nossa própria existência, e que nós, seres humanos, fomos criados à sua imagem (e, aparentemente, outros seres complexos e belos não o foram!). A outra conclusão é que as próprias leis são tudo o que existe. Elas exigem que nosso universo venha à existência, se desenvolva, evolua, e nós somos uma irrevogável subproduto dessas leis. As leis podem ser eternas, ou também podem ter vindo à existência, mais uma vez, por algum processo ainda desconhecido, mas possivelmente puramente físico.[26]

Então, ou existe um conjunto eterno de leis ou um legislador eterno. Observe que Krauss é fiel ao seu dogma do naturalismo e afirma que as leis da física poderiam "possivelmente" ser o resultado de "um processo puramente físico". No entanto, as próprias leis apontam em uma direção diferente.

O ajuste fino do universo

Uma das mais surpreendentes evidências da existência de Deus é chamada de *ajuste fino* do universo. Refere-se à incrível calibração de um grande número de variáveis que tinham que ter valores precisos para permitir um universo que possibilite a existência de vida, tal como o nosso. Só se um Projetista tivesse criado, especificamente, o nosso universo, com a intenção de sustentar a vida, é que nós existiríamos. Essa evidência demanda tão fortemente a presença de um Projetista inteligente que os ateus, como Dawkins, admitem que é um problema. "O problema dos físicos diz respeito às mais elementares origens e leis naturais, o problema dos biólogos é o problema da complexidade."[27]

Kit básico de universo

Quando era mais jovem, havia botões em rádios e TVs que ajudavam a ajustar finamente o som e a imagem. Você consegue imaginar a afinação de um piano ou de outro instrumento como outro exemplo da necessidade de se calibrar algo em uma posição precisa para o seu funcionamento adequado. Astrofísicos nos dizem que havia dezenas de constantes físicas (como a gravidade) e quantidades (como a entropia) que tiveram de ser cuidadosamente ajustadas (finamente ajustadas) a fim de que houvesse um universo que produzisse vida.

Imagine que você tenha um kit básico de universo, e ele vem com 15 botões que devem ser posicionados com precisão. Talvez se pareça com uma mesa de som atrás do palco em um show. Os intervalos de valores para esses botões não estão entre um e cem, mas entre um e bilhões. Cada botão deve ser precisamente regulado ou você não tem um universo que permita a vida.

Uma reação a tais imensas coincidências aparentes é enxergá-las como fundamentação para a alegação teísta de que o universo foi criado por um Deus pessoal e oferecer material para um argumento teísta devidamente delimitado — daí, portanto, vem o argumento do ajuste fino. É como se houvesse um grande número de potenciômetros que têm de ser ajustados dentro de faixas de valor muito estreitas para que a vida seja possível no nosso universo. É extremamente improvável que isso acontecesse por acaso, mas muito mais provável que isso fosse acontecer se houvesse uma pessoa como Deus.[28]

Esses valores incluem as forças fundamentais da gravidade, a força nuclear forte (que mantém o núcleo unido), a força nuclear fraca (que governa a radiação), e a força eletromagnética (que governa a atração de cargas opostas entre si). Outras quantidades variam da carga de um elétron até a taxa de expansão do universo. Alguns valores devem ser definidos entre limites modestamente apertados. Por exemplo, se a massa de nêutrons fosse 0,1% maior, o universo não teria elementos pesados essenciais em quantidade suficiente para a vida, ou se fosse de 0,1% menor, todas as estrelas entrariam em colapso em buracos negros.[29] Da mesma forma, se a força nuclear forte fosse apenas 2% mais fraca ou 0,3% mais forte, o universo teria insuficiência de elementos essenciais.[30]

Outros valores são ainda muito mais precisamente definidos. Hugh Ross descreve em *The Creator and the Cosmos* [O Criador e o cosmos] o exemplo da relação entre o número de elétrons no universo com o seu número de prótons:

A menos que o número de elétrons seja equivalente ao número de prótons com uma precisão de, no mínimo, uma parte em 10^{37}, as forças eletromagnéticas no universo superarariam tanto as forças gravitacionais que as galáxias, estrelas e planetas nunca teriam se formado.[31]

No total, Hugh Ross identificou centenas de detalhes que exigiriam o ajuste fino em relação às leis da física, à nossa galáxia, ao Sol, à Lua e ao planeta Terra.[32] Não há como se exagerar ao enfatizar o assunto: o universo desde o início foi projetado por uma inteligência fantástica que não possui paralelo humano. Grandes mentes como Sir Isaac Newton compreenderam a ordem matemática exibida do universo. No entanto, mente alguma imaginou o nível de precisão que existiu desde o início.

Matemático de Oxford, John Lennox diria que nós estamos usando "domínios de precisão que estão além de qualquer coisa alcançável pela instrumentação projetada por seres humanos".[33] Esses fatos são muitas vezes levianamente desprezados por naturalistas em favor de especulação selvagem em teorias não comprovadas e desprovidas de suporte experimental. Ver pessoas inteligentes descartando essas probabilidades esmagadoras prova que não há quantidade de evidências que possa derrubar sua postura pré-determinada de que não há Deus.

Como um exemplo claro, Victor Stenger escreveu em uma entrada de enciclopédia sobre o Princípio Antrópico:

> Em suma, muito do chamado ajuste fino dos parâmetros da microfísica está no olho de quem vê, nem sempre suficientemente versado em física, que joga com os números até que eles pareçam apoiar uma crença prévia que foi baseada em outra coisa que não a análise científica objetiva.[34]

Não obstante as evidências apontando esmagadoramente para uma inteligência que finamente ajustou a natureza, a visão de mundo de Stenger o cega para ver essa prova.

Princípio Antrópico

O nome *Princípio Antrópico* deriva da palavra grega que designa os seres humanos, homens ou mulheres: *anthropos*. O termo foi introduzido no quinto centenário da descoberta de Copérnico de que a Terra não era o centro do sistema solar, mas orbitava o Sol. O princípio, em essência, afirma que o universo foi projetado para que a vida consciente surgisse.

Para entender melhor as implicações do conceito, imagine que você chega a um quarto de hotel e que todas as suas coisas favoritas já estão lá: suas roupas, suas comidas favoritas, fotos de sua família. Seria seguro dizer que alguém sabia que você estava vindo para o quarto e o preparou para você. Isso é o que o princípio antrópico sugere. O universo foi feito com os seres humanos em mente. "O universo em algum sentido deve ter sabido que estávamos chegando."[35] Sir Fred Hoyle notou a incrível e improvável aparição de vida nos seus elementos mais básicos, como o carbono.

> Você não diria para si mesmo: "Algum intelecto super calculista deve ter projetado as propriedades do átomo de carbono, caso contrário,

minha chance de encontrar tal átomo por meio das forças cegas da natureza seria incrivelmente minúscula." Claro que você diria. [...] Uma interpretação dos fatos com bom senso sugere que um superintelecto andou aprontando com a física, bem como com a química e a biologia, e que não existem forças cegas de que se possa falar na natureza. Os números que se calculam a partir dos fatos parecem-me tão avassaladores que colocam essa conclusão quase acima de questionamento.[36]

Paul Davies, um físico, bem como um agnóstico, ecoou os sentimentos de Hoyle:

Os cientistas estão lentamente acordando para uma verdade inconveniente: o universo tem uma suspeita aparência de ter sido determinado. A questão diz respeito às próprias leis da natureza. Durante quarenta anos, os físicos e os cosmólogos foram discretamente recolhendo exemplos de todas as demasiadamente convenientes "coincidências" e características especiais nas leis fundamentais do universo que parecem ser necessárias para que a vida e os seres conscientes, portanto, existam. Altere qualquer uma delas e as consequências serão fatais. Fred Hoyle, o distinto cosmólogo, uma vez disse que foi como se um um superintelecto tivesse aprontado com a física.[37]

Ateus têm reconhecido as claras implicações do entendimento de que o universo teve um começo e foi ajustado para a vida. Portanto, eles tentam ponderar essa terrível ameaça para sua cosmovisão mediante o desenvolvimento de diversas teorias que negam ambas as conclusões.

Dawkins também desafiou a fé do físico John Barrow, um anglicano. Como vários outros oradores, Barrow enfatizou quão extraordinariamente "finamente ajustado" o universo é para a nossa existência.

"Por que não simplesmente aceitar o ajuste fino como um fato da natureza?", perguntou Dawkins. "Por que você quer explicá-lo com Deus?"

"Pela mesma razão que você não quer", Barrow respondeu secamente.

Todos riram, exceto Dawkins, que protestou: "Isso não é uma resposta!"[38]

Resposta dos ateus? O multiverso

A fim de descartar a evidência de ajuste fino, um grande número de ateus apela para o conceito de um multiverso. O multiverso é a hipótese de que o nosso universo é um dentre um número virtualmente infinito de universos. Os ateus argumentam que, em tal multiverso, é matematicamente possível, por mero acaso, que um dos universos apresentasse todas as exatas características adequadas para a vida, incluindo os seres humanos. Essa ideia mostra como muitos estão desesperados para abraçar qualquer alternativa às implicações esmagadoras do universo finamente ajustado. A Teoria do Multiverso não é testável nem observável, ela deve simplesmente ser presumida sem qualquer evidência disso.

Como exemplo, Stephen Hawking tenta ignorar o princípio do universo, apelando para a noção de tempo imaginário. Ele, então, apela para a Teoria das Cordas, que supostamente permite a possibilidade de um número infinito de universos. Da mesma forma, Lawrence Krauss afirma que a inflação cósmica poderia gerar uma progressão infinita de universos com diferentes propriedades físicas. No entanto, nenhum deles desenvolveu uma teoria testável, que faça claras previsões testáveis. Como tal, as suas reivindicações residem no reino da ficção científica e não no da ciência. O cosmólogo Edward Harrison faz esta dedução:

> O ajuste fino do universo fornece evidência *prima facie* de projeto deísta. Faça sua escolha: acaso que requer uma multidão de universos ou projeto que requer apenas um [...].
>
> Muitos cientistas, ao admitirem os seus pontos de vista, se inclinam em direção ao argumento teleológico ou projeto [...].
>
> Aqui está a prova cosmológica da existência de Deus — o argumento de projeto de Paley — atualizado e remodelado.[39]

Mesmo que se conceda a fantástica e improvável hipótese da existência de inúmeros outros universos com leis ligeiramente diferentes, qualquer mecanismo que pudesse produzir a máquina geradora de universos precisaria, ele próprio, ser finamente ajustado e, portanto, projetado.[40] Toda a tentativa de criar uma teoria do universo vindo do nada conduz, inevitavelmente, à realidade de um universo que "não foi feito do que é visível" (Hebreus 11:3).

Mente antes da matéria

Uma maneira simples de pensar em tudo isso foi apresentada pelo lendário escritor e filósofo C.S. Lewis. Ele dizia que o poder supremo por trás do universo tinha de ser mente e não matéria. Como poderia algo como uma rocha comunicar aos seres humanos o que eles devem fazer?[41] Lennox disse a Dawkins, em sua discussão em Oxford, que a principal essência do universo é uma mente, não a matéria. Mente vem em primeiro lugar, em seguida, matéria, não mente emergindo da matéria.

> Então, a questão do criador é, lembrando-se da alegação que eu estou fazendo, talvez ainda maior do que você a conceba. O que eu estou afirmando é isto: existem duas visões de mundo. E aqui está a visão de mundo que é, segundo entendo, essencialmente materialista ou naturalista. O universo seria autoexplicativo em termos de matéria, energia, leis da natureza, e assim por diante, de tal forma que energia e matéria sejam essencialmente primárias no universo. E a mente seria um desenvolvimento, um desenvolvimento após um longo processo em um lugar qualquer. Por outro lado, a minha afirmação é exatamente o oposto: a mente é primária no universo. Deus é a realidade final.[42]

Como começa o Evangelho de João: "No princípio era aquele que é a Palavra." A palavra grega *logos* é traduzida aqui como "palavra", mas *logos* também pode significar "razão" ou "lógica". Portanto, antes da matéria havia razão, lógica e inteligência. Isto é o que as evidências científicas sugerem. Robert Jastrow, ex-funcionário da NASA, estava disposto a seguir as evidências, mesmo que elas o levassem a Deus:

> [...] e sob circunstâncias que parecem tornar impossível — não só agora, mas em qualquer tempo — descobrir que força ou forças trouxeram o mundo à existência naquele momento. Será que foi como diz a Bíblia: "No princípio, Senhor, firmaste os fundamentos da terra, e os céus são obras das tuas mãos"? Nenhum cientista pode responder a essa pergunta.[43]

Lennox corajosamente trouxe essa verdade para a discussão com Dawkins em seu debate em Oxford. Depois de explicar as duas opções de ou matéria ou mente terem vindo primeiro, ele estabeleceu a defesa lógica de que a mente deve ter precedido a matéria. Mas ele não parou por aí, passando a mostrar que podemos saber mais sobre a tal mente.

> Pelo contrário, a minha afirmação é que exatamente o oposto é verdadeiro. A mente é primária no universo. Deus é a realidade final. Todo o resto, incluindo você e eu, é derivado, o que significa que aqui está a alegação, e deixe-me estabelecê-la. "No princípio era aquele que é a Palavra. Ele estava com Deus e era Deus. Todas as coisas foram feitas por intermédio dele." Então, eu estou afirmando que quaisquer que tenham sido os mecanismos utilizados, podemos dissecá-los cientificamente, e esse é o fascínio da ciência.[44]

Em última análise, é a mente de Deus, a Palavra de Deus, que é responsável por eles.

Resumo

A descoberta do fato de que o universo teve um início é uma constatação recente nas disciplinas de astrofísica e cosmologia. Em um dado momento, todo o espaço e o próprio tempo surgiram. Essa noção de um começo para tudo foi aceita devido ao fato de que ela direcionou as pessoas a um Criador. Além do mais, o incrível ajuste fino das leis fundamentais da física é também uma evidência de um superintelecto pessoal responsável por um universo que permite existir vida. O naturalista afirma que o universo surgiu do nada, por nada, para nada. O teísta acredita que o universo veio do nada, por algo, para algo.

É evidente que as teorias naturalistas de um número infinito de universos possíveis, impessoais, irracionais ou um eterno conjunto igualmente impessoal de leis irracionais da física não são tão razoáveis quanto um Criador pessoal, eterno e não criado. Portanto, quando alguém pede provas da existência de Deus, você está sobre terra firme ao fazer referência ao fato de o próprio universo demonstrar a realidade do nosso Deus.

CAPÍTULO 5
A VIDA NÃO É UM ACIDENTE

Se se pudesse demonstrar que existiu um órgão complexo que não pôde ter sido formado por modificações pequenas, numerosas e sucessivas, minha teoria se destruiria por completo [...].

— CHARLES DARWIN,
A origem das espécies[1]

A ilusão de que haja um projeto intencional é tão bem-sucedida que, até hoje, a maioria dos americanos (incluindo, significativamente, muitos americanos influentes e ricos) teimosamente se recusam a acreditar que é uma ilusão."

— RICHARD DAWKINS,
"The Illusion of Design" [A ilusão de projeto][2]

Um ateu garante: Deus existe — As provas incontestáveis de um filósofo que não acreditava em nada. Esse era o título de um livro, publicado em 2008. O escritor foi Antony Flew, o ateu mais sincero de sua geração. Enquanto esteve em Oxford na década de 1940, ele apresentou um trabalho sobre o ateísmo ao Socratic Club [Clube Socrático], presidido por C.S. Lewis. Flew foi um escritor prolífico, publicando mais de trinta livros. Sua conversão do ateísmo ao teísmo aos oitenta anos foi uma fonte de grande controvérsia. Independentemente do debate sobre a extensão de sua "conversão" do ateísmo, o fato é que ele se converteu.

Em um simpósio em Nova York, em maio de 2004, Flew foi questionado quanto a seu trabalho recente sobre as origens da vida apontar para a inteligência por trás da criação. Ele declarou que sim e recontou a história em seu livro.

Agora penso que sim, quase inteiramente por causa das investigações a respeito do DNA. Penso que o material do DNA mostra, pela quase inacreditável complexidade das combinações necessárias para produzir a vida, que uma inteligência deve estar envolvida no processo de fazer com que esses extraordinariamente diversos elementos funcionem em conjunto. [...] É tudo uma questão da enorme complexidade pela qual os resultados foram alcançados, o que me parece obra de uma inteligência.[3]

Flew continua a revelar que a sua conversão foi um resultado do compromisso que havia feito de seguir a evidência aonde quer que ela o levasse.

Essa declaração representou uma importante mudança de curso para mim, mas, apesar disso, era congruente com o princípio que abraço desde o início de minha vida filosófica: seguir o argumento, não importa aonde ele me levar.[4]

Flew não está sozinho em reconhecer que a janela para o mundo da célula nos tem dado um vislumbre da fantástica complexidade da vida. Especificamente, a evolução ao longo dos últimos quarenta anos em bioquímica e biologia tem mostrado o microuniverso da célula e levou à conclusão lógica de que a vida não é por acaso.

No capítulo anterior, vimos o incrível ajuste fino do universo desde o início da Criação. A evidência mostra que o universo foi criado tendo em mente a vida. No entanto, o surgimento da vida em si põe em foco evidências igualmente fascinantes de ajuste fino que apontam para a realidade de que a própria vida foi intencionalmente projetada. Quando a vida entrou no palco da História não foi algo impensado.

DNA: a linguagem da vida

Vamos olhar para exatamente a mesma coisa que mudou Flew e que está dando às mentes objetivas evidência esmagadora em favor de Deus: o DNA.

Descoberto em 1953 por James Watson e Francis Crick, o ácido desoxirribonucleico (DNA) é um manual de instruções para operar qualquer coisa viva. Como Bill Gates disse: "O DNA humano é como um programa de computador, mas muito mais avançado do que qualquer software jamais inventado."[5] Watson e Crick podem ter descoberto o livro da vida (DNA), mas Francis Collins abriu-o e nos ensinou a lê-lo. Collins é um teísta, cristão, e mapeou o genoma humano. Ele já foi destaque na revista *Time*[6] e é uma voz vital para a prova das magníficas ordem e informação que constituem esse componente indispensável da vida.

> As bactérias possuem DNA. Leveduras possuem DNA. Assim como os porcos-espinho, os pêssegos e as pessoas. É a linguagem universal de todas as coisas. Estamos em uma era verdadeiramente histórica, em que essa linguagem de muitas espécies diferentes está sendo revelada pela primeira vez. O DNA inteiro de um organismo é denominado *genoma*, e o tamanho do genoma é normalmente expresso como o número de pares de bases que contém. Pense na helicoidal torcida do DNA como uma escada. Os degraus da escada consistem em quatro pares de bases de produtos químicos, chamados, abreviadamente A, C, T, G.[7]

Nosso genoma humano se empilha em 3,1 bilhões de degraus da escada de DNA. Mais uma vez, a probabilidade de que isso pudesse ter acontecido por acaso é impressionante. Alguma vez você já recebeu uma "mensagem de bolso"? É quando chegam a você umas letras embaralhadas que não fazem sentido. Isso geralmente acontece quando as pessoas aleatoriamente tocam seus teclados sem perceber que estão batendo nas teclas. Se você recebeu um texto que continha uma mensagem compreensível como "não conte para ninguém, mas eu ganhei na loteria", a chance de que o escritor pudesse alegar que o texto fora digitado aleatoriamente seria astronomicamente improvável. Poucos discordariam com uma conclusão direta e seca como essa.

Mas e se fosse uma sentença ordenada de um bilhão de letras? Essa é uma comparação conservadora em relação à informação inteligente no genoma humano, o nosso DNA. Qual a probabilidade de uma "mensagem de bolso" escrevê-la? A declaração mais precisa sobre nós como seres humanos é a de que fomos feitos "de modo especial e admirável" (Salmos 139:14).

Acaso ou projeto

A vida foi projetada por inteligência, ou surgiu espontaneamente a partir de processos aleatórios? A resposta a essa pergunta pesa na decisão de você ser um teísta ou um ateu, se você estiver usando a lógica para determinar suas crenças.

Pelos últimos 2 mil anos, os cientistas e filósofos em sua maioria concordaram que a vida foi projetada. Quando Charles Darwin publicou *A origem das espécies,* em 1859, ele provocou uma revolução na forma como a comunidade científica veria isso. "O darwinismo removeu do debate racional toda a ideia de Deus como o Criador."[8] Dawkins explica como esta teoria o levou a deixar a fé cristã e a abraçar o ateísmo:

Com cerca de 15 anos eu reconheci que não havia nenhuma boa razão para acreditar em qualquer tipo de Criador sobrenatural. Meu último vestígio de fé religiosa desapareceu quando eu finalmente entendi a explicação darwinista para a vida.[9]

Einstein, por outro lado, que era totalmente consciente da Teoria da Evolução, disse que a

[...] religiosidade [do cientista] consiste em espantar-se, em extasiar-se diante da harmonia das leis da natureza, revelando uma inteligência tão superior que todos os pensamentos humanos e todo seu engenho não podem desvendar, diante dela, a não ser seu nada irrisório.[10]

Da mesma forma, muitos outros cientistas nas últimas décadas estão reconhecendo em maiores graus como o projeto na criação é revelado através de toda a ciência.

Na época de Darwin

Não é difícil "voltar" ao século XIX e recaptular a mentalidade cultural que existia quando o trabalho de Darwin foi publicado pela primeira vez. É seguro dizer que Darwin jogou o fósforo no barril de pólvora. Suas ideias entram em cena com a força de um terremoto e desencadeiam uma tempestade de fogo muito parecida com os incêndios vistos na parte ocidental dos Estados Unidos, após um longo período de seca.

A explicação de Darwin de que todas as coisas têm uma causa natural fazia da crença em uma mente criativa superior algo bastante desnecessário. Ele criou um mundo secular, mais do que qualquer um antes dele. Certamente muitas forças estavam convergindo nessa mesma direção, mas o trabalho de Darwin foi a impactante chegada a essa ideia e, a partir desse momento em diante, a visão de mundo secular tornou-se virtualmente universal.[11]

A comunidade científica estava à procura de uma explicação para a vida que não fosse Deus. Darwin deu-lhes o seu substituto de Deus: a seleção natural.

A seleção natural é o processo cego que lentamente elege pequenas diferenças entre indivíduos em cada espécie, de forma que uns superem outros quanto à sobrevivência. Ao longo do tempo as diferenças benéficas, tais como tamanho maior, tornam-se mais predominantes na população. Essas pequenas alterações, acredita-se, se acumulam ao longo do tempo e, finalmente, transformam drasticamente uma espécie. A seleção natural combinada com mutações é vista como uma explicação para toda a variedade de vida, assim como o aparecimento de cada espécie. Para isso acontecer, a vida teria surgido durante um longo processo em que essas pequenas variações genéticas se acumularam para produzir todas as coisas vivas.

A vida na Terra teria evoluido gradualmente, começando com uma espécie, talvez uma molécula autorreplicante que viveu há mais de 3,5 bilhões de anos atrás, mas depois se ramificou ao longo do tempo, criando muitas novas e diversas espécies; e o mecanismo da maioria (mas não todas) das mudanças evolutivas é a seleção natural.[12]

No trabalho de Dawkins chamado *O relojoeiro cego*, ele entra em grandes detalhes ao elogiar a complexidade dos seres vivos só para afirmar que suas complexidades surgem de seleção natural e não do resultado de um Criador inteligente.

A seleção natural é o relojoeiro cego, cego porque não antevê, não planeja as consequências, não tem um objetivo em vista. No entanto, os resultados da seleção natural impressionam-nos irresistivelmente pela sua aparência de concepção, como se houvesse um relojoeiro cego, e dão-nos a ilusão de concepção e planejamento.[13]

A evolução é certamente observável dentro de uma espécie ou de um gênero. Mesmo em uma única espécie de aves, como os tentilhões que Darwin observou, há grandes variedades. Esse tipo de evolução é chamada de *microevolução*. No entanto, esse processo só pode impulsionar alterações muito limitadas. Como Hugh Ross explica:

Essa microevolução não é linear como Darwin presumia. Ela se comporta como uma curva sinusoidal (oscila). Durante os poucos anos que Darwin passou nas Ilhas Galápagos, ele observou os bicos de algumas espécies de tentilhões cada vez mais largos e outros ficando mais longos. No entanto, agora que os biólogos têm observado as espécies de tentilhões por mais de 150 anos, eles notam que os bicos se alargam e, em seguida, se estreitam e se encurtam, em resposta ao alimento disponível variável. Isto é, cada característica do bico é vista a variar em torno de uma média. Em vez de a microevolução indicar mudanças dramáticas, ela parece apontar estagnação.[14]

A teoria de que este processo poderia, ao final, levar uma espécie a evoluir para outra significativamente diferente (como um peixe tornar-se um anfíbio) é a macroevolução. O primeiro foi claramente observado, já o último, ao contrário, não tem suporte experimental ou observacional.

A visão de Darwin

Darwin imaginou toda a história da vida como se assemelhando a uma árvore gigante. A base da árvore representaria o primeiro organismo vivo. Os ramos da árvore representariam o crescimento e o desenvolvimento de várias espécies, a partir de uma espécie para outras. Conforme a vida progredisse, a seleção natural faria com que organismos viáveis sobrevivessem e, finalmente, formassem espécies completamente novas. Dessa forma, toda a vida esteve interligada, todos os seres vivos acabam como produto de uma origem em comum.

As ideias de Darwin sobre a evolução se congelaram após sua viagem de três anos a bordo do *Beagle,* como um jovem naturalista em 1834. Ele finalmente chegou a uma série de ilhas ao largo da costa da América do Sul chamadas Ilhas Galápagos, onde a maior parte de seu estudo incidiu sobre as espécies de tentilhões no arquipélago. Ele notou traços que fizeram certos tentilhões prosperarem nesse ambiente. Depois de voltar para a Inglaterra, levaria 25 anos até desenvolver plenamente essas observações e publicar *A origem das espécies por meio da seleção natural ou a preservação das raças favorecidas na luta pela vida.*

Darwin sabia que sua teoria seria controversa. Ele compreendeu plenamente a implicação religiosa, que a seleção natural iria eliminar a necessidade de condução divina na natureza. Mas ele também entendeu que sua teoria tinha muitas perguntas sem resposta. E, definitivamente, ele sabia que, se a seleção natural não pudesse explicar o surgimento de toda a vida, ela só poderia, de fato, explicar nada além de mudanças triviais em espécies.

Ao contrário do que pregam os atuais dogmas evolucionistas que permeiam a ciência moderna, não foram apresentadas provas conclusivas de que toda a vida surgiu a partir de um ancestral em comum por um processo natural não guiado. Sim, existem conexões notáveis entre os seres humanos e os chimpanzés, que compartilham uma percentagem significativa do mesmo DNA. E embriões humanos se parecem muito com outros tipos de embriões no mundo animal. Mas a verdadeira questão está em como essas observações são interpretadas. Essas semelhanças entre as espécies poderiam facilmente resultar de um Projetista em comum, em vez de um ancestral comum.

Origem da Vida

Quando Darwin escreveu *A origem das espécies,* o título erroneamente implicitava que a Teoria da Evolução oferecia evidências sobre como a vida surgiu a partir de processos naturais. Nada poderia estar mais longe da verdade. Sua teoria era sobre a origem das espécies, e não sobre a origem da vida. Como Darwin escreveu: "A ciência até o presente não dá luz alguma sobre o problema, muito superior, da essência ou origem da vida."[15]

Pense nisso. Segundo a teoria de Darwin, todos os seres vivos, de algas no oceano até elefantes no deserto, derivaram-se de um ancestral unicelular. A seleção natural usou a extremamente rara ocorrência de mutações positivas e acumulou essas variações para produzir todas as espécies de tudo o que é vivo. Mas de onde veio a célula original? Como pode uma coisa tão fantástica simplesmente acontecer? A seleção natural diz apenas o que acontece após aparecer vida. Se não houver nenhuma vida ou nenhuma célula com a qual começar, então não há nada a se selecionar. Isso é exatamente o que John Lennox, matemático de Oxford, indicou a Richard Dawkins no God Delusion Debate [Debate "Deus, um delírio"] em Birmingham, Alabama, em 2008: "Richard, a evolução só diz o que acontece uma vez que já se tenha vida, mas não consegue explicar de onde veio o mecanismo do mutante que se replica."[16]

Vários cristãos do tempo de Darwin e de hoje percebem que a Teoria da Evolução não representa uma ameaça para a crença na existência de Deus. Eles simplesmente veem a evolução como a ferramenta que Deus usou para moldar a vida ao longo da história. Embora não seja uma posição que eu, pessoalmente, defenda, eu posso respeitar tal interpretação. No entanto, todos os cristãos pensantes concordam que um processo evolutivo cego não poderia produzir as maravilhosas formas de vida que vemos hoje, particularmente a humanidade. A ideia desafia as descobertas científicas abundantes, bem como o senso comum. Mesmo que fosse a seleção natural o mecanismo que responde por todas as mudanças na vida, produzindo uma espécie a partir de outra, ela teria exigido um Projetista sobrenatural para construir tal processo surpreendente. A evidência do microscópio indica tão claramente um Criador quanto a evidência do telescópio.

Caçadores de mitos

Céticos adoram chamar toda religião de mito e comparar a crença em Deus com a crença na fada do dente ou em uma das multidões de divindades fictícias do mundo antigo. Mas qual dessas crença é o mito? Um dos programas favoritos do meu filho é o *Caçadores de mitos*. Cada episódio aborda uma lenda ou mito populares e tenta validá-los. Coisas como: é mais seguro conduzir um carro com *airbag* ou sem? Ou um dos temas mais polêmicos: homens são melhores motoristas do que as mulheres? Eu estou esperando-os pegarem o mito mais importante de todos: a vida poderia surgir a partir de natureza morta?

O rumor de que a vida foi criada em um tubo de ensaio é um mito que foi desmacarado anos atrás. Na década de 1950, Stanley Miller e Harold Urey tentaram reconstruir a *sopa primordial* que postulavam terem sido as condições ambientais da Terra primitiva, onde a vida poderia ter surgido espontaneamente a partir da natureza morta. Embora não haja nenhuma evidência de que essas eram as condições iniciais na Terra quando a vida começou, a experiência ganhou atenção por ser exatamente isso: um experimento. A eletricidade foi enviada através de uma mistura de metano, amônia e hidrogênio, e o resultado foram aminoácidos não vivos muito simples. No entanto, o dr. Frankenstein esteve mais perto de criar vida do que aqueles homens.

A relevância dessa experiência acabou por ser desacreditada por causa das condições experimentais não coincidirem com as da Terra primitiva. Em condições mais realísticas, tais experiências não produzem quantidades significativas dos blocos de construção da vida. Como Hugh Ross explicou:

> A Terra nunca teve uma sopa prebiótica nem qualquer tipo de substrato mineral prebiótico. Os físicos agora sabem por que a Terra nunca poderia ter apresentado qualquer substância prebiótica. Isso se deve ao paradoxo do oxigênio-ultravioleta. Se o ambiente da Terra no momento da origem da vida continha qualquer oxigênio, o oxigênio interromperia catastrófica e imediatamente qualquer reação química prebiótica. Por outro lado, se o ambiente da Terra no momento da origem da vida não continha oxigênio, a radiação ultravioleta do Sol penetraria o ambiente da Terra em um grau suficiente para semelhantemente interromper imediata e catastroficamente qualquer reação química prebiótica. De qualquer maneira, a Terra nunca poderia ter naturalisticamente possuído qualquer prebiótico.[17]

Vida: qual a chance?

O argumento do design tem sido um dos grandes obstáculos para o dogma ateu porque qualquer indício de projeto logicamente indica uma mente inteligente por trás dele. Este argumento leva os homens inteligentes como Dawkins a dizerem coisas absurdas como: "A biologia é o estudo de coisas complicadas que aparentam terem sido concebidas com uma finalidade."[18] A presença de projeto intencional é tão sobrepujante que os biólogos decidiram que o projeto que testemunham em todo o lugar não é real. O ganhador do Prêmio Nobel Francis Crick, que descobriu o DNA, dizia: "Os biólogos devem sempre ter em mente que o que veem não foi planejado, mas evoluiu."[19] No entanto, à medida em que mais e mais se aprende sobre o quão complexa a vida realmente é, esses tipos de afirmações estão se tornando cada vez mais difíceis de se justificar intelectualmente.

A vida é mais do que incrível. Está muito além de explicações. Quanto mais os biólogos entendem sobre os processos da vida, maior é o salto intelectual dado para supor que suas origens são facilmente explicadas através do naturalismo. O impressionante milagre de como a vida reprodutiva surgiu — masculina e feminina — é tão impossível de imaginar que soa como um conto de fadas. E como a vida sabia que todos os seres vivos precisavam de um código genético, ou que todas as partes do olho tinham que aparecer de uma só vez?

Como mencionado, ainda que a Terra se enchesse com todos os blocos de construção da vida, essas peças nunca teriam se montado, compondo uma célula. Em seu livro *Evolution from Space*, Fred Hoyle e Chandra Wickramasinghe defendem que a probabilidade do aparecimento de vida na Terra por conta própria é da ordem de uma chance em 10^{40000}.[20] (Eu ouço agora a voz de Jim Carrey em *Débi e Lóide*: "Então quer dizer que tem uma chance?") Eles disseram que seria a mesma probabilidade de que um tornado pudesse soprar em um ferro-velho e montar um avião Boeing 747, cheio de combustível, pronto para voar.[21] (O ponto defendido era que, já que a vida não poderia ter surgido por conta própria, ela deve ter vindo do espaço.)[22]

Suas conclusões apontam para o fato de que os naturalistas estão dispostos a postular qualquer coisa imaginável para explicar as evidências de projeto intencional no surgimento da vida. Já discutimos os grandes malabarismos que os naturalistas executam a fim de evitar a possibilidade de um Criador inteligente, como defender um universo eterno ou um número infinito de universos chamado multiverso. Para explicar a complexidade da vida e a impossibilidade de a vida dar origem a si própria, uma das explicações mais inusitadas de todas é a conjectura de que a vida na Terra é simplesmente uma experiência alienígena, ou que de alguma forma foram plantadas aqui por extraterrestres. Afinal de contas, isso é ciência ou ficção científica?

Quem projetou o projetista?

A evidência em favor de um projeto intencional é tão avassaladora que os céticos, como Dawkins, precisam tentar ignorar ou dela se desviar, a fim de evitar as implicações óbvias. Na verdade, a afirmação central de seu best-seller internacional *Deus, um delírio* é que, embora o universo "pareça ter sido concebido," devemos rejeitar isso porque não podemos responder à pergunta "quem projetou o projetista?".[23]

Dr. Daniel Came, de Oxford, que também é ateu, respondeu bruscamente para Dawkins neste princípio central de seu livro:

Dawkins afirma que não temos justificativa para inferir um projetista como a melhor explicação para a aparência de projeto intencional no universo pois, então, um novo problema surge: quem projetou o projetista? Este argumento é velho como a Terra e, como qualquer estudante de primeiro ano razoavelmente competente poderia apontar, é patentemente inválido. Para uma explicação bem-sucedida, não precisamos de uma explicação da explicação. Poder-se-ia, se fosse assim, dizer que a evolução pela seleção natural não explica nada, porque ela não faz nada para explicar por que havia organismos vivos na Terra, em primeiro lugar, ou que o Big Bang não explica a radiação cósmica de fundo, porque o Big Bang é, em si mesmo, inexplicável.[24]

Como o dr. Came apontou, é uma falácia lógica dizer que você tem que ter uma explicação da explicação, porque isso estabelece uma regressão infinita. Filósofos como Alvin Plantinga têm lidado de forma brilhante com o total absurdo desta afirmação.

Suponha que pousamos em um planeta alienígena orbitando uma estrela distante e descobrimos alguns objetos, como uma máquina que se parece e funciona exatamente como um trator Allis Chalmers de 1941; nosso líder diz: "Deve haver seres inteligentes neste planeta — olhe esses tratores." Um estudante de filosofia do segundo ano, integrante da expedição, objeta: "Ei, espere um minuto! Você não explicou nada! Qualquer forma de vida inteligente que projetou esses tratores teria de ser pelo menos tão complexa quanto eles são!" Sem dúvida, diríamos a ele que um pouco de aprendizado é uma coisa perigosa e o aconselharíamos a tomar o próximo foguete para casa e se inscrever em mais um ou dois cursos de filosofia.[25]

As refutações dadas para o argumento da complexidade são quase humorísticas em seu absurdo. Dawkins enunciou um argumento desses em uma conversa no TED.com:

O argumento criacionista padrão é [...] as criaturas vivas são complexas demais para terem surgido por acaso. Portanto, eles devem ter tido um projetista. Esse argumento, claro, dá um tiro no próprio pé. Qualquer projetista capaz de projetar qualquer coisa, algo realmente complexo, tem de, ele próprio, ser ainda mais complexo. A complexidade é um problema que qualquer teoria de biologia tem de resolver. E você não pode resolvê-lo postulando um agente ainda mais complexo. Por meio disso, simplesmente está se agravando o problema.[26]

Esta é uma tentativa bastante inusitada no uso de um dispositivo lógico chamado Navalha de Ockham. É um princípio atribuído a um frade franciscano do século XIV, William de Ockham, na Inglaterra. "A declaração mais útil do princípio para os cientistas é que, quando você tem duas teorias concorrentes que fazem exatamente as mesmas previsões, a que for mais simples é a melhor."[27] Assim, os ateus se aproveitam deste conceito de simplicidade (esquecendo-se que foi proposto por um teísta) e excluem Deus como uma possível explicação, porque a ideia de Deus seria demasiadamente complexa para ser a resposta a por que as coisas parecem projetadas. Isso é como dizer que a pintura não pode ser produzia por um artista, porque um ser humano inteligente, com um cérebro complexo, sendo o artista seria mais complexo do que a pintura. Esses tipos de argumento são mais como jogos de palavras que servem como *arenque vermelho** para

---

* N.T.: do inglês, *red herring* é sinônimo de distração ou pista falsa. Na argumentação, trata-se de uma falácia lógica que não constrói uma linha argumentativa, antes se presta a desviar a atenção. Arenque vermelho é uma conserva de peixe defumado de forte odor que, segundo crença popular, ao ser colocado perto de uma trilha, serviria para atrapalhar cães farejadores, levando-os para longe da caça.

desviar o diálogo para longe de uma conclusão verdadeiramente simples: a existência de um projeto indica a existência de um Projetista.

A evolução pode explicar tudo?

Como já foi mencionado, a probabilidade de uma célula, órgão, ou qualquer uma das milhões de espécies complexas virem à existência por meios naturais é tão fantasticamente pequena que os biólogos têm que dar à seleção natural qualidades divinas. Eles justificam sua assertiva argumentando que todas as alterações podem ser divididas em pequenos passos. Isso porque a probabilidade de que o acaso explique a origem da vida é infinitamente pequena, bem como o desenvolvimento fantástico de milhões de espécies complexas. Dawkins tenta explicar:

> É tormentoso, ruidoso e estrondosamente óbvio que, se o darwinismo fosse realmente uma teoria de acasos, não poderia funcionar. Você não precisa ser um matemático ou um físico para saber que um olho ou uma molécula de hemoglobina levariam um tempo infinito para tornarem-se o que são através de uma confusão de golpes de sorte aleatórios. Longe de ser uma peculiariedade exclusiva do darwinismo, a improbabilidade astronômica de olhos e joelhos, enzimas e articulações e de outras maravilhas vivas do mundo é precisamente o problema que deve ser solucionado por qualquer teoria sobre a vida, e que o darwinismo realmente soluciona de forma singular. Ele soluciona o problema quebrando a improbabilidade em partes pequenas e manejáveis, espalhando a sorte necessária, dando a volta no monte Improvável e galgando as rampas suaves, passo a passo, por milhões de anos. Apenas Deus seria capaz de cogitar escalar o precipício em um único salto.[28]

Mas, sem uma inteligência por trás do universo, poderia o acaso sozinho tão facilmente encontrar cada passo dos caminhos imaginados por Darwin? Tal afirmação baseia-se quase exclusivamente em um grande salto de fé. E ainda mais problemática: as evidências da biologia molecular nos últimos anos têm praticamente refutado em muitos casos a possibilidade de tais situações.

Complexidade irredutível

Eu abri este capítulo com uma citação de Darwin: "Existe algum órgão complexo, ou aspecto da vida a propósito, que não poderia ter evoluído ou ser produzido pela seleção natural?" Aqui está um termo que os naturalistas odeiam: *complexidade irredutível*. Ele afirma que muitas estruturas em organismos devem ter inúmeras peças de uma só vez, ou eles não funcionam. Lembre-se, se algo deve ser considerado como uma verdadeira teoria científica, deve ser falsificável. A alegação de que a seleção natural pode explicar todas as coisas vivas falha quando testada de acordo com esse princípio.

Especificamente, o argumento de Dawkins sobre a vida escalando o monte Improvável desmorona completamente quando aplicado a sistemas vivos reais. A maioria dos órgãos, processos biológicos e máquinas celulares contêm várias peças que são todas simultaneamente necessárias para funcionar corretamente. Portanto, elas não podem se desenvolver através de um processo passo-a-passo de adição ou modificação de uma peça de cada vez.

Flagelo bacteriano

O exemplo mais comum é o flagelo bacteriano, que atua como um motor de popa. Ele inclui dezenas de peças essenciais, tais como o filamento (hélice), embuchamento, eixo-motor, gancho, e um motor. Se mesmo uma única peça estiver faltando, o flagelo não pode ser construído. Apenas um Projetista inteligente poderia arranjar tão precisamente tantas peças com o propósito específico de locomoção.[29]

Em resposta, os biólogos novamente negam o óbvio apelando para vários cenários improváveis. Por exemplo, eles geralmente afirmam que as máquinas de complexidade irredutível poderiam ter vindo por um processo chamado coopção. Isto é, peças similares de outras partes da célula podem ter sido emprestadas e depois reunidas para formar uma nova estrutura, como, por exemplo, a madeira de um batente de porta, uma mola de um relógio e um cabide de arame que podem ser emprestados para formar uma ratoeira. Tais alegações são compreensíveis vindas de biólogos que não têm experiência em engenharia. No entanto, qualquer pessoa que tenha se envolvido em qualquer tipo de processo de projeto e design imediatamente rejeitará essas declarações.

Imagine receber uma estante de livros para montar. Mesmo que todas as peças estejam presentes, organizá-las de forma aleatória não vai magicamente fazer uma estante funcional aparecer. São necessárias ferramentas e instruções de montagem para juntar as peças na ordem correta. Da mesma forma, a construção do flagelo é dirigida por um programa de montagem que constrói os pedaços na ordem correta, enquanto várias outras máquinas moleculares corretamente montam em um conjunto as diferentes peças.[30] Portanto, uma célula não pode pegar emprestadas novas peças de outro lugar, sem criar, simultaneamente, o programa de montagem e encontrar as ferramentas de montagem necessárias. Tais eventos coordenados são fantasticamente improváveis.

O flagelo é mais fácil de discutir já que suas partes são identificáveis, e estamos bastante familiarizados com a forma dos motores de popa. No entanto, a dificuldade do flagelo se dissolve em comparação, por exemplo, com a evolução do olho.

O olho

Ming Wang, um oftalmologista de renome mundial, recebeu seu título de médico pela Universidade de Harvard e seu doutorado em física do laser pelo MIT*. Já realizou mais de 55 mil cirurgias de olho e detém dez patentes neste campo. Chegou à América vindo da China e foi levado a Cristo por um professor em Harvard. Ele afirma categoricamente: "Como médico e cientista, eu posso firmemente atestar o fato de que é impossível para a seleção natural explicar os impressionantes meandros do olho."[31] O olho contém inúmeros componentes que focalizam, ajustam o brilho e processam informação para criar uma imagem na mente. Além disso, o sistema visual é coordenado com a locomoção e o equilíbrio. Tal sistema requer claramente inúmeras peças funcionando em conjunto adequadamente para ser de alguma utilidade.

Darwinistas têm respondido a esse desafio apresentando uma história vaga de como o olho poderia ter se desenvolvido através de uma série de etapas. No entanto, a sua descrição se assemelha à descrição do Calvin (das tirinhas de Calvin e Haroldo) imaginando uma caixa transformando-se em um avião.[32] Calvin poderia imaginar tal cenário, uma vez que um

---

* N.T.: MIT (*Massachusetts Institute of Technology*), melhor universidade do mundo; Universidade de Harvard, 3ª melhor universidade do mundo. Fonte: QS World University Rankings 2012/2013, pesquisa anual da Quacquarelli Symonds, maior consultoria global em educação superior.

menino de seis anos de idade não tem conhecimento de engenharia ou aerodinâmica. Da mesma forma, os evolucionistas podem apresentar essas histórias apenas ao ignorarem praticamente todos os detalhes relevantes.

O Deus das lacunas

Tais teorias fantásticas são justificadas pela afirmação de que qualquer teoria é melhor do que considerar Deus como uma explicação. Os céticos afirmam que esse recurso é abrir mão da ciência e apelar para um "Deus das Lacunas" em áreas onde podemos ser ignorantes quanto a certos detalhes, que podem vir a ser explicados em um tempo futuro. Usar esse tipo de linguagem é uma parte das táticas de distração de pessoas que estão desesperadas para encontrar qualquer alternativa possível a Deus. O argumento é o seguinte: "Sim, há muitas coisas que não sabemos como cientistas, mas é preguiçoso e covarde simplesmente atribuir alguma coisa que nós não entendemos à 'obra de Deus'." Hugh Ross explica desta forma:

> Normalmente, sempre que cristãos apresentam esse grau de evidência científica em favor de Deus e da Bíblia, não teístas tentam descartar a evidência, afirmando que tais cristãos estão cometendo a 'falácia do Deus das Lacunas'. Lacunas na nossa compreensão da natureza que esses não teístas irão apontar são continuamente preenchidas pelo avanço das descobertas da ciência. O preenchimento dessas lacunas, eles afirmam, estabelece que Deus não é necessário para explicar a natureza.
>
> De uma perspectiva cristã, o registro da natureza dá testemunho tanto do processo natural quanto do miraculoso trabalho manual de Deus. Nossa compreensão de ambos deve aumentar à medida em que aprendemos mais sobre a natureza. A verdadeira diferença entre os não teístas e teístas cristãos é que os não teístas preveem que todos os fenômenos manifestados na natureza podem ser atribuídos a causas estritamente naturais, ao passo que os teístas cristãos sustentam que haverá alguns fenômenos que só podem ser atribuídos à intervenção divina.[33]

Primeiro, o que é negligenciado pelos naturalistas são as lacunas enormes e cada vez maiores na cosmovisão naturalista. Por exemplo, com o avanço da ciência, cosmólogos têm cada vez mais dificuldades para explicar por que tantos recursos da natureza foram projetados tendo em mente a humanidade. Além disso, quando as complexidades da célula são mais bem compreendidas, uma origem naturalista parece cada vez mais improvável.

Ainda mais importante, a identificação de projeto intencional não é baseada no que não sabemos sobre a ciência, mas no que sabemos sobre os sinais de inteligência. O matemático Bill Dembski desenvolveu um sistema de detecção de design, que se mostrou confiável em diversas áreas, como a ciência forense e a busca por vida extraterrestre.[34] O processo de detecção envolve a identificação de padrões que atendam a três critérios:

1. Não poderem ter sido produzidos por causas naturais (como os cristais de gelo).
2. Serem altamente improváveis.
3. Conterem complexidade especificada.

Quando estes critérios são aplicados à célula, particularmente às informações contidas no DNA, a conclusão da presença de projeto intencional se torna evidente. O termo *complexidade especificada* simplesmente refere-se a padrões que contenham algum tipo de padrão, tal como os rostos do monte Rushmore. Aplicando-se esses critérios à vida, tais como a informação na célula, mostra-se claramente que a vida deve ser o produto de inteligência.

Além disso, não é preguiçoso atribuir a autoria de uma obra de arte a um pintor que nunca conhecemos ou a genialidade de alguma máquina tecnológica que adquirimos ao trabalho de um inventor. Além disso, só porque vemos as marcas de design em algo não significa que deixamos de tentar entender como ele funciona. Um exemplo muito simples é que cada aparelho em nossa casa foi projetado por alguém que nunca conhecemos. Quando nós compramos esses itens e os trouxemos para casa, ficamos loucos para ler e entender como eles funcionavam. Até hoje, nós nos esforçamos para compreender todo o potencial que o projetista ou inventor colocou neles.

Crer que Deus concebeu a vida nos leva a procurar entender como ele fez isso, e não desligar preguiçosamente nossas mentes. Da mesma forma, reconhecer um Criador por trás do nosso universo não nos impede de compreender como a criação se desdobrou. Quando a evidência de um Criador inteligente é esmagadora, devemos ouvir os conselhos de todos, de Platão a Lawrence Krauss, e seguir a evidência aonde quer que ela nos leve. Reconhecer o nosso Criador não prejudicaria a ciência, mas a libertaria dos grilhões do dogma naturalista. Os cientistas poderiam, então, fazer novas perguntas e projetar novos estudos que só enriqueceriam a nossa compreensão da natureza.

O argumento da imperfeição

Uma última investida contra o conceito de projeto intencional na natureza é o argumento da imperfeição. Os céticos geralmente apontam para exemplos evidentes de má concepção da natureza. Um exemplo clássico é o "DNA lixo", que são regiões de DNA sem qualquer propósito aparente. No entanto, o argumento da imperfeição tem se enfraquecido cada vez mais ao longo do tempo. Com o avanço da ciência, a maioria dos exemplos do que originalmente parecia ser um projeto ruim ou restos inúteis de algum ancestral (por exemplo, o apêndice) foram posteriormente demonstrados ser muito bem construídos e tendo finalidades claras. Por exemplo, mostrou-se que o crescente número de exemplos de "DNA lixo" provavelmente desempenham funções úteis. Quando os céticos apelam para a imperfeição, estão elaborando um argumento de "imperfeição das lacunas" baseado na ignorância, e não em evidências.

A grande ironia é que se dá todo o crédito à seleção natural pela produção de estruturas surpreendentes da vida com todas as suas variedades, mas qualquer avaria ou falha de ignição de um sistema é vista como evidência da ausência de um Projetista. No entanto, tais exemplos, mesmo se verdadeiros, desafiam o conceito de criação tanto quanto a ferrugem em um carro indica que todo ele foi o produto das forças cegas da natureza. Um carro pode ser projetado e construído pela inteligência, mas uma multiplicidade de fatores pode levar à sua quebra ou mal funcionamento. Essa quebra devido a erro humano ou impacto ambiental não prova que ele não era produto de uma inteligência.

Falando em lacunas: o que os fósseis dizem?

A noção de que os fósseis registram a história do desenvolvimento evolutivo é grosseiramente exagerada. A falta de formas transicionais, ou seja, uma espécie mudando para outra, é tão flagrante que levou Stephen Jay Gould, paleontólogo de Harvard, a propor a Teoria do *Equilíbrio Pontuado*. Essa teoria afirma que uma espécie permanece basicamente a mesma ao longo do tempo e, em seguida, se transforma tão rapidamente que nenhuma evidência é deixada no registro fóssil. No entanto, tal padrão de nenhuma alteração nos fósseis e, em seguida, o súbito aparecimento de criaturas novas, radicalmente diferentes, é exatamente o que se esperaria de um ponto de vista vindo do projeto intencional.

Por exemplo, o tipo de rocha mais antigo é chamado Cambriano. De acordo com a teoria evolucionista, a rocha mais antiga deve conter organismos simples. Então, conforme se dá o desenvolvimento da vida, a rocha mais jovem deveria registrar a vida se ramificando e se tornando mais complexa. Em vez disso, você tem a chamada *explosão cambriana*. A vida complexa simplesmente aparece do nada. De fato, ela surge subitamente e, então, não se altera significativamente. Uma reportagem de capa da *Time* proclamou: "O Big Bang da evolução: novas descobertas mostram que a vida como a conhecemos começou em um frenesi biológico incrível que mudou o planeta quase da noite para o dia." A história de que a vida evolui lentamente de simples organismos complexos não parece ser verificada por meio de registro fóssil. O artigo de capa explicou:

> Em uma explosão de criatividade como nada antes ou depois, a natureza parece ter traçado os planos para praticamente todo o reino animal. Essa explosão de diversidade biológica é descrita pelos cientistas como o Big Bang da biologia.[35]

O tempo passou a descrever o fato de que o desenvolvimento da vida não segue o script darwiniano.

> De fato, enquanto a maioria das pessoas se apegam à noção de que a evolução faz sua mágica ao longo de milhões de anos, os cientistas estão se dando conta de que a mudança biológica frequentemente ocorre em trancos súbitos [...] Em todo o mundo [...] cientistas descobriram os restos mineralizados de organismos que representam o aparecimento de quase todos os ramos principais na árvore filogenética.[36]

O próprio Darwin estava perplexo com a realidade da explosão cambriana. Ele simplesmente assumiu que as formas de transição ausentes ou os elos perdidos seriam encontrados.

Essas dificuldades e objeções podem classificar-se da seguinte maneira: Se as espécies descenderam de outras espécies por suaves gradações, por que não encontramos em todas as partes inúmeras formas de transição? Por que toda a natureza não está confusa, em vez de as espécies estarem bem definidas segundo as vemos?[37]

A explosão cambriana não é única. Novas formas de vida geralmente aparecem de repente em registro fóssil e não mudam significativamente. No entanto, o período Cambriano é o mais intenso. O que isso indica é que a vida mudou drasticamente em um instante geológico. Isso fornece evidências adicionais de Deus intervindo no desenvolvimento da vida ao longo da história da Terra. Lembre-se que a explicação de Darwin foi que as mudanças aconteceram tão gradualmente que deveríamos ver séries de fósseis que variam ligeiramente entre si. Ele pensou que ainda não havia sido feita escavação suficiente, que fosse necessário mais tempo. Depois de mais de 150 anos de escavação, os elos de transição são ainda imperceptíveis, exceto nas teóricas representações artísticas em livros de biologia.

"O que Darwin descreveu em *A origem das espécies*", observa o paleontólogo Narbonne, da Queen's University, "foi o tipo de evolução que age como pano de fundo estável. Mas parece haver também uma espécie não darwiniana de evolução, que opera sobre períodos extremamente curtos no tempo — e é aí onde está toda a ação."[38]

Quando confrontados com as implicações de tal evidência, evolucionistas costumam responder alegando que algumas espécies de "transição" foram identificadas. No entanto, o que eles chamam de transições não são realmente espécies que se encontram em uma linha de descendência direta entre outras duas espécies identificadas. São simplesmente os fósseis que compartilham recursos de dois grupos, do mesmo modo como um forno elétrico tem em comum partes características de uma torradeira e de um forno a gás. No entanto, grandes semelhanças entre espécies não relacionadas são extremamente comuns, como as semelhanças entre os olhos dos polvos e os dos humanos.

Portanto, a simples identificação de semelhanças entre os fósseis não prova que elas sejam o resultado de ancestralidade comum. Na verdade, os evolucionistas geralmente argumentam a favor da evolução quando o registro fóssil é mais ambíguo. Nos casos em que ele é mais completo, o padrão de surgimento súbito não seguido por mudança alguma é esmagador.[39]

Resumo

A esmagadora evidência indicando a presença de projeto intencional é vista na complexidade da vida até o menor nível. A vida parece não apenas ter sido concebida, mas também, sem dúvida, planejada nos menores detalhes. A probabilidade de isso acontecer por acaso é tão infinitamente pequena que os ateus têm de propor um número infinito de universos para explicá-la. Em outras palavras, você pode ganhar essa loteria cósmica se tiver um número infinito de possibilidades.

Além disso, a evolução darwiniana não consegue explicar toda a diversidade e a complexidade da vida. Embora a evolução seja observada em pequena escala, ela não consegue explicar toda a diversidade presente no mundo. O fato de que certas funções da vida são irredutivelmente complexas, o que significa que elas não conseguem funcionar sem todas as suas partes presentes ao mesmo tempo, aponta para a presença de um Projetista inteligente. Modelos naturalistas para a origem da vida foram refutados por duas descobertas recentes. Uma delas é a descoberta de que a vida originou-se na Terra em um pequeno instante do tempo geológico. A outra é a de que a origem da vida ocorreu sem a ajuda de qualquer fonte natural de moléculas pré-bióticas.

Finalmente, a vida aparece em registro fóssil subitamente (a explosão cambriana) e, em seguida, muda apenas em pequena quantidade. A história da evolução simplesmente não se verifica ali. Essas lacunas apontam para o fato de que a vida em suas principais formas foi projetada com a capacidade genética para se ajustar e se adaptar a um ambiente em mudança, mas tem limites quanto à capacidade de mudar-se para um gênero completamente diferente. Isso leva à verdade definitiva de que a vida não aconteceu por acaso. E já que a vida não é por acaso, a vida humana pode ter sentido e propósito reais.

CAPÍTULO 6
A VIDA TEM SENTIDO E PROPÓSITO

Sabemos agora que somos mais insignificantes do que imaginávamos. Se você se livrar de tudo o que vemos, o universo continua essencialmente o mesmo. Nós constituímos um pedacinho do 1% da poluição em um universo; [...] somos completamente irrelevantes.

— LAWRENCE KRAUSS[1]

Ou seja, o ateísmo é uma solução simplista. Se o universo inteiro não tivesse sentido, nunca perceberíamos que ele não tem sentido [...].

— C.S. LEWIS,
Cristianismo puro e simples[2]

O ASTRÔNOMO CARL SAGAN FOI UM PROLÍFICO escritor e curador do *SETI Center* (Centro de Busca por Vida Extraterrestre), fundado em 1985, para fazer uma varredura no universo à procura de quaisquer sinais de vida além da Terra. A obra best-seller de Sagan, *Cosmos*, tornou-se também uma série de televisão premiada, explicando as maravilhas do universo e exportando a crença de que não há um Criador inteligente, apenas possíveis alienígenas inteligentes. Ele acreditava que de alguma forma por saber quem esses E.T.s são, descobriríamos o que nós, como seres humanos, realmente somos. "O próprio pensamento de que há outros seres diferentes de todos nós pode ter um papel muito útil de trazer coerência à espécie humana."[3]

O raciocínio de Sagan? Se os alienígenas poderiam ter nos contatado, sabendo como é impossível para nós os alcançarmos, eles seriam muito mais avançados do que nós como espécie. Portanto, eles têm as respostas que buscamos para nossas perguntas finais.

Esse processo de pensamento mostra a desesperada necessidade que temos como seres humanos de obter respostas para as grandes questões da nossa existência. A vida tem qualquer significado e propósito? Será que nós, os seres humanos, temos qualquer valor a mais do que os outros animais? Existe um propósito para o universo, ou mais especificamente, para as nossas vidas individuais? Essas são as perguntas que dominam nossa mente e assediam nossa alma.

A ordem da criação que temos estudado em capítulos anteriores grita que tudo foi planejado por um Projetista inteligente. Isso não é verdade apenas quanto às estrelas, às galáxias e aos organismos minúsculos, mas, especialmente, quanto aos seres humanos. Porque Deus existe podemos saber que todas as coisas foram feitas de propósito e para um propósito. No entanto, quando essa realidade é obscurecida, as consequências são devastadoras.

William Lane Craig, um filósofo e teólogo americano que tem trazido um profundo impacto a milhões de pessoas através de sua vigorosa defesa pública da fé cristã, resumiu a condição do homem isolado de Deus:

> Minha alegação é que, se Deus não existir, então sentido, valor e propósito são, em última análise, meras ilusões humanas. São coisas que só existem em nossa cabeça. Se o ateísmo for verdade, então a vida de fato é objetivamente sem sentido, sem valor e sem propósito, a despeito das crenças subjetivas que possamos ter em contrário.[4]

A busca humana por significado

Viktor Frankl foi aprisionado em um campo de concentração nazista durante a Segunda Guerra Mundial. Lá ele experimentou os horrores dos campos de extermínio e o colateral desespero emocional ao assistir amigos, familiares e pessoas completamente inocentes serem executadas por causa de sua etnia. Ele testemunhou em primeira mão o que acontece quando um ser humano é despojado de toda a dignidade e liberdade e sujeito a tormento e tortura sem nenhuma esperança visível de alívio. Em meio a esses males indizíveis, Frankl começou a perceber que a necessidade suprema do homem é a de buscar sentido em sua vida.

Terrível como efetivamente foi, a sua experiência em Auschwitz reforçou o que era já uma das suas ideias centrais: a vida não é essencialmente uma busca de prazer, como pensava Freud, ou uma busca de poder, como ensinou Alfred Adler, mas sim uma busca de sentido. A mais importante tarefa de qualquer pessoa é descobrir sentido para a sua vida.[5]

Em seu livro *Em busca de sentido*, Frankl descreveu como aqueles sob cativeiro que se agarraram a algum senso de significado em meio à loucura foram capazes de sobreviver. Aqueles que perdessem esse significado inevitavelmente morreriam. Ele citou Nietzsche: "Quem tem *por que* viver pode suportar quase qualquer *como*."[6]

O mundo ocidental está sofrendo dos efeitos da insignificância advinda do ateísmo e da incredulidade. O suicídio está aumentando. O abuso de drogas, especialmente a versão respeitável do abuso de drogas sob prescrição médica, está sufocando a vida de uma geração que desesperadamente se automedica, na esperança de não se afogar num mar de dor emocional. Isso não é surpreendente.

Quando você diz às pessoas que Deus não existe, que eles são apenas animais que evoluíram a partir de formas de vida inferiores e são produto do acaso, você lhes oferece pouca esperança de extrair dessa filosofia qualquer espécie de sentido absoluto. O ateu nega rapidamente que o ateísmo leva à falta de sentido, mas sua crença não pode levar a nenhum outro lugar. Nietzsche concordaria: "Viver *de tal maneira* que viver não tenha mais *sentido*: *aí está* o que doravante se torna o 'sentido' da vida [...]."[7] Esse desespero tomou conta do mundo comunista durante décadas. A tentativa de erradicar Deus da mente e da alma das nações só produziu um vazio maior e uma maior fome de verdade espiritual.

Na China comunista, os missionários ocidentais foram expulsos na década de 1950, e o chefe Mao substituiu a Bíblia por *O livro vermelho*. Em vez de o cristianismo desaparecer como pretendido, ele se expandiu. Milhões de pessoas cultuavam em segredo e faziam a notícia correr aos outros, arriscando-se à prisão e até à morte. Hoje, a Igreja chinesa é mais forte do que nunca. Pela fato de que seguir a Cristo ainda é muito desafiador naquele ambiente, os crentes são mais determinados a serem fiéis ao Senhor. Eu trabalhei na China e vi a felicidade e a paz que esses crentes possuem. Pense nisto: se a felicidade viesse de coisas materiais, americanos e outros ocidentais deveriam ser as pessoas mais felizes na terra. Em vez disso, nossa alma anseia por algo além da existência meramente material. Estamos desesperados por relacionamentos, por significado e pela verdadeira razão de se viver.

Em *The God Test* [O teste de Deus], um pequeno livreto de perguntas que servem para promover o diálogo entre crentes e descrentes, pergunta-se a ateus ou agnósticos: a vida tem qualquer significado último ou algum propósito?[8] As respostas a tal pergunta são reveladoras.

As pessoas medianas que afirmam ser ateias ou agnósticas serão rápidas em dizer que sim. Elas citarão sua preocupação com a educação e com os direitos humanos, bem como a busca de conhecimento sobre o mundo em que vivemos. Mas isso não é sentido último e propósito. Eles estão citando suas próprias buscas subjetivas, o que certamente não têm um sentido último para eles. As questões fundamentais são fáceis de se ignorar por simplesmente eles se ocuparem e distrairem as próprias mentes; porém mais cedo ou mais tarde elas não poderão ser evitadas por uma pessoa pensante. Existe algum plano ou projeto absoluto para o mundo, ou somos simplesmente "argilas sortudas"? Se há um plano, então de onde é que veio o seu propósito?

O desespero do ateísmo

Como mencionado no capítulo 3, traduzir a evolução darwiniana para uma filosofia de vida seria perigoso, segundo o próprio Darwin. Richard Dawkins é o primeiro a dizer que devemos aceitar a verdade da nossa situação, independentemente de quão boa ou ruim ela seja:

A natureza não é cruel, apenas implacavelmente indiferente. Esta é uma das lições mais duras que os humanos têm de aprender. Não podemos admitir que as coisas possam ser nem boas nem más, nem cruéis nem carinhosas, mas simplesmente cruas — indiferentes a todos os sofrimentos e sem nenhum propósito.[9]

Bertrand Russell disse que não temos escolha a não ser construir nossas vidas "sobre o firme fundamento do desespero incontrolável".[10] O mundo deve ser feito de fatos duros e frios e de verdade cruel. Isso porque o universo não se importa.

Sem Deus, um significado definitivo é uma ilusão. O existencialista francês Jean-Paul Sartre resumiu as implicações filosóficas da realidade sem Deus, dizendo que é apenas um "sonho vago do possível [...] estourando como uma bolha".[11] Ele acreditava que se a vida não tem significado real, então devemos enfrentar a pura aridez da nossa existência e perceber que toda essa conversa de significado e propósito é um absurdo. É a mais cruel das piadas cósmicas se devemos nos sentir compelidos a continuar com essa farsa, como se alguma coisa que nós fizéssemos, como seres humanos, realmente importasse.

A busca do homem por significado toma um trágico e errado rumo ao ficar sem a crença em Deus, deixando o homem sob uma filosofia existencial de desespero. Em outras palavras, como poderiam processos aleatórios, sem sentido, produzir criaturas racionais, conscientes, que possuem percepções de significado e propósito?

Uma existência com propósitos

Não é à toa que um dos best-sellers do nosso tempo, depois da Bíblia, é o livro *Uma vida com propósitos*, de Rick Warren, com mais de 60 milhões de exemplares vendidos (e ainda vendendo), traduzido para mais de 130 idiomas, o que o torna um dos livros mais traduzidos do mundo.[12] Independentemente de cultura ou nação, os seres humanos anseiam por um sólido senso de propósito e significado em suas vidas. Há algo no fundo da psique humana, um anseio por significância, um desejo de acreditar que há mais vida do que simplesmente a sobrevivência física. No entanto, tudo que oferecem os naturalistas é a notícia triste de um universo sem sentido, sem verdadeiro objetivo final. Essa postura é claramente expressa por Lawrence Krauss:

> O universo é do jeito que é, quer queiramos ou não. A existência ou inexistência de um criador não depende de nossos desejos. Um mundo sem Deus ou propósito pode parecer duro ou sem sentido, mas isso por si só não exige que Deus exista.[13]

Krauss e seus companheiros debocham da ideia de que os ateus não acreditam que existam coisas como significado e propósito. Eles deleitam seus espectadores com a paixão avassaladora pela busca do conhecimento e da verdade que vem de uma vida dedicada à ciência, simultaneamente asseverando que não precisam de Deus para acreditar em um propósito ou significado. Mas, honestamente, eles só podem dizer que a seleção natural nos deu essa característica em nossa genética para nos ajudar a sobreviver. Portanto, algo tão maravilhoso, tão indispensável à vida, tão vital para a nossa saúde mental e emocional, foi apenas o produto de um passado sem sentido, inútil, sem propósito. Eu duvido que alguém vá chamar qualquer um desses caras para dar o discurso motivacional antes do jogo no Super Bowl ou numa final de Copa do Mundo.

Mas como poderiam essas mesmas forças cegas e impessoais produzir criaturas que estão profundamente curiosas sobre o significado da vida? Lembre-se: a própria ciência surgiu da cosmovisão cristã de que o mundo era racionalmente compreensível e poderia ser investigado e entendido porque Deus existia.

Lembra-se dos contos de fadas, em que a bruxa malvada tinha uma panela de poção mágica que poderia produzir o efeito que fosse desejado? Mesmo pessoas ou monstros poderiam sair daquele caldeirão fervente. O naturalista acredita que, dado tempo suficiente, todos os seres vivos podem vir de um caldeirão fervente semelhante com produtos químicos, mas é absurdo pensar que amor, beleza, moralidade e significado da vida poderiam se desenvolver de tal forma (a menos que você seja o Billy Crystal em *A princesa prometida*). Mas é nisso exatamente o que o ateu tem que acreditar. Como David Robertson apontou em suas cartas a Richard Dawkins sobre *Deus, um delírio*:

Antes de tudo, sua pressuposição e asserção/hipótese de que tudo é químico ou resultado de reação química é, em si mesma, uma asseveração improvável. Em segundo lugar, não é uma asserção que se ajuste aos fatos observáveis em nosso redor. De fato, requer grande dose de especial postulação antes de alguém poder honestamente chegar à posição de que religião é somente uma reação química, beleza é somente uma reação química, bem como o mal e ainda como o senso de Deus. Além disso, as consequências lógicas de uma tal crença são desastrosas. Terminamos no absurdo do homem como Deus — a mais altamente evoluída reação química.[14]

O homem é simplesmente uma reação química altamente evoluída? Os sentimentos de amor, lealdade e devoção são todos a mesma coisa? O ateísmo reduz toda a vida a um processo da natureza.

A casa de dois andares

Mas isso nos deixa em uma posição trágica como humanidade quando desesperadamente tentamos afirmar que existe significado onde não há significado algum. Francis Schaeffer explicou essa dificuldade ao descrever uma casa de dois andares dentro da qual o homem moderno vive. No andar de baixo, ele vive em um mundo impulsionado unicamente pela razão humana e as forças naturais, onde Deus não existe. Mas ele não pode morar lá de forma consistente, portanto ele dá um salto de fé para o segundo andar, onde há significado e propósito, mas ele não tem base racional para tal salto. O existencialismo, como Schaeffer diria, é como um prego "pendurado no ar".[15]

Essa é a crise à qual a incredulidade o leva. A vida é absurda, sem qualquer significado, então o ateu simplesmente afirma que ela é, de fato, significativa. Mas qual é a base para isso? Greg Graffin, da banda Bad Religion, articula esta posição defeituosa:

No entanto, as pessoas cometem um grande erro se, a partir da anarquia do mundo físico, concluem que a vida não tem sentido. Tiro exatamente a conclusão oposta. O despropósito do mundo natural ressalta o tremendo significado inerente no mundo humano.[16]

Assim, na visão de mundo ateísta:

- A vida veio da natureza morta, inanimada;
- O significado veio do que é sem sentido.

Esse último salto de fé é um exemplo do fenômeno da *vontade de poder* nietzschiana. Nietzsche ensinou que se a vida não tinha sentido, o *super-homem* simplesmente afirma seu próprio significado, exercendo sua própria vontade de avançar sobre a escuridão do desespero. O super-homem representava o próximo nível da evolução humana. Tragicamente, essa foi a filosofia dos nazistas que atuaram baseados nessa ideia errada em toda a sua extensão. Ideias têm consequências.

O ponto crítico aqui é que os seres humanos não podem viver sem significado e propósito. Embora possamos afirmar que Deus não existe, não conseguimos repetir isso para áreas em que valores, significado e finalidade estão envolvidos. Em essência, Deus é o fundamento e o significado; propósito e valores são os blocos de construção estabelecidos sobre esse fundamento. E nenhuma casa fica em pé sem alicerces.

Porque Deus existe, a vida tem significado e propósito. O raciocínio lógico seria:

1. Se Deus não existe, a vida não tem propósito ou significado absolutos.
2. A vida tem significado e propósito absolutos.
3. Portanto, Deus existe.

A existência de significado e propósito é uma das muitas maneiras de se ver claramente que Deus existe. No entanto, você pode saber que Deus existe e perder de vista a realidade de que ele o criou para um propósito e, assim, acabar também em desespero. É por isso que é tão importante ter um relacionamento com o seu Criador e não apenas um reconhecimento de que ele é real.

No ano passado, oficiei o funeral de um homem rico que tirou a própria vida. Sua casa era uma das mais espetaculares que eu já vi. O homem tinha tudo — com exceção de paz e de real propósito. Sua família conheceu uma vida desconcertante de turnês pelo mundo inteiro e experiências que deveriam ter trazido felicidade, mas não o fizeram. Embora ele acreditasse em Deus, perdeu de vista a luz da esperança divina, entrou em pânico na escuridão e tirou a própria vida.

Quando damos nossos próprios significado e propósito para a vida, eles funcionam apenas para as coisas em que estamos confiando e sobre as quais nos apoiamos, até que elas cedem e entram em colapso. A razão por que não devemos ter outros deuses diante do verdadeiro Deus é que qualquer coisa em que nos apoiarmos fora dele vai nos decepcionar. Seu desejo é para o nosso bem e não destruição. Como John Lennox disse a Richard Dawkins, "deuses criados pelo homem são uma ilusão".[17]

Deus fez você para um propósito. Está embutido profundamente dentro da sua genética, bem como em cada uma das moléculas. Como Deus disse ao profeta Jeremias: "Antes de formá-lo no ventre eu o escolhi; antes de você nascer, eu o separei e o designei profeta às nações" (Jeremias 1:5).

O Deus infinito que conhece as estrelas pelo nome (ver Salmos 147:4) o conhece e deseja ter um relacionamento com você. A esmagadora sensação de insignificância pode ser dissipada ao você olhar para Deus em busca das respostas para as perguntas que a ciência mal consegue vislumbrar. Quando você realmente crê que Deus existe, sua visão de si mesmo deve mudar radicalmente. A vida tem verdadeiro propósito e significado — especialmente a sua. Por causa de haver propósito e significado distribuídos por todo o universo, não é um salto cego de fé acreditar que você foi feito para um propósito também.

Pode-se dizer que tanto o ateu quanto o teísta estão dando saltos indutivos. A evidência é esmagadora no sentido de que você deve dar passos em direção a Deus, em vez de se dirigir à escuridão do ceticismo. Fomos criados para receber o perfeito amor de nosso Criador, adorar sua maravilhosa beleza, servir eternamente como seus agentes no governo da criação. Só o amor perfeito e um propósito eterno irão preencher os anseios dos nossos corações.

O homem não é apenas mais um animal

Além das implicações filosóficas e éticas em torno da existência de Deus, há a crença dos naturalistas de que o homem seja simplesmente um outro animal, apenas mais um produto da seleção natural. É o retrato que tem sido comercializado e promovido das salas do *Smithsonian** para os livros didáticos nas escolas de Ensino Médio. Essa campanha foi tão completa que a crença de que o homem é apenas um primata altamente evoluído tornou-se um fato social. "As pessoas hoje estão tentando se agarrar à dignidade do homem, mas elas não sabem como fazê-lo porque perderam o sentido da verdade de que o homem é feito à imagem de Deus."[18]

Mas a macroevolução humana é a verdade? Se o homem não foi criado separadamente dos animais e é apenas uma aberração evolutiva da natureza, então como podemos nos considerar especiais? Have-

---

* N.T.: em referência ao Instituto Smithsoniano, que afirma manter o maior museu e complexo de pesquisas do mundo.

ria algum sentido transcendente real para a nossa condição humana que não seja mera curiosidade biológica?

O que explica o desejo do homem por significado é, como Schaeffer constantemente enfatizava, o fato de o homem ter sido feito à imagem de Deus, e isso é fundamental para a condição humana, incluindo a condição pós-moderna.[19]

Esse é o centro do debate. Os céticos vão admitir que os crentes podem ter um argumento intelectual para a existência de Deus com base em coisas como o ajuste fino do universo ou a existência inexplicável de informações sequenciadas no DNA, mas este é o lugar onde eles estabelecem o seu posicionamento: a evolução humana.

O salmista perguntou: "Que é o homem?" (Salmos 8:4). Há algo de especial em nós? O homem é apenas mais um animal? Na busca por significado, chegamos justamente à essência de se descobrir se há um significado transcendente para nossas vidas. Por insistência de minha mulher, Jody, mandei a minha amostra de saliva para a *23 and Me** a fim de ter meu DNA analisado e mapeado. Os resultados revelaram que mais de oitocentas outras pessoas tinham perfis genéticos semelhantes ao meu e, na verdade, eram primos distantes que eu nunca soube que tinha.

Mais interessante, no entanto, foi um relatório que mostrava se eu era descendente de uma linhagem de Neandertal ou não. Havia uma pequena representação artística de um homem de Neandertal (sem roupa, claro) igual às imagens que já vi inúmeras vezes em livros de biologia e comerciais de seguros. Havia uma pequena ligação no meu DNA com os neandertais. Pensando sobre a minha árvore genealógica, tentei imaginar os meus parentes que, como era de se esperar, seriam um tanto esquisitos, mas não ajudou muito. Diz-se que os neandertais foram extintos há mais de 35 mil anos; mas ainda assim seu DNA ainda vive em muitos de nós?

Discutimos isso no capítulo anterior, quando destacamos o milagre da origem da vida, bem como o da origem das espécies. A explosão cambriana refere-se ao aparecimento súbito de vida complexa em

---

* N.T.: *23 and Me* é uma empresa norte-americana que oferece serviços personalizados de análise genética. Mediante o envio de uma amostra coletada de saliva, retornam um relatório sobre traços genéticos importantes do cliente, indicando, dentre outras coisas, estimativas de probabilidade de desenvolvimento de doenças como diabetes, cânceres, mal de Alzheimer e outras.

registro fóssil, seguido por alteração mínima dentro de cada espécie. Quando se trata da apresentação da evolução humana, um grande esforço é feito por parte dos naturalistas para fazer uma descrição detalhada de humanos e macacos com um ancestral comum. Eles vão ser rápidos em corrigi-lo se você disser que os seres humanos descendem diretamente dos macacos e deixar de mencionar o ancestral comum hipotético, mas a noção do homem que emerge a partir de formas de vida inferiores (sim, primatas) ainda é no que se baseia a sua crença.

Os seres humanos não evoluíram a partir de formas de vida inferiores. Eu não conseguiria dizer isso de forma mais clara. Há muitas pessoas brilhantes, muito mais inteligente do que eu, que acreditam que Deus usou o grande esquema da evolução darwiniana para produzir todas as forma de vida, incluindo a humanidade. Essas pessoas são sinceras, e eu não iria questionar a sua fé em Deus.

Eu acredito, no entanto, que a evidência de registro fóssil (assim como as outras distinções que discutimos) indicam que a humanidade foi criada, em ambos os sexos, masculino e feminino, e que, embora os seres humanos tenham se desenvolvido e adaptado, fomos sempre humanos. Os fósseis que estão ligados ao homem são nossos antepassados na conjectura naturalista, não por causa de evidência observável diretamente. Qualquer semelhança nesses fósseis ou entre códigos genéticos de chimpanzés e seres humanos pode ser atribuída a um Projetista em comum, não a um ancestral em comum.

Estou me demorando sobre esta questão porque o cerne da evolução darwiniana é o princípio de que o homem é simplesmente mais um animal, não mais intrinsecamente valioso do que qualquer outra forma de vida. A única verdadeira distinção é a nossa posição evolutiva avançada, devida apenas aos caprichos da seleção natural. Se Deus não existe e, portanto, nenhum plano absoluto, segue-se que, na melhor das hipóteses, somos simplesmente aberrações da natureza. Como o lendário paleontólogo de Harvard Stephen Jay Gould afirmou:

Além disso, e mais importante, os caminhos que levaram à nossa evolução são peculiares, improváveis, irrepetíveis e absolutamente imprevisíveis. A evolução humana não é aleatória, faz sentido e pode ser explicada pelo fato consumado. Mas enrole a fita da vida até o início dos tempos e deixe tocar de novo — você nunca conseguirá que um ser humano surja uma segunda vez.[20]

Christopher Hitchens se dirigia a suas audiências como "meus colegas primatas".[21] Richard Dawkins afirma ser "um macaco africano"[22] e que todos nós somos também macacos africanos. Se é o que realmente somos, então devemos simplesmente superar a nossa decepção e admitir isso. Lembre-se, se a evolução darwiniana é realmente a verdadeira história de nossas origens e se não fomos projetados ou intencionalmente feitos com nada de especial, então também devemos abandonar qualquer noção de ter qualquer lugar especial no universo. Nosso senso de importância e distinção é apenas uma ilusão. Além disso a nossa morte não é mais trágica do que a de qualquer outro animal. Quão arrogante da nossa parte pensar que o nosso destino após a morte é diferente do de uma vaca ou de um porco.

Evolução humana: uma questão de interpretação

A principal razão pela qual muitos acreditam que os seres humanos são indistintos dos outros animais é que a Teoria da Evolução afirma que evoluímos de um ancestral comum aos primatas modernos há milhões de anos. Essa afirmação tem sido historicamente apoiada por imagens mostrando vários estágios de um macaco evoluindo gradualmente até chegar a um ser humano. No entanto, tais imagens são bastante ludibriantes. Paleontólogos descobriram vários fósseis que têm diversas características em comum com os humanos. Mas as interpretações destes espécimes se apoiam mais na imaginação dos evolucionistas do que em provas concretas. Como observado pelo biólogo Jonathan Wells:

De acordo com a paleantropologista Misia Landau, as teorias das origens humanas "excedem em muito o que pode ser inferido apenas a partir do estudo dos fósseis e, de fato, colocam uma pesada carga de interpretação sobre o registro fóssil, um fardo que é aliviado ao se posicionar os fósseis em estruturas narrativas pré-existentes". Em 1996, o curador do Museu Americano de História Natural, Ian Tattersall, reconheceu que "em paleantropologia, os padrões que percebemos estão tão propensos a resultarem da nossa disposição mental inconsciente quanto das próprias evidências".[23]

Como mencionado no capítulo 5, novas espécies geralmente aparecem repentinamente no registro fóssil com enormes lacunas separando-os de seus teóricos antepassados mais próximos. Os fósseis relacionados com a evolução humana seguem esse mesmo padrão. Eles são ou bastante simiescos ou bastante humanos, e a transição entre os dois grupos aconteceu abruptamente, sem uma clara progressão de formas intermediárias. "Parece que a nossa própria espécie, em particular, é o produto de um evento marcante de especiação quântica [mudanças massivas acontecendo rapidamente]."[24] Esse fato também é indicado objetivamente por Stephen Jay Gould: "Além disso, nós ainda não temos nenhuma evidência firme para qualquer mudança progressiva dentro das espécies de hominídeos."[25]

Dados os problemas com o registro fóssil, os evolucionistas frequentemente tentam reforçar sua defesa com evidências do DNA. Por exemplo, eles costumam citar o fato de que DNA de humanos e chimpanzés compartilham pseudogenes, que são genes com erros genéticos idênticos. Vários cristãos comprometidos, como Francis Collins, afirmam que tal evidência parece muito atraente e por isso argumentam que a evolução é compatível com o cristianismo.[26] No entanto, mesmo se Deus tivesse utilizado um processo evolutivo no desenvolvimento da vida, esse processo ainda teria a necessidade de ser inteligentemente guiado. Por exemplo, a reprogramação necessária para se criar o cérebro humano e as muitas outras características distintamente humanas não teria sido possível num curto espaço de tempo geológico, por qualquer processo não guiado.

Além disso, pseudogenes e DNA lixo semelhantes e compartilhados por seres humanos e outras espécies têm mostrado ter funções reais, assim como um projeto intencional em comum, o que, por conseguinte, fornece explicação igualmente válida para as semelhanças.[27] Portanto, a evidência cumulativa de forma alguma apoia a afirmação de que o homem evoluiu gradualmente a partir de uma criatura simiesca por meio das forças cegas da natureza.

A violência no mundo animal

A programação para a sobrevivência do mais apto no mundo animal é repleta de agressão e morte. De todas as espécies que já viveram, 99,9% estão agora extintas. Basta assistir a qualquer programa de TV que destaca os traços dos animais em estado selvagem. Os predadores perseguem suas presas e as atacam para comer e sobreviver. Nós assistimos a esses programas com fascínio, mas sem nenhum senso de ultraje moral quando um leão corre atrás de um antílope e o come como jantar. Podemos nos assustar com a visão sangrenta de um tubarão comendo um atum, mas não ligamos para o 190. Se um leão não deve sentir remorso por sua natureza animal, devemos nós, como seres humanos, resistir ou tentar modificar nossa natureza? Como poderíamos fazê-lo, se somos apenas animais?

Os ateus estão comprometidos com a crença de que somos simplesmente mais uma forma de vida animal. Nosso instinto e comportamento deve, portanto, ser tratado simplesmente como programado e determinado pelo nosso DNA. É irônico que haja protesto das fileiras de céticos quando são expostas as implicações da filosofia e da ética evolucionistas. Se algo é verdade, então por que fingir que não é? Se Deus está morto, então nós somos apenas mais uma espécie sujeita às leis da seleção natural. Homens como Hitler não poderiam ser maus, em última análise, porque eles estavam apenas agindo baseados em seus instintos evolutivos inatos.

Como você pode julgar duramente alguém por agir segundo seus instintos e impulsos quando é exatamente isso que eles são? Os céticos são rápidos ao usar adjetivos como "covarde" quando enxergam pessoas negando as implicações da crença delas, mas Dawkins e outros falham vez após vez, não assumindo as da sua própria. Como Ravi Zacharias disse: "Um dos grandes pontos cegos de uma filosofia que tenta negar Deus é sua indisposição de olhar para o monstro que gerou e assumir ser o criador dele."[28] Esta filosofia teve um impacto monstruoso no século XX e provou mais uma vez que os problemas do homem são resolvidos não pela tentativa de eliminar Deus, mas por nele crer e obedecê-lo.

Especismo

O humanismo foi a tentativa de tornar a humanidade a "medida de todas as coisas". Em suma, nós não precisamos de Deus, pelo contrário, conseguimos estabelecer a verdade sobre a base da razão apenas. Especismo é a elevação de uma espécie acima de outra: "'Especismo' é a ideia de que ser humano é uma razão boa o suficiente para os animais humanos terem maiores direitos morais que os animais não humanos."[29] Isso está levando os direitos dos animais a ficar em uma alta inédita, enquanto deixa os seres humanos em uma baixa jamais vista antes.

Surpreendentemente, esse tipo de lógica parece ter ganhado entrada franca. Um dos principais defensores dela é Peter Singer, um ateu declarado. Ele certamente fez a conexão lógica de que se o homem é simplesmente um outro animal, então não devemos presumir que somos melhores do que quaisquer outros animais. Seu livro *Libertação animal* é a obra fundamental do movimento pelos direitos animais.

> Então, pensando em ambos, os peixes e os seres humanos, devemos evitar comer peixe. Certamente, aqueles que continuam a comer peixe enquanto se recusam a comer outros animais já deram um grande passo se afastando do especismo, mas aqueles que não comem nenhum deles foram um pouco mais longe.[30]

Jesus amava os animais que criou, mas de acordo com essa lógica, ao alimentar milhares de pessoas com peixe, ele era um especista. Certamente, os animais devem ser tratados humanamente, isso é um mandamento das Escrituras: "O justo cuida bem dos seus rebanhos, mas até os atos mais bondosos dos ímpios são cruéis" (Provérbios 12:10).

Esse pensamento leva a comparações inacreditáveis entre os matadouros, onde os animais são processados, e as câmaras de gás de Auschwitz, um salto no absurdo. Teoricamente não deveríamos sentir indignação quando os seres humanos agem como animais, ou são tratados como animais, mas sentimos. Por quê? Porque, no fundo, nós sabemos que há uma diferença. É a mesma razão pela qual a acidental morte de um animal em uma rodovia não é tratada como um crime.

Da mesma forma, um café da manhã no *Shoney's** não é tratado como uma celebração grotesca do assassinato em massa de porcos.

As diferenças entre humanos e animais

Nós somos diferentes de outros animais, e nós o sabemos. O problema é que a evolução e o ateísmo não têm nenhuma explicação para essas diferenças.

1. Pensar sobre pensar

Pensamento transcendente significa que nós, como seres humanos, somos capazes de pensar sobre o pensamento. Chama-se isso de *metacognição*. Foi o filósofo do século XVIII René Descartes que disse "*Cogito, ergo sum*", que significa "Penso, logo existo". Como resultado, podemos refletir sobre a nossa condição de uma posição quase objetiva, de pensar sobre nós mesmos em comparação com os outros, de ser autoconscientes de nossas fraquezas e nossas forças. Tal capacidade nos permite ser filosóficos. Ela também nos permite pensar geracionalmente, demonstrando preocupação com a nossa linhagem familiar. Esta capacidade está além do instinto animal de cuidar de sua prole.

2. Reconhecimento estético

Apreciamos os valores estéticos de beleza, arte e outros conceitos como nobreza e honra. Dawkins admite isso também: "Somos imensamente diferentes de outros animais ao termos linguagem, arte, matemática, filosofia. Temos diversos tipos de emoções que outros animais provavelmente não têm."[31]

Hoje não encontramos nem sequer desenhos toscos nas tocas construídas pelos próprios animais. Embora eles possam ser treinados para imitar o comportamento humano em alguns aspectos, estão muito longe da capacidade humana que vemos em museus e bibliotecas.

---

* N.T.: rede de restaurantes dos E.U.A., famosa por seu buffet de café da manhã tradicional norte-americano, com bacon e salsichas.

3. Linguagem

"A linguagem humana revela-se um fenômeno único, sem análogo significativo no mundo animal."[32] Os papagaios podem ser capazes de imitar sons humanos, mas eles não estão comunicando seus próprios pensamentos e ideias sobre sua própria existência. Se fosse esse o caso, você os poderia ouvir reclamando sobre a comida ou questionando o merecimento de gaiolas para seus companheiros papagaios. Os animais podem responder a comandos de voz humana, mas esses são os traços meramente adaptativos que são condicionados por recompensa de alimentos pelo desempenho de uma ação ou resposta a um comando.

O célebre linguista Noam Chomsky aponta que os seres humanos têm um Sistema de Aquisição de Linguagem (SAL) que os animais não têm.[33] Não só temos a capacidade mental de pensamento avançado, mas também temos centros únicos no cérebro, projetados especificamente tanto para a produção quanto para o processamento da linguagem. Além disso, nossa laringe é desenhada de modo único para criar os padrões sonoros complexos necessários para o discurso avançado. Essa capacidade não é encontrada nos animais, apenas em humanos.

4. Criatividade e exploração científica

Os seres humanos não têm apenas a capacidade mental para a criação de ferramentas, mas também temos um avançado sistema visual para aprender sobre o mundo do exterior. Temos mãos singulares projetadas para tarefas motoras complexas, intrincadas. Nós temos a capacidade de domar o mundo ao nosso redor e de fazer coisas novas, como iPhones. Como Michael Denton escreveu em *Nature's Destiny* [Destino da natureza]:

> Além de nosso cérebro, nossa capacidade linguística e nossa capacidade visual altamente desenvolvidas, possuímos outra maravilhosa adaptação, a ferramenta manipuladora ideal — a mão humana. Nenhum outro animal possui um órgão tão soberamente adaptado para exploração e manipulação inteligentes de suas vizinhanças físicas e do meio ambiente.[34]

Uma vantagem adicional é a nossa postura bípede (utilizando apenas dois membros) e a capacidade de andar ereto. Essas características nos permitem manipular ferramentas enquanto nos movemos.

Tal combinação única de vários recursos nos permite explorar o mundo e nos desenvolver tecnologicamente.

> Devido ao fato de nosso cérebro ser capaz de perceber e experimentar o mundo e traduzir nossos pensamentos em ações, somos capazes de explorar, manipular e, por fim, entender o mundo.[35]

5. Moralidade

Como seres humanos, somos capazes de agir além dos nossos instintos. Há certamente instintos de manada e tabus dentro do mundo animal, mas nada que se compare com a moralidade humana. A melhor maneira de ilustrar essa grande diferença é por meio de um hamster de estimação que eu tive. Foi um evento emocionante quando a hamster teve bebês. Meus filhos ficaram muito animados e deram a cada um deles um nome. Poucas semanas depois, a tragédia aconteceu. Nós acordamos uma manhã e notamos a falta de um dos bebês. Por um momento, procuramos freneticamente tentando localizar o faltante. Mas, então, o impensável tornou-se evidente. A mãe tinha comido um de seus bebês. Fiquei indignado. Nem preciso dizer que foi o último hamster que tivemos.

Um sistema moral pode ser visto em praticamente todas as culturas. Por exemplo, quase todos os grupos de pessoas reconhecem a importância da honestidade, de se honrar a propriedade, e de respeitar o pacto do casamento. Estes valores não correspondem bem ao impulso darwiniano de superar os vizinhos quanto à sobrevivência. No entanto, eles são consistentes com a visão de que todas as pessoas são o resultado de um Deus amoroso, que deseja que as pessoas vivam em harmonia.

6. Inteligência superior

Lembra-se da famosa ilustração de quão improvável seria que uma sala cheia de macacos produzisse as obras de Shakespeare? O ex-ateu Anthony Flew disse que realmente foram colocados macacos em uma sala por meses e eles não foram capazes de produzir sequer uma palavra.

> Há uma enorme diferença entre a vida e a vida inteligente. Eu não quero dizer corvos ou golfinhos inteligentes, mas mentes capazes de autoconhecimento e de desenvolvimento de tecnologias avançadas, isto

é, não apenas usar o que está à mão, mas a transformação de materiais em dispositivos que podem realizar uma grande variedade de tarefas.[36]

Lógica e razão são marcas dessa capacidade nos seres humanos e não podem ser atribuídas ao surgimento espontâneo a partir de processos naturais.

7. Personalidade

Você é uma entidade única, um ser humano com um conjunto único de impressões digitais e DNA. Você é capaz de pensar objetivamente sobre sua existência e sua singularidade. Os animais podem ser propriedade de outrem sem quaisquer implicações morais, mas as pessoas não podem ser possuídas. Somado a isso, temos as habilidades únicas de nos referir a nós mesmos como nosso *eu* e de tomar decisões livres.

Além de querer, escolher e ser movidos a fazer isto ou aquilo, [os seres humanos] podem também querer ter (ou não ter) certos desejos e motivações. Eles são capazes de querer ser diferentes, em suas preferências e em seus objetivos, a partir do que eles são. Muitos animais parecem ter a capacidade para o que chamo de "desejos de primeira ordem", que são simplesmente desejar fazer ou não uma ou outra coisa. Nenhum animal que não o homem, no entanto, parece ter capacidade de reflexão autoavaliativa que seja manifestada na formação dos desejos de segunda ordem.[37]

Quando as sociedades negam a personalidade como uma qualidade intrínseca dos seres humanos, elas geralmente deslizam para a injustiça e desumanizam parcelas de suas populações.

8. Cultura

Somente os seres humanos têm a capacidade de desenvolver culturas complexas que avançam sobre o tempo. Michael Tomasello, co-diretor do Instituto Max Planck de Antropologia Evolucionária, pergunta "Em que aspecto os humanos são singulares?", em um artigo recente do *The New York Times*.

Quando você olha para macacos e crianças em situações que lhes exigem juntar as cabeças para pensar, uma sutil, mas significativa diferença emerge. Temos observado que as crianças, mas não os chimpanzés, esperam e até exigem que os outros que se comprometeram com uma atividade conjunta se envolvam e não descumpram seus deveres. Quando as crianças querem abandonar uma atividade, reconhecem a existência de uma obrigação de ajudar o grupo — elas sabem que devem, à sua própria maneira, "obter licença" para fazerem reparação. Humanos estruturam suas ações colaborativas com objetivos conjuntos e compromissos compartilhados.[38]

Este é um ponto que o filósofo Merlin Donald também ressalta muito bem em seu trabalho *A Mind So Rare: The Evolution of Human Consciousness* [Uma mente muito rara: a evolução da consciência humana]. Como Donald escreve no prólogo:

Este livro propõe que a mente humana é diferente de qualquer outra no planeta, não por causa de sua biologia, a qual não é qualitativamente única, mas por causa de sua capacidade de gerar e assimilar a cultura. A mente humana é, portanto, um produto "híbrido" da biologia e da cultura.[39]

9. Além do físico

Naturalistas reduzem a consciência a meros disparos de neurônios dentro do cérebro. No entanto, não é que sejamos meramente cérebros: apenas temos cérebros. Há uma dimensão eterna que possuímos que dura para além da vida física. O mistério de tal dimensão imaterial nos seres humanos dá um vislumbre da existência e da personalidade imateriais do Deus a cuja imagem somos feitos. A evidência de que a alma existe vem de muitas fontes diferentes.[40]

Além disso, o cérebro opera de forma que parece desafiar as limitações das máquinas computacionais. Mais notavelmente, parecemos ter a capacidade de livre-arbítrio.[41]

10. A fome espiritual

A existência da alma, que é um componente espiritual ou imaterial de nossa existência, explica o fenômeno da "fome espiritual". Um desejo pelo eterno é evidência de que Deus fez a humanidade à sua imagem e "pôs no coração do homem o anseio pela eternidade" (Eclesiastes 3:11). O fato de mais de 90% dos seres humanos acreditarem que existe um Deus e uma vida depois da morte aponta para essa realidade. A fome espiritual é tão real quanto a fome física e a experiência de fome sempre aponta para algo que pode realmente suprir essa necessidade. Como escreveu Santo Agostinho: "Criastes-nos para Vós, e o nosso coração vive inquieto, enquanto não repousa em Vós."[42]

Resumo

Um início despropositado indica uma existência sem sentido. Um início proposital comprova que a vida tem um propósito real e um significado. A necessidade universal da humanidade de ter propósito e significado na vida aponta para a existência de Deus. Se Deus não existisse, então não haveria tais coisas como sentido último e propósito.

Mas eles existem. Fomos criados à imagem de Deus, de propósito e para um propósito. Quando esse significado e esse propósito são negados, os resultados sobre a alma humana podem ser catastróficos. É tão necessário para a nossa sobrevivência como o ar que respiramos.

O homem não é apenas mais um animal. Há um grande abismo que o distingue, incluindo a capacidade de pensar sobre o próprio pensamento, bem como a existência de uma alma imaterial que está além do cérebro físico. Esta dimensão eterna na humanidade nos dá uma outra visão da realidade de um Deus eterno, imaterial. Em essência, Sagan estava parcialmente certo. Há vida inteligente além da vida humana que, quando descoberta, nos trará um extraordinário sentido de coesão, como povo da Terra. Essa vida, de fato, chegou até nós em Cristo e oferece uma esperança real e duradoura.

CAPÍTULO 7
JESUS E A RESSURREIÇÃO

Que alguns homens simples pudessem, em uma geração, inventar uma personalidade tão poderosa e atraente, tão altaneira e ética, e uma visão de fraternidade humana tão inspiradora, seria um milagre mais inacreditável do que qualquer outro documentado nos Evangelhos.

— Josh McDowell,
Mais que um carpinteiro[1]

Jesus existiu, e aquelas pessoas veementes que negam esse fato o fazem não porque tenham considerado as provas com o olho imparcial do historiador, mas porque têm alguma outra agenda a que esta negação serve.

— Bart Ehrman,
Did Jesus Exist? [Jesus existiu?][2]

FOI UM GRANDE PRIVILÉGIO VIVER EM JERUSALÉM. Embora tenha sido apenas por alguns meses, foi uma experiência marcante. Ao contrário das muitas viagens curtas que eu fiz a Israel com minha família, amigos e colegas de trabalho, aquela visita permitiu-me experimentar o impacto profundo de viver na terra da Bíblia. Israel é realmente um lugar histórico, onde a Escritura pode servir como um mapa para os muitos passeios e excursões que você pode fazer. Mesmo uns poucos dias nesse país incrível irão convencê-lo de que as histórias contadas nas Escrituras estão longe de ser contos de fadas e lendas.

Durante a nossa estada prolongada alguns anos atrás, em um dos parques locais, conheci um jovem da Nigéria que me perguntou: "Você conseguiria me dizer onde Jesus foi crucificado?" Depois de alguns momentos, eu consegui indicar-lhe o local onde esse evento teria acontecido. Ele me contou que era budista e estava visitando Israel na esperança de se casar com uma moça judia.

Depois de fazer-lhe várias perguntas sobre sua estada na cidade e alguns dos desafios que enfrentou, dei um passo além ao perguntar-lhe: "Você sabe por que Jesus foi crucificado?" Ele parou para pensar por um momento e depois respondeu que não tinha certeza. Eu consegui explicar a ele que Cristo realmente morrera pelos pecados do mundo, incluindo os dele e os meus. Eu lhe dei indicações acerca do lugar onde Jesus morreu, mas também disse a ele o significado daquele evento e orei por ele para que recebesse Cristo como seu Salvador.

O cristianismo começou na cidade de Jerusalém, três dias após a morte de Jesus, quando seu corpo foi dado como desaparecido do túmulo onde havia sido sepultado. Ainda mais misteriosos eram os relatos diretos de homens e mulheres de tê-lo visto vivo novamente. É a história que dividiu a História da humanidade e divide corações até hoje. Não há dúvida de que a terra de Israel é o cenário perfeito para as histórias de Deus ao longo do tempo. Gosto de levar as pessoas lá e testemunhar o profundo impacto que o ambiente tem sobre elas.

A virada do século

O debate entre Richard Dawkins e John Lennox, em Birmingham, Alabama, em 2007, com o tema "Deus é um delírio?" foi chamado de revelação pelo *The Wall Street Journal*.[3] Durante toda a noite, Lennox ficou na ofensiva, apontando as inúmeras falácias no livro de Dawkins, *Deus, um delírio*, e criando uma defesa convincente em favor de um Criador inteligente. Se isso tivesse sido uma luta de pesos pesados, poderia ter sido chamada de a virada do século por causa do sucesso de Lennox em face da mentalidade predominantemente crítica acolhida por um grande segmento da comunidade acadêmica.

A clara e convincente evidência em favor de Deus apresentada por Lennox foi surpreendente para quem seriamente subestimara a defesa para a existência de um Criador. Há rumores de que Dawkins é, em geral, tão excessivamente confiante que mal lê os escritos do adversário antes de tais eventos. No debate, após as declarações de abertura do gracioso e inteligente matemático, Dawkins, sem dúvida, percebeu que aquele era um adversário que valia a pena.

Em seu discurso de encerramento, Lennox disse algo que quase tirou Dawkins da cadeira. Ele declarou ousadamente que, como cientista, acreditava que Jesus Cristo era realmente o Filho de Deus e que ressuscitara dentre os mortos. Dawkins parecia atordoado por tal confissão.

> Bem, aí está. Justamente quando você pensa que o professor Lennox vai defender um designer inteligente, ele vem com a ressurreição de Jesus. Isso é tão pequeno, tão paroquial, tão inferior ao universo.[4]

Lennox, mais tarde, iria se encontrar com Dawkins em Oxford para uma discussão mediada por Larry Taunton. Dawkins parecia chocado por Lennox, um cientista brilhante, poder realmente acreditar em algo tão incrível como a ressurreição de Cristo. Lennox respondeu que não é uma incompatibilidade ater-se à evidência científica para a existência de Deus e à capacidade desse Criador de introduzir um novo evento no sistema, seja o nascimento virginal de Cristo ou sua ressurreição dentre os mortos.[5] Ao final do debate, o fato de que ele era um brilhante cientista que também possuía fé em um Deus milagroso dissipou o mito de que as duas posições são mutuamente excludentes.

Jesus: não é um mito

Chegamos ao coração da defesa multifacetada que prova que Deus não está morto: a vida, a morte e a ressurreição de Jesus Cristo. A evidência que temos apresentado até aqui aponta de forma esmagadora para a existência de Deus. Não há melhor explicação para o início do espaço e do tempo, o ajuste fino do universo desde o seu início e para o nosso sistema planetário, a complexidade da vida que não poderia ter surgido a partir de processos naturais, a realidade da lei moral objetiva, a necessidade inata de cada homem e mulher de ter sentido e propósito, e as distinções entre os seres humanos e os animais. "Deus não está morto" é certamente uma afirmação lógica, racional, demonstrável científica e filosoficamente.

Agora voltemos nossa atenção à evidência de Deus em seu sentido histórico. Deus deu a prova cabal de sua existência ao introduzir-se em sua própria criação como um ser humano. Neste capítulo, não apenas oferecemos mais uma prova da existência de Deus, mas o observamos adentrando o espaço e o tempo por meio de Jesus Cristo. Essa é a âncora da nossa esperança e da fé. A vida, a morte e a ressurreição de Jesus Cristo mostraram que Deus existe e dão uma imagem viva de sua natureza e caráter. Jesus disse: "Quem me vê, vê o Pai" (João 14:9).

Jesus: homem da História

É importante começar com o simples fato de que Jesus Cristo realmente existiu. A evidência do Jesus histórico está fora de discussão, embora os críticos tenham escrito obras como *A busca do Jesus histórico* tentando refutá-la. Outros têm argumentado que, mesmo que Jesus tenha vivido, nunca poderíamos saber o que ele realmente foi ou o que ele realmente disse. Não há como exagerar a importância de sua vida. Foi o fato da ressurreição que inaugurou a fé cristã três dias depois de Jesus sofrer uma morte cruel em uma cruz romana.

Bart Ehrman é sem dúvida o mais influente crítico de Bíblia de nossos dias. Ele, com frequência, debate com estudiosos cristãos sobre a confiabilidade dos Evangelhos do Novo Testamento a partir de um ponto de vista histórico. Mesmo sendo um cético em termos da verdade total da fé cristã, ele não é cético sobre a existência de um Jesus de verdade. Para Ehrman e inúmeros outros estudiosos, tal negação não é fundamentada na evidência. Ele enfatizou que é incontestável o fato de Jesus ser um homem da História. Eu o cito porque ele não é cristão. Como uma testemunha mais ou menos hostil à fé cristã, ele aparece, na verdade, para ajudar a causa de Cristo, enfatizando a verdade de sua existência terrena. Uma vez que a existência é aceita, torna-se bastante simples uma investigação sobre o impacto causado por Jesus.

Eu não sou cristão e não tenho interesse em promover a causa cristã ou uma agenda cristã. Eu sou agnóstico com tendências ateísticas e minha vida e minhas visões de mundo seriam aproximadamente as mesmas quer Jesus existisse, quer não [...]. Mas como historiador,

Deus não está morto   139

penso que a evidência é importante. E que o passado é importante. E para aquele a quem tanto evidência quanto passado importam, uma análise desapaixonada do caso deixa bem claro: Jesus existiu.[6]

Fontes não bíblicas

Ao contrário das afirmações de alguns céticos, a vida de Jesus é atestada por uma variedade de fontes históricas não cristãs. Aqui estão alguns exemplos:

O historiador romano Tácito, em 115 d.C., escreveu sobre a perseguição dos cristãos sob Nero e faz referência à crucificação de Jesus:

Para destruir tais murmúrios, ele procurou pretensos culpados e fê--los sofrer as mais cruéis torturas, pobres indivíduos odiados pelas suas torpezas e vulgarmente chamados cristãos. Quem lhes dava este nome, Cristo, no tempo de Tibério foi condenado ao suplício pelo procurador Pôncio Pilatos. Embora reprimida no momento, esta perigosa superstição irrompia de novo, não só na Judeia, berço desse flagelo, mas até mesmo na própria Roma, para onde afluem do mundo inteiro e conquistam voga todas as coisas horríveis e vergonhosas. Logo a princípio foram presos os que se confessavam cristãos, depois, pelas revelações destes, grande multidão foi convencida não do crime do incêndio, mas de odiar o gênero humano. Ao suplício dos que morriam juntava-se o escárnio, pois envolviam as vítimas com peles de feras, e as expunham às lacerações dos cães, ou eram amarradas em cruzes ou destinadas a serem queimadas e, desde que acabava o dia, eram destruídas pelo fogo à guisa de tochas noturnas.[7]

Plínio, o Jovem, um governador romano da Bitínia, não só se referiu a Jesus, mas também fez alusão à crença em sua divindade, em uma carta ao imperador Trajano no ano 112 d.C.:

Eles tinham o hábito de se encontrar em um determinado dia fixo antes que houvesse luz, quando cantavam em versos alternados um hino a Cristo, como a um deus, e se ligavam a si mesmos por um juramento solene, não a quaisquer atos perversos, mas a nunca cometer qualquer fraude, roubo ou adultério, nunca proferir palavras falsas, nem negar um acordo quando fossem chamados a cumpri-lo; após o que, era seu costume se separarem e depois reunirem-se a partilhar alimentos — mas alimentos de um tipo comum e inocente.[8]

Como uma fonte secundária particularmente interessante, o historiador do terceiro século Júlio Africano cita Talo, historiador do primeiro século, o qual escreveu sobre a escuridão que ocorreu no momento da crucificação:

> Por todo o mundo sobreveio a escuridão mais terrível; as rochas partiram-se por um terremoto, e muitos lugares na Judeia e em outros distritos foram abaixo. Tal escuridão que Talo, no terceiro livro 263 de sua *História*, chamou, como me parece, sem razão, um eclipse do sol. Porquanto os hebreus celebram a Páscoa no dia 14 de acordo com a lua, e a Paixão de nosso Salvador cai no dia antes da Páscoa [ver *Phlegon*], mas um eclipse solar ocorre somente quando a lua vem sob o sol. E isso não pode acontecer em qualquer outro tempo, salvo no intervalo entre o primeiro dia da lua nova e o último da velha, isto é, a sua junção: como, então, poderia-se supor o acontecimento de um eclipse quando a lua está quase diametralmente oposta ao sol?[9]

As referências a Jesus aparecem até mesmo em fontes judaicas antipáticas. Por exemplo, o historiador judeu Flávio Josefo menciona perto do fim do primeiro século Jesus, João Batista, a morte do irmão de Jesus, Tiago.[10] Os detalhes das citações mais minuciosas sobre Jesus são mais controversos devido à sua representação positiva dele, mas a referência é muito provavelmente original. Além disso, várias tradições rabínicas judaicas aludem a vários detalhes da vida e do ministério de Jesus.[11]

Os Evangelhos como registros históricos

A Bíblia não é um livro. Na verdade, é uma coleção de 66 livros antigos que foram reunidos e estabelecidos por uma multidão de estudiosos como confiáveis. É absurda a noção de que as alegações da Bíblia sobre Cristo são de alguma forma um raciocínio circular. Mais de quarenta diferentes autores escreveram seus testemunhos do poder de Deus na História. O fato de que estes diversos escritos foram reunidos em um livro maior não deverá desqualificar as coisas que são ditas, assim como um livro de história dos Estados Unidos não deve ser descartado por combinar os numerosos documentos históricos desse país.

A vida de Jesus foi gravada em quatro relatos distintos nos livros da Bíblia, conhecidos como Evangelhos. Cada um fornece descrições detalhadas da vida, do ministério e dos ensinamentos de Jesus. As similaridades entre eles e fontes históricas externas são tão numerosas e impressionantes que nenhum historiador competente pode negar sua confiabilidade geral.

Eu afirmo ser um historiador. Minha abordagem dos clássicos é histórica. E eu lhe digo que a evidência da vida, da morte e da resurreição de Cristo é mais bem autenticada do que a maioria dos fatos da história antiga [...].[12]

"Quem vocês dizem que eu sou?"

Os críticos têm tentado marginalizar Jesus afirmando que, mesmo que ele realmente tenha vivido, o que podemos saber sobre ele é mais mito e lenda do que realidade. Alguns chegam ao extremo de tentar comparar a vida de Jesus a divindades pagãs antigas, como Hórus, do Egito, e Mitra, da Pérsia, ou a ídolos mais contemporâneos, como Marilyn Monroe, John Kennedy ou Elvis. De fato, lendas e mitos podem crescer rapidamente em torno de uma figura pública de visibilidade. Na verdade, Jesus abordou isso com os seus discípulos quando lhes perguntou:

"Quem os outros dizem que o Filho do homem é?" Eles responderam: "Alguns dizem que é João Batista; outros, Elias; e, ainda outros, Jeremias ou um dos profetas." "E vocês?", perguntou ele. "Quem vocês dizem que eu sou?"

Mateus 16:13-15

Essa é a pergunta, não só para eles, mas para nós hoje. Devemos ir além das opiniões dos outros e responder a esta pergunta a respeito de Cristo: homem, mito ou Messias?

A história de Jesus não é nada similar aos escritos da mitologia antiga. Comparar os escritos do Novo Testamento com as histórias escritas sobre deuses egípcios, gregos e romanos é o equivalente a comparar um livro de História alemã a uma cópia dos contos de fadas de Grimm.

Filmes como *Zeitgeist* e *Religulous* afirmam que o deus egípcio Hórus e muitos outros personagens mitológicos como ele possuíam traços semelhantes aos de Jesus: nascido de uma virgem em 25 de dezembro, teve 12 discípulos, fez milagres, foi crucificado e ressuscitou. Nenhum egiptólogo relevante atesta tais reivindicações. Esses mitos de Hórus podem ser rastreados até chegar-se aos escritos de homens como Gerald Massey no início do século XIV.

Outros supostos paralelos, como o deus persa Mitra, simplesmente não possuem nenhum texto antigo que tenha sobrevivido e registre qualquer coisa específica sobre esse deus pagão. O estudioso mitraico Richard Gordon diz inequivocamente que "não há morte, sepultamento nem ressurreição de Mitra. Nenhuma dessas coisas".[13] Até mesmo os céticos, como Richard Carrier, reconhecem que supostos paralelos são tipicamente fabricados ou provenientes de documentos de séculos posteriores à redação do Novo Testamento.[14]

As alegações mais populares e relevantes de "empréstimos" se referem à ressurreição de Jesus. Por exemplo, as religiões de mistério adoravam deuses que morriam e ressuscitavam, que são muitas vezes comparados ao ensino cristão sobre a ressurreição. No entanto, paralelos relevantes aparecem bem depois do cristianismo tornar-se estabelecido, e as próprias seitas tomaram emprestados conceitos cristãos para competirem com a Igreja em constante expansão.[15]

Assim, o enorme impacto da fé cristã deu origem a uma onda de obras que recontavam mitos antigos de maneira semelhante à história do evangelho. O mesmo acontece hoje, quando o lançamento de uma grande história desencadeia uma série de imitações.

O problema maior é a questão de quem influenciou quem. Com o cristianismo irrompendo no cenário do Império Romano, é evidente que outras religiões adotaram certos ensinamentos e práticas do cristianismo a fim de conter a onda de adeptos que as abandonavam ou, talvez, para atrair cristãos para o seu lado.[16]

Alguns supostos paralelos, de fato, antecedem Jesus, como o deus egípcio Osíris, que se diz ter sido ressuscitado. No entanto, após uma análise aprofundada, essas semelhanças são superficiais na melhor das hipóteses. Osíris não foi verdadeiramente ressuscitado em um novo corpo transformado, mas ele foi simplesmente despertado no submundo.[17] Craig Keener resume a evidência em sua obra seminal, *The Historical Jesus of the Gospels* [O Jesus histórico dos Evangelhos], como segue:

Supostos paralelos com as histórias da ressurreição provam-se fracos; Aune mesmo declara que "nenhum paralelo a elas é encontrado na biografia greco-romana" [...]. Claramente nenhum dos supostos paralelos envolve uma pessoa histórica (ou qualquer outra) ressureta em sentido estrito. Isso se dá, provavelmente, em parte por que a ressurreição em seu sentido estrito (corporal e permanente) foi uma crença quase exclusivamente judaica e, entre os judeus, era reservada para o futuro.[18]

Da mesma forma, o estudioso do Antigo Testamento Tryggve N.D. Mettinger descreve o caso em termos semelhantes:

Há atualmente o que equivale a um consenso acadêmico contra a adequação do conceito [de deuses que morrem e ressuscitam]. Aqueles que ainda pensam diferente são vistos como membros remanescentes de uma espécie quase extinta [...].[19]

Assim, o verdadeiro mito é que a história de Cristo foi pega emprestada de outros mitos antigos. A história de Cristo é única e enraizada na História, não em mitologia.

Outro fator importante que deve ser mencionado saiu de minha entrevista com William Lane Craig. Ele falou sobre as motivações antissemitas de muitas dessas histórias falsas que tentaram destituir Jesus de suas origens judias. Se os críticos pudessem vincular o evangelho aos mitos egípcios e persas, então o fato de que Jesus era judeu poderia ser obscurecido e a história revista.

Pelas ruas de Jerusalém, hoje, ninguém duvida de que Jesus era judeu. A história de sua vida e sua morte estão por toda a cidade. Uma das minhas grandes alegrias é ter muitos amigos judeus em Israel que compartilham muito em comum comigo, como cristão. O fato primário que nos separa não são a vida e a morte de Jesus, mas a ressurreição. É a ressurreição de Cristo que dá o testemunho histórico e é a prova que ancora a nossa fé.

Jesus: mais que um homem

[...] Seu Filho, [...] que mediante o Espírito de santidade foi declarado Filho de Deus com poder, pela sua ressurreição dentre os mortos: Jesus Cristo, nosso Senhor.

Romanos 1:3-4

Dave Sterrett, um evangelista e apologeta cristão, resume estes pensamentos de Gary Habermas:

Praticamente todos os estudiosos concordam que as seguintes afirmações sobre Jesus e seus seguidores são historicamente verdadeiras:
- Jesus morreu por crucificação romana.
- Ele foi sepultado, mais provavelmente em um tumba particular.
- Pouco tempo após isso, os discípulos ficaram desencorajados, enlutados e desanimados, tendo perdido a esperança.
- O túmulo de Jesus foi encontrado vazio muito brevemente depois de seu sepultamento.
- Os discípulos tiveram encontros com o que eles acreditaram ser o Jesus ressuscitado.
- Devido a essas experiências, a vida dos discípulos foi completamente transformada. Eles estavam dispostos a até mesmo morrer por sua crença.
- A proclamação da ressurreição de Cristo aconteceu muito cedo, desde o início da história da Igreja.
- O testemunho e a pregação pública da ressurreição feitos pelos discípulos ocorreram na cidade de Jerusalém, onde Jesus havia sido crucificado e sepultado pouco antes.[20]

A única explicação plausível para tais fatos é que Jesus realmente morreu e ressuscitou dentre os mortos. Portanto, a ressurreição de Jesus Cristo foi um milagre sobrenatural, que demonstrou que Deus existe e que Jesus é o Salvador do mundo, prometido nas Escrituras. Como poderia o cristianismo ter começado no mesmo lugar onde teria sido mais fácil refutá-lo, em Jerusalém, três dias depois de Jesus ter sido crucificado? Por ser histórica a ressurreição, está sujeita aos testes de qualquer evento histórico para se determinar de uma forma razoável se ele realmente aconteceu. E, como mostrado, os fatos demonstram claramente a sua realidade.

Deus revela-se no extraordinário

A objeção fundamental contra a ressurreição não vem de um ponto de vista histórico, mas de um filosófico. Este se baseia no argumento de David Hume de que devemos aceitar como verdade os eventos que são a explicação mais provável, que seguem o padrão mais probabilístico.

No entanto, nem todos os eventos da vida real seguem padrões previsíveis. Os suspeitos mais usuais nem sempre são os verdadeiros culpados. Juntar uma série de testemunhas e pistas nos permite seguir as linhas de evidências que podem nos levar às respostas que buscamos. Em casos de justiça criminal somos exigidos a seguir as evidências aonde quer que elas levem. Quanto mais devemos fazer isso na procura de evidências de Deus?

Um evento como a ressurreição era realmente colossal e incomum. O fato de que os mortos costumam permanecer mortos faz da ressurreição de Cristo um evento miraculoso e singular que desafiou as probabilidades e quebrou o curso esperado da natureza. O que mais devemos esperar que Deus faça para se revelar à humanidade? Os milagres de Jesus eram sinais também de que ele não era um homem comum. Eles não eram truques de mágica usados por alguém que tenta explorar as massas para lucrar; eram sinais que apontavam para Deus e o cumprimento de sua salvação prometida.

Lee Strobel, anteriormente jornalista do *Chicago Tribune*, decidiu produzir a defesa da ressurreição de Jesus de um ponto de vista histórico, usando os princípios para a verificação que um advogado usaria para avaliar uma defesa. Ele explica a evidência em favor da ressurreição por meio de cinco pontos.[21] Estes representam os eventos que a História aponta como fatuais.

1. Execução

Jesus morreu. Os romanos eram especialistas em crucificação, e os soldados eram encarregados dela sob pena de morte para garantir que a vítima morresse na cruz. Sob nenhuma circunstância um indivíduo crucificado sobreviveria ao suplício. A certeza da morte de Jesus foi confirmada em um artigo do *Jornal da Associação Médica Americana*:

> Claramente o grosso da evidência histórica e médica indica que Jesus estava morto antes que a ferida à sua lateral fosse infligida e apoia a visão tradicional de que a lança penetrou entre as costelas direitas, provavelmente perfurando não apenas o pulmão direito, mas também o pericárdio e o coração e, assim, asseguraram sua morte. Portanto, interpretações com base na suposição de que Jesus não morreu na cruz parecem estar em desacordo com o conhecimento médico moderno.[22]

2. Túmulo vazio

Após sua morte, Jesus foi sepultado em um túmulo de propriedade de José de Arimateia, um líder do povo judeu. O depósito do corpo de Jesus foi chamado pelo falecido John A.T. Robinson, da Universidade de Cambridge, "um dos fatos [...] mais bem-confirmados que temos sobre o Jesus histórico".[23]

Não só ele foi sepultado, como também sua sepultura estava vazia após três dias. O fato de que, naquele tempo, houve um boato que persiste até hoje, afirmando que os discípulos roubaram o corpo, dá mais provas de que o túmulo estava vazio.

Penso que não devemos duvidar de que, dada a execução de Jesus pela crucificação romana, ele estivesse realmente morto, e que sua tumba temporária tenha sido encontrada vazia pouco tempo depois.[24]

Uma vez que os discípulos proclamaram a ressurreição na mesma cidade da crucificação e do sepultamento, os romanos poderiam ter facilmente exibido o corpo, *se* ele não tivesse desaparecido. As primeiras testemunhas do túmulo vazio eram mulheres, algo que os discípulos jamais teriam fabricado, uma vez que o testemunho das mulheres não era considerado confiável.

3. Testemunhas

A evidência histórica mais forte da ressurreição é o testemunho de testemunhas oculares, os discípulos e mais de quinhentas outras testemunhas, que mais tarde incluiriam o apóstolo Paulo.

> O que primeiramente lhes transmiti foi o que recebi: que Cristo morreu pelos nossos pecados, segundo as Escrituras, foi sepultado e ressuscitou no terceiro dia, segundo as Escrituras, e apareceu a Pedro e depois aos Doze. Depois disso apareceu a mais de quinhentos irmãos de uma só vez, a maioria dos quais ainda vive, embora alguns já tenham adormecido. Depois apareceu a Tiago e, então, a todos os apóstolos; depois destes apareceu também a mim, como a um que nasceu fora de tempo.
> 1Coríntios 15:3-8

A transformação nesses primeiros discípulos foi tão grande que até mesmo estudiosos céticos do Novo Testamento reconhecem que eles realmente acreditavam que haviam encontrado Cristo ressuscitado. Por exemplo, sendo famosos estudiosos do Novo Testamento, os céticos E.P. Sanders e Bart Ehrman, reconhecem tal fato:

> Em minha opinião, é um fato que os seguidores de Jesus (e Paulo, mais tarde) tiveram experiências com a ressurreição. Qual foi a realidade que deu origem às experiências eu não sei.[25]

> É um fato histórico que alguns dos seguidores de Jesus passaram a acreditar que ele tinha sido ressuscitado dentre os mortos logo após sua execução. Conhecemos alguns desses crentes pelo nome, um deles, o apóstolo Paulo, afirma muito claramente ter visto Jesus vivo após sua morte. Assim, para o historiador, o cristianismo começa após a morte de Jesus, não com a própria ressurreição, mas com a crença na ressurreição.[26]

Uma das características mais marcantes do relato das testemunhas oculares da ressureição de Jesus, como afirmado anteriormente, é que as primeiras eram mulheres. A Igreja primitiva nunca teria inventado isso porque, naquele tempo, o testemunho das mulheres não era considerado válido ou admissível como prova.

4. Registros primitivos

Os registros da ressurreição originam-se no período imediatamente após o evento da crucificação. John Dominic Crossan, estudioso do Novo Testamento e cético, escreveu com Jonathan Reed:

> Paulo escreveu de Éfeso aos coríntios no início dos anos 50 d.C. Mas disse em 1Coríntios 15:3 que "O que primeiramente lhes transmiti foi o que recebi". A fonte e a época mais prováveis dessa recepção da tradição teria sido Jerusalém nos anos 30, quando, segundo Gálatas 1:18, ele fora "a Jerusalém para conhecer Pedro pessoalmente e estive com ele quinze dias".[27]

5. Surgimento da Igreja

A prova final para a ressurreição é a formação da Igreja primitiva. Antes da ressurreição, quase todos os seguidores de Jesus o abandonaram. Muitos fugiram temendo por suas vidas. Então, de repente seus seguidores se uniram e formaram a Igreja cristã. Esse grupo de crentes não só corajosamente proclamou que Jesus ressuscitara dos mortos, mas também centrou sua vida em celebrar o ocorrido e seguir seus ensinamentos. Ao final, a Igreja cresceu apesar da grande oposição, até dominar o Império Romano e se espalhar por todo o mundo conhecido.

> Esse bando de apóstolos assustados, apavorados, estava prestes a jogar fora tudo para fugir em desespero para a Galileia quando esses camponeses, pastores e pescadores, que traíram e negaram seu mestre e, em seguida, falharam miseravelmente com ele, de repente puderam ser mudados da noite para o dia em uma sociedade missionária confiante, convicta da salvação e capaz de trabalhar com muito mais sucesso depois da Páscoa do que antes da Páscoa. Nenhuma visão ou alucinação é suficiente para explicar tal transformação revolucionária.[28]

Essa súbita emergência da comunidade cristã pode ser vista como o "terceiro Big Bang" na história. O primeiro foi o início do universo, o segundo foi a explosão cambriana e o terceiro foi a explosão ou surgimento repentino da comunidade cristã.

O que a ressurreição significa?

O fato de que Jesus de Nazaré foi ressuscitado dentre os mortos depois de três dias seria simplesmente uma curiosidade se não fosse pelo significado atribuído ao evento pelas Escrituras (ver 1Coríntios 15:1-3). Por meio da Palavra de Deus, somos capazes de compreender o sentido da ressurreição.

1. Jesus é o Filho de Deus

A existência de várias religiões tem levado alguns a perguntar: como poderia haver tal confusão se Deus é real? Três das cinco grandes religiões — o cristianismo, o judaísmo e o islamismo — estão ligadas pela crença comum em figuras como Abraão, Moisés e Jesus; mas mesmo essas religiões têm diferenças significativas entre si. A única resposta é que as pessoas foram de alguma forma separadas da divindade, como ensinado pelas Escrituras. Portanto, todas as visões da divindade seriam diferentes e imperfeitas. A ressurreição de Jesus, no entanto, demonstra que ele é verdadeiramente o Filho de Deus ou a sua representação perfeita na terra. Esse fato separa o cristianismo de qualquer outra religião ou filosofia e faz de Jesus a única fonte confiável para se conhecer a Deus plenamente.

2. Suas palavras são verdadeiras

Por causa da ressurreição podemos ter confiança de que as palavras de Jesus são as palavras de Deus. A sua ressurreição foi o cumprimento das promessas feitas a Abraão e Moisés e aos profetas. Jesus disse: "Os céus e a terra passarão, mas as minhas palavras jamais passarão" (Mateus 24:35). Quando os profetas do Antigo Testamento falavam, prefaciavam suas observações com a frase "Assim diz o Senhor", mas quando Jesus falava, dizia: "Afirmo" (Lucas 21:3). A diferença? Deus estava falando.

3. Nossos pecados estão perdoados

A grande busca da humanidade é ser aceita por Deus e considerada justa. A questão é: o que Deus espera de nós? Ele espera que guardemos a lei moral. Quando essa lei moral é quebrada, o crime cometido é chamado de pecado. Jesus Cristo oferece o perdão real porque a ressurreição verificou que sua morte para o pagamento de nossos pecados foi aceita. "Ele foi entregue à morte por nossos pecados e ressuscitado para nossa justificação" (Romanos 4:25). Justificação é um termo legal que declara que não somos culpados.

4. Deus existe

O milagre da ressurreição demonstra que Deus não está morto! Na cosmovisão naturalista, os milagres são impossíveis devido à filosofia que sugere que não devemos aceitar um ato improvável como verdadeiro. Eles esquecem que Deus criou as leis da natureza e pode interpor algo externo ao sistema. Porque há leis que explicam o que acontece ordinariamente, somos capazes de saber quando algo extraordinário aconteceu. Deus revelou sua natureza e caráter tanto por meio das leis e dos processos ordinários que ele estabeleceu quanto por meio de milagres extraordinários, como a ressurreição de Jesus Cristo.

5. Certeza é possível

Porque Cristo foi ressuscitado dentre os mortos, o dom da certeza foi dado a nós. É irônico que um dos mais importantes princípios científicos seja chamado de princípio da incerteza. Em suma, não podemos saber simultaneamente a velocidade e a localização de uma partícula subatômica. Há outras ideias, como as oferecidas por Immanuel Kant, no século XVIII, que afirmam que não podemos realmente saber o que está além do mundo físico. Essas ideias revelam as limitações do conhecimento. Há limites para a nossa compreensão finita.

O milagre na ressurreição de Cristo é que ela demonstra como Deus rasgou o véu do mundo físico, tornando-se um ser humano em Jesus Cristo. A ressurreição atestou a veracidade dessa realidade. Embora ainda sejamos limitados no que podemos saber em definitivo, Deus nos deu a capacidade de saber que ele é real, sua Palavra é a verdade, e há vida após a morte. Assim como meus filhos, que não são capazes de entender certas coisas, mas conseguem saber o suficiente para confiar em mim como seu pai, mediante a ressurreição de Jesus podemos saber o suficiente para confiar em Deus quanto às coisas que não podemos compreender deste lado da eternidade.

O nome acima de todo nome

Nenhum outro nome produz tal reação como o nome de Jesus Cristo. Todas as figuras religiosas juntas não geram tanto debate ou controvérsia. "Não há salvação em nenhum outro" (Atos 4:12). A razão de Cristo ser a única fonte de salvação é que ele fez o que nenhuma outra pessoa fez ao viver uma vida perfeita e, em seguida, ofereceu a vida pelos pecados do mundo.

A morte e a ressurreição de Cristo verificam sua identidade como Filho de Deus e provam que suas palavras foram as palavras do próprio Deus. É porque Deus se fez homem em Jesus que nos foi dado o dom da certeza. Como seres finitos, não podemos ter certeza sobre tudo, mas podemos estar certos o suficiente para confiar em Deus nas coisas que não conseguimos saber.

> Seja a atitude de vocês a mesma de Cristo Jesus,
> que, embora sendo Deus, não considerou
> que o ser igual a Deus era algo a que devia apegar-se;
> mas esvaziou-se a si mesmo, vindo a ser servo,
> tornando-se semelhante aos homens.
> E, sendo encontrado em forma humana,
> humilhou-se a si mesmo e foi obediente até a morte,
> e morte de cruz!
> Por isso Deus o exaltou à mais alta posição
> e lhe deu o nome que está acima de todo nome,
> para que ao nome de Jesus se dobre todo joelho,
> nos céus, na terra e debaixo da terra,
> e toda língua confesse que Jesus Cristo é o Senhor,
> para a glória de Deus Pai.

Filipenses 2:5-11

Em suma, o impacto da vida de Cristo alterou o curso da história humana.

Resumo

O dr. James Allan Francis escreveu *One Solitary Life* [Uma vida solitária] no início do século XX. Essa descrição da vida e do impacto de Cristo tornou-se uma das peças mais citadas e amadas da literatura cristã desde aquela época.

Ele nasceu em um vilarejo obscuro, filho de uma camponesa. Até que ele tivesse trinta anos, trabalhou em uma oficina de carpinteiro e, então, por três anos, foi um pregador itinerante. Ele não escreveu livros. Ele não tinha nenhum cargo. Ele nunca teve uma casa. Ele nunca esteve em uma cidade grande.

Ele nunca viajou mais do que duzentas milhas do lugar em que nasceu. Ele nunca fez nenhuma das coisas que comumente acompanham a grandeza. As autoridades condenaram seus ensinamentos. Seus amigos o abandonaram. Um o entregou aos seus inimigos por uma quantia insignificante. Um o negou. Ele passou pelo escárnio de um julgamento.

Ele foi pregado numa cruz entre dois ladrões. Enquanto estava morrendo, seus executores faziam jogatina pelo único pedaço de propriedade que ele possuiu na terra: sua túnica. Quando ele estava morto, foi retirado e colocado em um túmulo emprestado.

Dezenove séculos vieram e se foram; ainda hoje ele é a glória da raça humana, o adorado líder de centenas de milhões de habitantes da terra. Todos os exércitos que já marcharam, e todas as marinhas que já foram reunidas, e todos os parlamentos que já existiram, e todos os governantes que já reinaram, todos eles juntos, não influeciaram a vida do homem sobre a terra tão profundamente como aquela única Vida Solitária.[29]

CAPÍTULO 8
O TESTEMUNHO DAS ESCRITURAS

A existência da Bíblia, como um livro para o povo, é o maior benefício que a raça humana já experimentou. Toda a tentativa de menosprezar isso [...] é um crime contra a humanidade.

— IMMANUEL KANT,
Loose leaves from Kant's Estate [Folhas soltas na propriedade de Kant][1]

Eu acredito que a Bíblia é o melhor presente que Deus já deu ao homem. Todo o bem do Salvador do mundo nos é comunicado por meio do Livro. Não fosse por ele, não saberíamos distinguir o certo do errado.

— ABRAHAM LINCOLN[2]

O KING DAVID HOTEL EM JERUSALÉM É um dos lugares mais pitorescos e historicamente significativos no mundo. Tantas tramas se deram lá, de negociações entre chefes de Estado até bombardeios durante a contínua crise no Oriente Médio. Foi lá que conheci um dos homens mais incomuns do mundo, George Blumenthal. Além de ser um pioneiro na indústria de telefonia celular, sua paixão é a digitalização de documentos raros, como os Pergaminhos do Mar Morto, os quais ele digitalizou para o Museu de Israel.[3] e *

George é realmente um dos personagens mais coloridos que eu já conheci. Ele até já teve pequenas participações em vários filmes, incluindo breves aparições em *Wall Street* e *Wall Street: o dinheiro nun-*

---

* N.T.: George Blumenthal financiou a digitalização dos pergaminhos por meio de sua fundação, *Center for Online Jewish Studies* [Centro de Estudos Judaicos Online] (www.cojs. org). O reconhecimento desse fato é registrado pelo Museu de Israel, Jerusalém, em seu site: http://dss.collections.imj.org.il/project.

ca dorme, com seu amigo Michael Douglas. "Eu gostaria que você pudesse vir comigo amanhã", disse-me ele. "Estou dando a Jerry Bruckheimer [produtor de cinema] e a alguns outros um pequeno passeio pela cidade." Sua pequena turnê incluiria algumas das mais fantásticas escavações arqueológicas que desvendam a Israel dos últimos 5 mil anos.

Minha esposa Jody e eu tínhamos programado sair no dia seguinte e infelizmente recusamos o convite. Ao longo dos dois anos seguintes, encontrei-me com George em várias ocasiões. Quando nos conhecemos, em 2006, ele era um agnóstico quanto à existência de Deus, mas sua paixão pela história e pela arqueologia em torno da Bíblia estava causando um impacto em seu ceticismo. "As pessoas e os lugares que a Bíblia menciona são de verdade, de fato", ele me disse.

Nossos caminhos se cruzaram novamente em 15 de maio de 2008, na Organização das Nações Unidas (ONU). Ambos participamos de um pequeno evento próximo do sexagésimo aniversário do Estado moderno de Israel. George estava animado com mais uma descoberta que confirmava a exatidão histórica da Bíblia. Senti que tinha chegado o momento de sugerir que ele ligasse os pontos entre as realidades históricas que ele estava listando e o Deus da história que estava por trás de tudo isso. Fiz uma pausa para tomar coragem e disse: "George, você acredita agora?" A pergunta pareceu atingi-lo bem entre os olhos. Ele parou um pouco, como se dissesse: "Deixe-me pensar sobre isso."

Quase um mês depois, uma entrega especial de George chegou à nossa casa. Dentro dessa caixa estavam cuidadosamente embalados antigos artefatos datados entre 1000 a.C. (época do rei Davi) e 400 d.C. Ficamos sem palavras com aquela incrível coleção de antiguidades e os certificados de autenticidade que ele nos tinha dado. Junto com os artefatos, estava uma carta escrita à mão por George, de 20 de junho de 2008:

Caros Rice e Jody,

Em resposta à sua pergunta "George, você acredita?", do mesmo modo como Einstein acreditava, eu acredito no Criador do universo. Além disso, eu acredito no Criador que nos deu o monoteísmo ético no monte Sinai para complementar o dom do livre-arbítrio que ele já nos dera. Agora, está em nossas mãos fazer do mundo um lugar melhor! Eu tenho esperado por anos para dar a alguém — a pessoa certa — este conjunto de antiguidades. Por favor, admire-os em sua casa e compartilhe-os com outros!

Atenciosamente,

George B.

Ele era profundamente grato pela sua herança judaica, mas era agnóstico. Ao olhar para os fatos da História e ter uma vontade de seguir a evidência aonde quer que ela levasse, ele encontrou a fé em Deus.

Recentemente, fiz-lhe outra pergunta: "George, como cristão, tenho minha crença ancorada na ressurreição de Cristo como evidência clara para minha fé. Como judeu, o que ancora a sua fé?"

Ele não hesitou: "A Bíblia hebraica." Passou a contar sobre a integridade do *Tanakh* (o nome judeu para o Antigo Testamento), verificada através de descobertas tais como a dos Pergaminhos do Mar Morto.

É essa Bíblia que fornece uma outra testemunha convincente para a longa lista de evidências que aponta para o fato de que Deus não está morto.

"Os livros"

Isso é o que *Bíblia* significa literalmente. Parece um livro, mas é uma antologia, uma coleção de 66 livros diferentes escritos por cerca de quarenta autores distintos ao longo de 1600 anos. Esses livros foram copiados à mão e fielmente transmitidos a nós hoje. Não foi antes de 1454 que, por meio da prensa de Johannes Gutenberg, foi rodada a primeira Bíblia impressa.

Escrituras refere-se ao que os cristãos chamam Antigo e Novo Testamentos. O Antigo Testamento abrange o período desde o início do universo e da criação da vida até a refundação de Israel após o exílio na Babilônia, cerca de 400 a.C. De maneira mais proeminente, ela é o registro das relações de Deus com o povo de Israel. O Novo Testamento começa com a vida de Jesus em 4 a.C., descreve a Igreja cristã primitiva e termina com uma visão do fim do mundo no livro do Apocalipse.

Os livros do Antigo Testamento foram escritos primeiramente em hebraico. Estes foram traduzidos para o grego entre os séculos III e I a.C. e se tornaram conhecidos como a versão da Septuaginta ou LXX. "O nome vem de *septuaginta*, palavra latina para 'setenta'."[4] [Refere--se aos setenta e dois tradutores que se diz terem trabalhado neste projeto.] Esta versão foi utilizada pela Igreja primitiva enquanto ela se expandiu para o mundo não judaico mais amplo.

Os livros do Novo Testamento foram escritos originalmente em grego. Os primeiros escritos, a carta aos gálatas e as outras epístolas, apareceram cerca de vinte anos depois da ressurreição de Cristo.[5] Eles testemunham o fato de que Cristo tinha sido ressuscitado em completa harmonia com as Escrituras do Antigo Testamento e em cumprimento a elas. O primeiro relato da vida de Jesus, o Evangelho de Marcos, apareceu pela primeira vez entre 50 d.C. e 70 d.C. Todos os livros do Novo Testamento foram escritos no primeiro século e foram referenciados nos escritos dos pais da Igreja primitiva.

Esta é uma diferença fundamental para se distinguir os escritos verdadeiros daqueles que são falsos e espúrios: os verdadeiros Evangelhos foram escritos no primeiro século, enquanto os outros, impostores (como os evangelhos de Tomé e Judas) foram escritos no segundo século. Mais importante, os verdadeiros Evangelhos foram reconhecidos por todo o mundo conhecido como tendo se originado a partir de apóstolos ou associados próximos.

O que aconteceu com os originais?

Os escritos originais do Novo Testamento são chamados de *autográficos*. Estes foram escritos em material perecível, os quais não mais possuímos. Isso significa que não podemos saber o que foi escrito originalmente? Claro que podemos saber. Lembre-se, todos os livros antigos eram copiados à mão e passados adiante. Nós estudamos essas cópias através da ciência da crítica textual.

Imagine que você está em uma sala de aula com uma centena de estudantes em um *campus* universitário. O instrutor coloca uma carta do reitor da universidade no projetor. A classe inteira é convidada a copiar a carta e manter a cópia do registro que criar. Agora, suponha que a carta original seja perdida. Poderíamos reconstruir a carta original com base nos cem exemplares que os alunos fizeram? Claro. E se houve erros em alguns dos exemplares, como palavras com erros ortográficos ou frases ignoradas devido a erro humano? A ciência da crítica textual iria ajudá-lo a decidir com um alto grau de probabilidade o que foi originalmente dito. Cada cópia seria comparada às outras e você presumiria que o texto encontrado na maioria das cópias é o texto original.

Mesmo que as cópias dos livros do Novo Testamento não tenham sido escritas ao mesmo tempo ou na mesma região, os estudiosos da Bíblia têm várias estratégias que os ajudam a determinar o que os autógrafos diziam. Alguns tomam as inúmeras cópias do Novo Testamento e reconstroem o que foi escrito pelo "texto majoritário", ou seja, o que a maioria dos manuscritos teria dito. A maioria usa outros métodos mais complexos e sofisticados do que este, mas comparar numerosos manuscritos é um entendimento básico de como os originais podem ser reconstruídos.

Na verdade, apenas em grego, mais de cinco mil manuscritos já foram descobertos, vários datados de antes do ano 300 d.C. Com a abundância de fontes do Novo Testamento, os estudiosos modernos são capazes de reconstruir 99% do Novo Testamento com extrema confiança.[6] Em contraste, a maioria das reconstruções da literatura antiga não bíblica são baseadas em uns poucos textos escritos muitos séculos depois do original.

Além das cópias dos livros e das cartas do Novo Testamento, há o enorme número de referências que são feitas aos escritos neotestamentários pelos escritos dos cristãos. Na verdade, poderíamos reconstruir a maioria do Novo Testamento somente a partir destes escritos. Dr. Dan Wallace, um dos mais importantes estudiosos atuais da matéria confirma isso:

Agora, se você destruísse todos os manuscritos, nós não seríamos deixados sem testemunha. Isso porque os líderes cristãos antigos conhecidos como Pais da Igreja escreveram comentários sobre o Novo Testamento. Até a presente data, mais de 1 milhão de citações do Novo Testamento feitas pelos Pais da Igreja foram registradas. "Se todas as outras fontes para o nosso conhecimento do texto do Novo

Testamento fossem destruídas, [as citações patrísticas] seriam suficiente por si só para a reconstrução de praticamente todo o Novo Testamento."[7]

A importância dos Pergaminhos do Mar Morto

Em 1947, um pastor de 15 anos cuidava de rebanhos com seus primos em Cunrã, na Palestina, perto do mar Morto. Ele jogou uma pedra em uma caverna e ouviu o barulho de cerâmica quebrando. Entrando na caverna para investigar o som incomum, ele encontrou vários jarros de barro contendo escritos que remetiam ao século II a.C. Documentos naquela e em outras cavernas similares incluíam ao menos fragmentos de todos os livros do Antigo Testamento, exceto o livro de Ester. As cópias eram mil anos mais antigas do que qualquer manuscrito hebraico da Bíblia descoberto até aquele momento.

Os pergaminhos deram aos estudiosos a notável capacidade de comparar o quanto os escritos tinham mudado ao longo dos anos. Alguns eram essencialmente os mesmos. Em particular, todo o livro de Isaías foi identificado. Surpreendentemente, o texto era 95% idêntico ao das Bíblias de hoje, e a maior parte das diferenças estavam em erros de ortografia simples ou deslizes da pena facilmente identificáveis.[8]

Ela foi escrita por homens?

Esta pergunta é frequentemente feita: a Bíblia foi escrita por homens? Absolutamente, sim. Muitos desses livros têm os nomes dos escritores no seu título: Isaías, Jeremias, Jó, Marcos, Judas. Mas isso é só parte da história. Esses livros trazem as marcas de inspiração divina e, em última instância, da autoria divina. É por isso que eles são mencionados como a Palavra de Deus, não apenas em um sentido metafórico, mas de uma forma muito real. Não apenas na inspiração, mas em sua autoridade. Jesus descreveu de forma inequívoca as Escrituras como sendo completamente confiáveis e dotadas de autoridade, até mesmo nas menores marcas (ver Mateus 5:18). Sua ressurreição dos mortos confirmou que ele era Deus, então pode-se também confiar na sua autenticação das Escrituras.

A Bíblia contém mandamentos e leis comumente citadas como os "não farás". Eles não são apenas proibições, mas as declarações da realidade que funcionam como leis morais. Assim como com a gravidade e a relatividade, que operam no mundo físico, quebrar essas leis morais tem consequências. Se você estiver dirigindo pela estrada e vir uma placa de alerta que diz "Perigo! Ponte quebrada!", você não vai se ressentir da placa ou da pessoa que a colocou lá. O objetivo dela é proteger você, não prejudicá-lo. O mal vem de se ignorar a placa. Da mesma forma, o dano vem de se ignorar os mandamentos de Deus.

Mas também há promessas. Deus é um criador e mantenedor de promessas. Eu "o abençoarei" (Gênesis 12:2), ele diz. "'Honra teu pai e tua mãe' — este é o primeiro mandamento com promessa — 'para que tudo te corra bem e tenhas longa vida sobre a terra'" (Efésios 6:2-3). Há mais promessas do que mandamentos, mais de 7 mil delas, na verdade. Há promessas que, na verdade, nos ajudam a guardar os mandamentos. "Amados, visto que temos essas promessas, purifiquemo-nos de tudo o que contamina o corpo e o espírito" (2Coríntios 7:1). Deus não dá mandamentos que sabe que não podemos guardar, mas não conseguimos guardá-los sem a ajuda dele.

É como o computador da Apple que estou usando para escrever este livro (a analogia aplica-se a usuários de PC também). Para saber como ele funciona, tenho que consultar o manual de instruções que a Apple me forneceu. Devo consertá-lo com peças da Apple e usar um cabo de carga feito especificamente para os computadores da Apple. Eu nunca consideraria esses requisitos exclusivistas ou injustos. Concentro-me mais nas coisas incríveis que o computador pode fazer e vejo como úteis as instruções de utilização correta — e não como algo cansativo.

Da mesma forma, pelo fato de sermos projetados por Deus, nós funcionamos melhor com seu poder e sua verdade, seguindo suas instruções. Qualquer desvio nos machuca, do mesmo modo como colocar água em vez de gasolina no motor de um automóvel irá dificultar o seu funcionamento. Deus quer nos dar poder para vivermos de forma otimizada no mundo que ele fez, por isso nos deu instruções precisas sobre como fazê-lo. A Bíblia, em um sentido real, é o manual de instruções para a vida.

O livro mais popular no mundo

Não há como se exagerar a importância da Bíblia em termos de como ela tem moldado a História, como deu valor e dignidade à humanidade, definiu o bem e o mal, concedeu direitos a mulheres e crianças, mostrou que todos os que temem a Deus são bem-vindos em sua presença (ver Atos 10:35). É seguro dizer que você não consegue compreender o mundo em que vivemos sem entender a Bíblia. Desde a fundação da civilização ocidental até a crise no Oriente Médio, a Bíblia é a chave para se entender as origens desses e de outros eventos.

O conhecimento de Deus que vem através da criação é a revelação geral. Há evidência suficiente de Deus naquilo que ele criou, motivo por que somos "indesculpáveis" ao rejeitarmos a sua existência (ver Romanos 1:20). A Bíblia é a revelação especial de Deus ao homem uma vez quer que nos dá maior clareza a respeito de como Deus é. A revelação especial é como colocar óculos e ver claramente aquilo que só conseguimos ver parcialmente por meio da revelação geral.

Você lê a Bíblia literalmente?

Bem, em primeiro lugar, é importante, literalmente, ler e não apenas possuir uma Bíblia. Ter uma Bíblia bem grande em sua mesa ou sobre sua cabeceira não vai ajudá-lo muito. Muitos céticos que descartam a Bíblia, na verdade, nunca a leram. Pegá-la e correr os olhos por ela é tão útil para a sua vida quanto pegar um livro de cálculo diferencial e passar os olhos por ele irá ajudá-lo a construir um foguete.

Existem vários tipos de literatura na Bíblia: poética, alegórica, histórica, didática, epistolar, apocalíptica, profética, além de parábolas e outros gêneros. Dizer que você lê a Bíblia literalmente significa que você considera que o que o autor intentava transmitir foi a mensagem escrita. Há muitas teorias que os críticos têm apresentado para diminuir o peso da autoridade da Bíblia. Alguns argumentos são sofisticados e cheios de sutilezas. Outros beiram o absurdo. Em um *campus* universitário, as coisas podem ficar bem hilárias.

Uma vez um estudante se aproximou de mim e disse: "Eu acredito que a Bíblia veio do espaço exterior." Eu tinha acabado de falar na Universidade de Calgary, no Canadá, e estava respondendo a perguntas no *pub* do *campus* onde fora realizada a reunião. (Os líderes cristãos que me convidaram estavam preocupados com que eu não me sentisse confortável falando em um bar, o que me fez rir quando eu lembrei os meus dias na universidade, trabalhando em um bar local. Era um ambiente muito mais fácil de encarar do que um monte de igrejas em que já estive. Certamente é muito mais facil conseguir que as pessoas no bar cantem junto do que em alguns cultos a que já assisti às oito horas no domingo.)

A jovem que me disse acreditar que a Bíblia era o produto de alienígenas visitando o nosso planeta e dando início à vida foi muito sincera na sua explicação. Tentei levá-la a sério e não cair na gargalhada. Na verdade, foi uma ideia bastante nova em relação ao que eu tinha ouvido os alunos dizerem no passado. Normalmente sou abordado com declarações típicas, como "A Bíblia está cheia de contradições", ou com teorias conspiratórias baseadas em *O Código Da Vinci*,[9] alegando que as Escrituras foram corrompidas ou produzidas por sacerdotes para atenderem a seus próprios interesses ou pelo imperador Constantino, por volta do ano 325 d.C.

Dei um passo para trás, olhei para um colega missionário do *campus*, que estava em pé ao meu lado, e pensei: "O que vou dizer a ela?" E então fui atingido por uma ideia como um raio de inspiração do céu: "Se pessoas extraterrestres se deram ao trabalho de vir até aqui para deixar a Bíblia pra você, não acha que deveria lê-la?"

A estudante ficou surpresa com a minha resposta e, lentamente, balançou a cabeça em concordância. Eu simplesmente admiti o argumento de E.T. como se fosse verdade. Se ela realmente acreditava que a Bíblia tivesse esse tipo de origem incomum, deveria ser motivação suficiente para ao menos lê-la.

A crença na existência de Deus não depende de alguém abraçar a verdade de que as Escrituras são a revelação de Deus para o homem. William Lane Craig, que certamente acredita que a Bíblia é a Palavra de Deus, ofereceu-me conselhos sobre como proceder no debate sobre esse tema vital. Sua estratégia é demonstrar que a Bíblia é um livro historicamente confiável que dá claro testemunho de que Cristo viveu, morreu e ressuscitou. Na opinião de Craig, é importante não desviar o foco em uma defesa da infalibilidade das Escrituras, especialmente se alguém não acredita em Deus. O dr. Dan Wallace concorda com essa abordagem:

> A maneira como abordo o assunto é reconhecendo o primado de Cristo como Senhor da minha vida, como mestre soberano do universo. E, quando eu olho para as Escrituras, em primeiro lugar, elas têm de ser os documentos que considero relativamente confiáveis para nos orientar sobre o que Cristo fez e o que Deus tem feito na história. Com base nisso, sobre essa fundação, começo a olhar para ele de outras maneiras, diversas dessa.[10]

Em outras palavras, a Bíblia nos dá um relato confiável da vida, da morte e da ressurreição de Cristo. Sua identidade como Filho de Deus foi verificada por sua ressurreição. Nossa fé é antes de tudo nele e, por causa de sua autoridade, nos aproximamos das Escrituras tomando-as como verdadeiras e confiáveis.

Alguns céticos acham que podem descartar a Bíblia como um testemunho da existência de Deus se rejeitarem a possibilidade de que Deus possa usar as palavras para se revelar. É óbvio que, se você não acredita em Deus, não vai acreditar que é possível que as Escrituras possam ser divinamente inspiradas. Um *tweet* ou post do blog típico do mundo dos ateus na internet transmite uma atitude leviana do incrédulo comprometido: "Você realmente acha que alguém poderia ser persuadido a acreditar que um deus é real citando um livro religioso?" Essa pergunta é o equivalente intelectual a uma bala perdida. Um pensamento absolutamente aleatório, irracional, que só irá ferir espectadores ingênuos.

Não seria possível pintar para alguém um retrato fiel da história da América ou qualquer outro país lendo sua história em um livro? Claro que sim. Certamente há uma diferença entre ficção e não ficção. A Bíblia não começa com "Era uma vez" nem "Há muito tempo, numa galáxia muito, muito distante." Ela está enraizada na História — história verificável.

A frase "Assim diz o Senhor" ocorre centenas de vezes nas páginas da Bíblia. Isso aponta para a origem divina desses escritos sagrados. O testemunho final de sua autoridade vem do próprio Jesus. Aquele que tem a sua ressurreição verificando sua identidade como Filho de Deus disse: "Os céus e a terra passarão, mas as minhas palavras jamais passarão" (Mateus 24:35).

Para ajudá-lo a lembrar-se de alguns dos aspectos importantes que fazem a Bíblia confiável e também singular, você pode utilizar estes sete pontos abaixo:

Integridade

A Bíblia tem sido consistentemente transcrita e transmitida a nós por séculos. A noção de que ela foi corrompida a ponto de obscurecer o que foi dito originalmente simplesmente não é verdade. Os autógrafos foram escritos em material perecível e não estão mais conosco, mas há cópias suficientes desses originais para que possamos reconstruir o texto original com uma precisão de 99%. "Das cerca de 138.000 palavras do Novo Testamento, apenas cerca de 1.400 permanecem em dúvida. O texto do Novo Testamento é, portanto, cerca de 99% estabelecido. Isso significa que quando você pegar um Novo Testamento (grego) hoje, pode ter certeza de que está lendo o texto como ele foi originalmente escrito."[11] Nenhuma dessas diferenças em palavras, frases, ou versos afeta qualquer asseveração ou doutrina cristã. "A grande maioria é formada por diferenças de ortografia que não têm influência sobre o significado do texto."[12] Da mesma forma, o livro de Isaías mostrou-se praticamente inalterado ao longo dos séculos com a descoberta dos Manuscritos do Mar Morto.

Vale a pena repetir que a Bíblia é uma coleção de 66 livros escritos por cerca de quarenta escritores diferentes ao longo de um período de 1600 anos, aproximadamente. Apesar da diversidade de autores e contextos de cada livro, o tema da redenção ou salvação é consistente. De Gênesis a Apocalipse, isso é verdade. As diferentes vertentes se tecem juntas em uma bela tapeçaria representando a história redentora de Deus na história humana. Apesar de muitos assuntos serem abordados na Bíblia, um tema abrangente se desdobra com consistência para revelar a definitiva salvação encontrada em Jesus Cristo.

Precisão histórica

Os nomes e lugares mencionados são reais. Os céticos afirmam que muitas vezes o Novo Testamento é cheio de mitos e más representações tanto dos ensinamentos de Cristo quanto de seu ministério. Eles argumentam que os seguidores de Jesus estavam tão consternados com sua morte prematura que eles se autoenganaram a acreditar que ele tinha ressuscitado dos mortos. Naturalmente, tal cenário resultaria em que as percepções deles a respeito do Jesus depois da morte fossem radicalmente diferentes do Jesus histórico. No entanto, como discutido no capítulo anterior, Jesus realmente ergueu-se de entre os mortos. Por que outro motivo seus discípulos teriam corajosamente proclamado a ressurreição de Jesus no dia de Pentecostes e, finalmente, morrido como mártires defendendo suas declarações?

Portanto, sabemos com certeza que os discípulos de Jesus cuidadosamente guardaram seus ensinamentos e as histórias sobre o seu ministério. Além disso, eles os repetiram regularmente durante décadas a grande parte dos primeiros crentes. Aqueles que foram ensinados pelos discípulos então recontaram as histórias em outras comunidades inúmeras vezes. De fato, estudos de tradições orais indicam que as semelhanças e diferenças entre os Evangelhos correspondem ao que seria esperado quando as informações essenciais de uma história são verdadeiras.[13]

Os Evangelhos e o livro de Atos também apresentam uma imagem consistente uns com os outros e com os escritos do apóstolo Paulo sobre a vida de Jesus, seu ministério e ensino. Por exemplo, Lucas e Mateus, ambos, usam o Evangelho de Marcos como fonte e, possivelmente, uma outra fonte comum chamada Q. Ao comparar esses três Evangelhos, podemos dizer que ambos autores usaram suas fontes fielmente. Existem pequenas diferenças entre os relatos paralelos, mas essas tensões são geralmente explicadas em termos da flexibilidade que os autores antigos tinham para reorganizar o material, parafraseando os ensinamentos e contextualizando histórias para públicos específicos.[14] Algumas diferenças são mais difíceis de harmonizar, como os diferentes relatos sobre a morte de Judas (ver Mateus 27:5; Atos 1:18). No entanto, nenhuma de tais tensões afetam nosso entendimento da mensagem ou de eventos centrais, e nenhum historiador imparcial consideraria essas diferenças como prova de que os livros eram fabricações.

Ainda mais impressionantes, as descrições de eventos de um Evangelho se "entrelaçam" com descrições paralelas em outros Evangelhos. Por exemplo, no relato de João de uma alimentação milagrosa, Jesus perguntou a Filipe onde eles poderiam comprar comida (ver Marcos 6:5), mas nenhuma explicação é dada sobre por que Filipe foi questionado. Em Lucas, aprendemos que esse milagre ocorreu perto de Betsaida (ver Lucas 9:10), que era a cidade natal de Filipe (ver João 12:21). O fato de Jesus perguntar a Filipe, conforme descrito em João, faz sentido com a informação adicional de Lucas. Essas conexões mostram que as histórias do Evangelho devem ter sido baseadas em acontecimentos históricos reais.[15]

Verificabilidade arqueológica

A arqueologia comprovou a historicidade da Bíblia. A visão de que os autores do Novo Testamento estavam intimamente envolvidos nas histórias que descreveram é apoiada por numerosas confirmações arqueológicas. Por exemplo, o famoso arqueólogo William Ramsay confirmou que inúmeros detalhes no livro de Atos estão corretos. Ele inicialmente esperava que seus estudos refutassem a confiabilidade do livro, mas seu trabalho provou que sua teoria estava errada.

> Quanto mais eu estudo a narrativa de Atos e quanto mais aprendo, ano após ano, sobre a sociedade, os pensamentos, os usos e a organização nas províncias greco-romanas, mais eu admiro e melhor eu entendo. Propus-me a examinar a verdade na fronteira onde a Grécia e a Ásia se encontram e a encontrei [no livro de Atos]. Você pode apertar as palavras de Lucas com pressão maior do que a que se usaria sobre as de qualquer outro historiador e elas ainda se sustentam diante da mais profunda análise e do tratamento mais severo, desde que, sempre, o crítico conheça o assunto e não vá além dos limites da ciência e da justiça.[16]

Estudiosos mais recentes têm também confirmado a extraordinária confiabilidade de Lucas como historiador.[17]

Os arqueólogos também confirmam inúmeros detalhes nos Evangelhos: desde a descrição do tanque de Betesda (ver João 5:2) até detalhes sobre a moeda mencionada quando Jesus foi questionado sobre o pagamento de impostos a César (ver Marcos 12:13-17). Uma vez que muitos desses detalhes nos Evangelhos e em Atos não foram amplamente conhecidos fora dos locais originais, os autores devem tê-los mencionado a partir da experiência em primeira mão.[18]

A confiabilidade histórica do Antigo Testamento é uma questão muito mais complexa já que muitos dos eventos registrados deram-se em um passado distante. Muitos dos detalhes que foram contestados pelos céticos foram confirmados por evidências arqueológicas recentes. Em resumo, o Antigo Testamento tem se saído muito bem quando é comparado a outros documentos antigos.[19] Todas as dificuldades históricas restantes de modo algum ameaçam a confiabilidade da Bíblia.

Confiabilidade dos manuscritos

O número de manuscritos do Novo Testamento ultrapassa o de quaisquer outros documentos antigos. Por exemplo, os manuscritos da Ilíada, do escritor grego antigo Homero, são datados de mais de um milênio e meio depois do original, sendo a quantidade de menos de 2 mil deles descobertos. Mas há mais de 5 mil exemplares do Novo Testamento e mais de cem foram escritos nos primeiros quatro séculos.

Deixe-me repetir, a maioria das diferenças entre manuscritos consiste simplesmente em diferenças de ortografia, sinônimos diferentes e resumos de seções. Muito poucas diferenças significativamente representam entendimentos diferentes sobre o texto, e nenhuma altera, em todo o caso, qualquer doutrina cristã fundamental.

A descoberta dos Manuscritos do Mar Morto revelaram a surpreendente evidência da confiabilidade e da integridade dos livros do Antigo Testamento. Alegações de que os manuscritos foram de alguma forma corrompidos ao longo dos séculos pelas mãos dos rabinos e sacerdotes que os copiavam mostraram-se falsas. Se os escribas copistas da Bíblia nos tempos medievais cometessem um erro que fosse em um manuscrito, ele era imediatamente destruído. A integridade e reverência da transcrição da Bíblia é impressionante e incomparável.

Profecia

Outra dimensão assustadora da natureza sobrenatural das Escrituras é a previsão de eventos futuros, conhecida como *profecia*. Naturalmente, os estudiosos céticos têm tentado alterar a datação dos livros proféticos como se fossem de anos após as profecias se cumprirem.

Deus não está morto   167

No entanto, evidências internas, como o vocabulário e as línguas utilizadas nos livros, sugerem que eles foram, cada um, escritos durante os tempos dos autores indicados.

Várias previsões feitas em toda a Bíblia se cumpriram na História. Por exemplo, Isaías declarou com um século de antecedência que o rei Ciro da Pérsia permitiria a Israel retornar à sua terra e reconstruir o templo (Isaías 44:28). O profeta Ezequiel previu vários detalhes sobre a queda de Tiro (Ezequiel 26) e Sidom (Ezequiel 28:22-23). Da mesma forma, o profeta Daniel previu a ascensão dos próximos três impérios e a sequência geral de eventos para a vinda de Jesus (Daniel 9:24-27).

Igualmente impressionante, dezenas de profecias foram cumpridas pelo próprio Jesus Cristo. Os autores do Antigo Testamento predisseram o nascimento de Jesus em Belém (Miquéias 5:2), seu ministério na Galileia (Isaías 9:1-2), a descendência do rei Davi (Isaías 11:1) e a entrada triunfal em Jerusalém (Zacarias 9:9). Tais previsões são impressões digitais divinas por toda a Escritura.

Uma contestação feita à profecia precisa ser abordada. Como mencionado, muitas passagens do Antigo Testamento apontam claramente para Jesus, mas algumas referências de autores do Novo Testamento são mais complexas. Em particular, os escritores dos Evangelhos às vezes parecem citar textos do Antigo Testamento fora de seu contexto original. Por exemplo, Mateus cita Jeremias 31:15 em conexão com o massacre de crianças do sexo masculino na Belém de Herodes, enquanto Jeremias parece estar se referindo ao exílio judaico.

Embora tais tensões possam aparecer problemáticas para os leitores modernos, elas desaparecem quando a estrutura teológica dos escritores do Novo Testamento é totalmente compreendida. Os autores não viam um mero grupo esparso de escritos do Antigo Testamento apontando para Cristo. Em vez disso, eles viam Jesus como o cumprimento de toda a história de Israel e do chamado divino. Como tal, muitas vezes faziam conexão dos textos do Antigo Testamento que se referiam a eventos no tempo do autor original com Jesus, porque ele em grau ainda muito superior, cumpriu seu significado mais amplo.

Impacto extraordinário

As Escrituras têm alterado poderosamente a vida de indivíduos e nações inteiras. A lei moral ganha clareza específica pelas páginas da Bíblia. Os Dez Mandamentos postam-se como referência insuperável para o direito civil. Os dois grandes mandamentos de Jesus de amar Deus e amar o próximo são resumos dos Dez Mandamentos. Amar Deus é ter uma expressão específica, e amar o próximo é demonstrado não apenas por um sentimento ou uma emoção, mas por nossas ações. Se amamos nossos semelhantes, não vamos mentir para eles ou roubá-los.

Conforme comunidades inteiras foram adotando o ensino das Escrituras, a transformação se espalhou pelas cidades e até mesmo por nações inteiras. Exemplos desse tipo de mudança cultural são apresentados no capítulo 9. Em termos de impacto pessoal, o ensino da Bíblia tem dado poder aos seus leitores para superar vícios, restaurar famílias, experimentar paz e alegria e até mesmo perdoar inimigos irreconciliáveis. Testemunhos específicos de tal evidência do poder divino são apresentados no capítulo 10.

É extraordinário que a Bíblia tenha sobrevivido a todas as tentativas de desacreditá-la. Ela foi banida, queimada e desprezada, mas sobreviveu a todos os seus detratores. Os céticos muitas vezes contestam tais evidências, dizendo que muitos indivíduos e sociedades abraçaram a Bíblia sem ver resultados positivos. Um exemplo comum são as comunidades cristãs ao longo da História que agiram com racismo e demonstraram pouca preocupação com os pobres e necessitados.

Tal crítica certamente é justa. No entanto, ela ignora o fato de que o próprio Jesus previu que a maioria dos que professam segui--lo não iria querer obedecer fielmente a seus ensinamentos. Apenas acreditar na Bíblia ou mesmo apenas lê-la não transforma vidas. As pessoas devem colocar completa fé na promessa de perdão dos pecados e no poder do Espírito Santo para transformá-las de dentro para fora. Então, o Espírito Santo traz revelação divina fazendo com que as Escrituras remodelem corações e mentes dos leitores. Ler a Bíblia sem o Espírito Santo é muito parecido com assistir a uma TV sem uma antena.

Relevância

A Bíblia dá uma visão atemporal sobre a natureza de Deus e da humanidade. Seus mandamentos ainda são o melhor guia para o comportamento humano. Os céticos têm rejeitado as leis, julgando-as como simples senso comum, mas a história expõe a nossa tendência para o mal e a necessidade de contê-lo.

O último ponto poderia facilmente ser "realidade". É como se olhar no espelho. Ele mostra exatamente a sua aparência. A Bíblia mostra a imagem real da humanidade ao longo do tempo, o lado bom e o ruim. Os mais fiéis dentre o povo de Deus que pecaram têm suas histórias contadas tais quais ocorridas, sem acobertar as partes feias ou recontá-las para encobrir as manchas. Ela conta a história de pessoas reais e da vida real. É importante saber que os vários autores das Escrituras escreveram nos estilos literários de sua época e dirigiram-se aos interesses específicos de suas audiências. O Senhor divinamente guiou esse processo para garantir que eles escrevessem o que ele pretendia falar em cada circunstância particular. Mas ele também orientou os autores para assegurar que suas palavras se ligassem à história maior, que foi destinada a todas as pessoas em todas as gerações.

Os diferentes livros da Bíblia traduzem a verdade de Deus em uma vasta gama de contextos e situações culturais: antigo Oriente nômade (Êxodo), cultura ocidental cosmopolita (Romanos), cultura grega (Coríntios), fé dominante (1 e 2Samuel), fé hostil (Ester), pós-modernidade (Eclesiastes), arte e literatura (Salmos), e assim por diante. Portanto, os cristãos podem, a partir de praticamente qualquer contexto cultural e de diferentes perspectivas, identificar-se profundamente com certos livros da Bíblia. Esses livros podem alavancar o entendimento dos outros livros.

Como um determinado exemplo notável, os ocidentais modernos muitas vezes acham as genealogias de Gênesis completamente irrelevantes. Eles normalmente se perguntam por que Deus teria desejado incluí-las na Bíblia. No entanto, se conectam muito mais fortemente com o fluxo lógico de Romanos. Em contraste, os missionários que traduzem a Bíblia para línguas tribais muitas vezes descobrem que os leitores nativos não julgam as histórias críveis até que as genealogias sejam traduzidas. Ao contrário da maioria dos ocidentais, as culturas tribais muitas vezes olham para o passado, para as genealogias, a fim de comprovar a credibilidade.

Resumo

Durante este projeto, tive a oportunidade de sentar-me com um dos mais proeminentes estudiosos da Bíblia de nossos dias, dr. Dan Wallace, um professor de estudos do Novo Testamento no Seminário Teológico de Dallas. O dr. Wallace também lidera o Center for the Study of New Testament Manuscripts [Centro para o Estudo de Manuscritos do Novo Testamento]. Ele debateu com Bart Ehrman três vezes e é uma pessoa tanto cativante quanto inteligente.

Do tempo passado com ele, saí com três princípios distintos. Primeiro, a Bíblia é verdadeira no que ela diz. Quando a Bíblia nos fala sobre uma pessoa ou um lugar, isso pode ser tomado como verdade. Em segundo lugar, a Bíblia é verdadeira no que ela ensina. Os ensinamentos da Bíblia mudaram o curso da História para o bem, e os seus princípios continuam a ser as luzes de sinalização para a humanidade em todos os sentidos e em todas as culturas. Em terceiro lugar, a Bíblia é verdadeira nos assuntos em que toca. Embora não seja um livro de ciência, ela não contradiz o que sabemos ser verdadeiro do ponto de vista científico.

Mesmo os primeiros capítulos de Gênesis, embora debatidos em muitos círculos, não contradizem o que a ciência tem verificado sobre o mundo físico. Apesar de muitas interpretações estritas tanto da parte de céticos quanto da de crentes poderem deixar alguns com uma sensação de que há diferenças irreconciliáveis, há respostas claras para uma mente objetiva.

Todas as pessoas são criadas à imagem de Deus, e todos somos afetados pela natureza caída da criação. Portanto, a verdade da Bíblia fala diretamente às questões fundamentais da vida de todos. Cristãos de quaisquer contextos vão experimentar uma vida de maior abundância se eles simplesmente seguirem os princípios fundamentais por trás do ensino das Escrituras. De fato, a experiência e diversos estudos acadêmicos têm mostrado que os cristãos que seguem as Escrituras têm maior saúde e outros benefícios na vida.[20]

Todos os fatos que foram mencionados aqui apontam definitivamente para a verdade de que a Bíblia é uma obra divinamente inspirada, que serve como uma testemunha confiável para a existência de Deus.

CAPÍTULO 9
O EFEITO GRAÇA

Todos recebemos da sua plenitude, graça sobre graça. Pois a Lei foi dada por intermédio de Moisés; a graça e a verdade vieram por intermédio de Jesus Cristo.

João 1:16-17

Eu tenho uma vida fantástica pela qual sou muito grato. [...] Mas não tenho ninguém a quem expressar minha gratidão. Há um vazio dentro de mim, o vazio de querer alguém a quem agradecer, e não vejo uma forma plausível de preenchê-lo.

— BART EHRMAN,
O problema com Deus[1]

A VIDA ERA BARATA. Essa é a melhor maneira de descrever o mundo de 2 mil anos atrás. Ele não foi se tornando menos mal, pelo contrário, era insidiosa e insensivelmente mais indiferente à vida humana. Crianças eram sacrificadas em rituais pagãos, as mulheres tinham pouco mais valor do que gado e a escravidão pesava sobre pelo menos um quarto da população de Roma. O mundo estava, em um sentido espiritual, coberto de escuridão.

Quatro sucessivos impérios tinham dominado a raça humana: Babilônia, Pérsia, Grécia e Roma. Todos os quatro se vangloriaram de imperadores que agiam como deuses, que sobrepujavam brutalmente toda a oposição e usavam todo o poderio de sua força bruta para manter o mundo sob sua mão. O poder do seu império tinha poucos desafiantes e nenhum que a ele se igualasse — até serem conquistados pelo próximo império.

Vários anos atrás, o ator Russell Crowe estrelou o filme *Gladiador*, situado nos dias do Coliseu romano, onde competidores, principalmente escravos e criminosos, lutavam até à morte. O flagrante desrespeito pela vida humana estava em plena exibição enquanto aplausos ou vaias da multidão determinavam vida ou morte para o perdedor.

Foi nesse mundo que Jesus nasceu. O Salvador mais improvável que alguém poderia ter imaginado. Uma criança pequena contra o Império Romano? As chances não pareciam muito boas. Em uma cultura onde só os fortes sobreviviam, Cristo convocaria seus seguidores a "amarem seus inimigos" e a "dar a outra face." A declaração de Jesus: "Deus tanto amou o mundo" também era um novo pensamento para a mente pagã.[2] Era uma ideia revolucionária de que Deus amou e cuidou de sua criação, em oposição aos deuses mitológicos dos gregos e romanos, que apenas observavam sentados sobre sua montanha.

Por causa da natureza compungidora de sua verdade e mensagem, o cristianismo prevaleceu contra o poderoso rolo compressor do Estado romano, não pela força militar exterior, mas pela mudança interior de corações e mentes. O historiador Will Durant, que escreveu uma clássica série de obras sobre a história do mundo, falou do triunfo da cruz sobre o Império Romano:

> Não há maior drama no registro humano do que a visão de alguns cristãos, desprezados e oprimidos por uma sucessão de imperadores, suportando todas as provações com uma tenacidade ardente, multiplicando-se calmamente, construindo ordem enquanto seus inimigos geravam o caos, lutando contra a espada com a palavra, contra a brutalidade com a esperança, e, ao final, derrotando o Estado mais forte que a história já conheceu. César e Cristo se encontraram na arena e Cristo venceu."[3]

Ao contrário do descrito no trabalho ficcional de Dan Brown em *O código Da Vinci*, o cristianismo não ganhou sua influência porque o imperador Constantino o aceitou; ao invés disso, foi aceito por causa do poder da sua mensagem e das vidas transformadas de cristãos nos trezentos anos que precederam Constantino. De fato, nos primeiros trinta anos após a ressurreição de Cristo, o mundo seria virado de cabeça para baixo por aquele grupo comprometido de seus fiéis seguidores. Como Michael Green escreveu:

Três décadas cruciais na história do mundo. Foi apenas isso o necessário. Nos anos entre 33 d.C. e 64 d.C., um novo movimento nasceu. Nesses trinta anos, ganhou crescimento e credibilidade suficientes para se tornar a maior religião que o mundo já viu e mudar a vida de centenas de milhões de pessoas. Ele se espalhou por todos os cantos do mundo e tem mais de dois bilhões de seguidores, entre praticantes e nominais.[4]

O plano de Deus para derrubar tal poder e força não foi enviar um exército humano, mas enviar uma criança que nasceu sem privilégio, o filho de um carpinteiro:

Aquele que é a Palavra tornou-se carne e viveu entre nós. Vimos a sua glória, glória como do Unigênito vindo do Pai, cheio de graça e de verdade. [...] Todos recebemos da sua plenitude, graça sobre graça. Pois a Lei foi dada por intermédio de Moisés; a graça e a verdade vieram por intermédio de Jesus Cristo.

João 1:14,16-17

O efeito dessa graça no mundo tem sido colossal, para dizer o mínimo. Remover essa graça seria como retirar a água do corpo humano, esperando que ele sobreviva.

Antes da vinda de Jesus e da influência do cristianismo, a vida humana era extremamente desvalorizada. Ainda hoje, nos lugares onde o evangelho de Jesus ou o cristianismo não estão arraigados, a vida é extremamente desvalorizada.[5]

É por isso que a graça é muitas vezes mencionada como sendo surpreendente. Não significa apenas que estamos perdoados por Deus pelos nossos erros; mais ainda: estamos habilitados a superar a tendência humana de sermos maus. Essa tendência não é só a de cometer atos maus, mas também de criar culturas e estruturas más para institucionalizar e legitimar o mal que as pessoas fazem.

Graça e religião são duas coisas diferentes

Os céticos são rápidos em confundir graça com religião e, em seguida, mencionar todo o mal cometido por um grupo religioso ou uma pessoa religiosa para provarem seu ponto. É clássico: varrem, grosso modo, cerca de 90% da população do mundo (menos de 10% são ateus/ agnósticos) com base nas ações de relativamente poucas pessoas.

Ninguém era melhor em confundir graça com religião do que Christopher Hitchens, um dos ateus mais veementes da nossa geração. Em seu livro *Deus não é grande: como a religião contamina tudo*, pintou uma imagem distorcida da religião que é assustadora e extremamente injusta. Tomar todas as piores partes de qualquer coisa considerada religiosa e costurá-las juntamente como se fossem a realidade é tática de um político sujo, não de alguém tentando tecer um comentário histórico sério.

Educado em Oxford, Hitchens tinha uma compreensão da literatura e uma boa amplitude de experiência como jornalista que fizeram dele um formidável oponente debatedor para qualquer desafiante do campo cristão. Hitchens se portava com a arrogância de um campeão de boxe, brincando com seus adversários até quando decidia eliminá-los com uma enxurrada de retórica e ridicularização, visando ao seu alvo favorito: os males da religião. Ele chegou ao ponto de chamar a madre Teresa de fraude.[6]

Hitchens seguiu uma série invicta até uma violenta interrupção ao encontrar-se com William Lane Craig, na Universidade Biola, em 2009. Craig é possivelmente o apologeta cristão mais formidável de nossos dias. Craig abriu suas observações desafiando Hitchens a um debate de razões filosóficas e não a um debate sobre religião. "Se o sr. Hitchens, obviamente, não respeita a religião, talvez ele respeite a filosofia", desafiou.[7] Ele passou a dar as evidências em favor de Deus de um ponto de vista filosófico e científico. As críticas de Hitchens contra a religião, como sua acusação principal contra a existência de Deus, estavam apenas batendo no ar. Revistas ateias admitiram: "Craig surrou Hitchens como se este fosse uma criança tola."[8]

Provavelmente reconhecendo que não se desviaria muito de seu tema antirreligioso, Hitchens encontrou alguém que estava pronto e disposto a enfrentá-lo em seu desafio de que a religião fez mais mal para o mundo do que bem. Tal desafiante foi Larry Taunton, diretor da *Fixed Point Foundation* em Birmingham, Alabama. Taunton, um cavalheiro do sul por excelência, com seu sotaque e comportamento modestos, poderia ter levado Hitchens a subestimá-lo como debatedor. Em vez disso, Hitchens encontrou um argumento formidável de Taunton como evidência da existência de Deus, o qual ele chama de *Efeito Graça*. A tese de Taunton é que o mundo tem sido grandemente impactado positivamente por causa da influência da graça de Deus.

Levar a sério o desafio de John Lennon em "Imagine" implica olhar não só o impacto positivo da graça de Deus na sociedade, mas também como a vida seria se essas influências positivas fossem removidas. No livro *The Grace Effect* [O Efeito Graça], Taunton explica desta forma:

> É, antes, meu propósito era fazer uma defesa da necessidade que a sociedade tem do poder do cristianismo de ensinar gentileza, inspirar e transformar a cultura. Espero que, mediante a narrativa de nossa experiência, os leitores tenham um vislumbre de um mundo sem fé em Jesus Cristo e, como consequência, tenham maior apreço por aquilo que o cristianismo deu, está dando e pode nos dar ainda, caso desejemos extrair a vasta riqueza da mina que ele é.[9]

Taunton conta a incrível história de Sasha, uma jovem da Ucrânia que ele e sua família adotaram. A condição sombria da sociedade sem Deus em que ela nasceu fornece o contraste do qual é a aparência da cultura em que não há sinais daquela graça. A opressão é palpável. Por outro lado, a graça pode também ser palpável.

> À medida em que alguém experimenta a graça em sua própria vida, a estende aos outros. Pela transformação interior do indivíduo, há uma correspondente transformação exterior da sociedade. Isso é o que eu chamo de "Efeito Graça". Definindo em termos simples, é um fenômeno observável de que a vida é comprovadamente melhor onde o cristianismo autêntico floresce.[10]

Os críticos da religião tem razão em uma coisa

Não se engane, apesar do grande número de pessoas que afirmam crer em Deus e da enorme variedade de expressões religiosas, o objetivo dos céticos está na fé cristã. É comum ouvir coisas como: "Todos os cristãos são hipócritas"; ao que eu respondo: "Quantos desses hipócritas você conhece pessoalmente?" Quando eles param e contam, muitas vezes percebem que estão tomando os pecados de algumas pessoas e marginalizando quase outras 2 bilhões no planeta que diriam ser crentes em Jesus Cristo.

O reformador inglês William Wilberforce, cuja campanha de vinte anos contra a escravidão resultou na abolição dela, escreveu um livro que abalou seu país em 1797. Seu título foi excepcionalmente longo: *A Practical View of the Prevailing Religious System of Professed Christians, in the Higher and Middle Classes in This Country, Contrasted with Real Christianity* [Uma visão prática do sistema religioso predominante dos cristãos professos nas classes média e alta neste país em contraste com o cristianismo verdadeiro]. Mais tarde foi encurtado para *Cristianismo verdadeiro*. Ele mostrou como a essência do cristianismo tinha sido substituída por mero moralismo e obrigação religiosa. Isso foi exatamente o que Cristo encontrou durante seu ministério terreno. A religião predominante tinha perdido o aspecto da misericórdia e os motivos das leis de Deus. Jesus veio para endireitar as coisas, demonstrando o poder da misericórdia e da verdade em ação.

Portanto, os críticos da religião nem sempre estão errados em apontar as falhas e deficiências na cristandade. Esta simplesmente não é a história toda. Só crer em Deus e conhecer o bem e o mal não vão fazer você escolher o bem e rejeitar o mal. Saber disso tudo só significa que você não tem mais desculpas. A Bíblia adverte que até mesmo os demônios creem em Deus e até tremem (ver Tiago 2:19).

Mas a graça é o resultado do Espírito de Deus agindo no coração humano e nos capacitando a vencer o mal. Há milhões de crentes verdadeiros que estão servindo a Deus fielmente e também servindo a seus semelhantes por meio de atos de bondade, integridade e serviço. Por suas vidas, Deus derramou sua graça, como um aqueduto levando água fresca ao deserto. Devido a esta graça, a vida pode surgir a partir da morte.

Amazing grace

Uma das músicas mais conhecidas do planeta é "Amazing grace", escrita pelo ex-comerciante de escravos John Newton e publicada em 1779:

Sublime graça! Quão doce é o som,
Que salvou um desgraçado como eu.
Eu estava perdido, mas agora fui encontrado;
Era cego, mas agora vejo.

(Tradução literal do original inglês)

A referência a Newton ser um "desgraçado" demonstrava o fato de que ele tinha visto o quão horríveis suas ações eram à luz da graça e da verdade de Deus. Você percebe que muitos acusam o Deus da Bíblia de ser duro ou cruel. Eles apontam para atos de juízo como o dilúvio de Noé, a ordenação dos exércitos hebreus para destruir os cananeus quando entraram na terra prometida, penas severas, como apedrejamento por quebra da Lei de Deus.

A acusação é de que Deus não poderia ser amoroso se ele realizou esses atos de juízo. Primeiro, Deus é um Deus de julgamento, bem como de amor. As duas características não são mutuamente excludentes. Se Deus não julgasse o mal, então ele não seria verdadeiramente amoroso. É por isso que a Bíblia diz: "A retidão e a justiça são os alicerces do teu trono" (Salmos 89:14).

Nossos corações hoje clamam por justiça. Pense em programas de TV como o The People's Court [Tribunal do povo] e Divorce court [Tribunal do divórcio]*, em que assistimos ao grito constante de homens e mulheres para que alguém esclareça as coisas e lhes dê justiça. Quando um crime de qualquer tipo é cometido, ansiamos por justiça. O único ser no universo que é sábio o suficiente para julgar correta e verdadeiramente, que sabe a história toda, é Deus. Quando se lê a respeito de Deus agindo em juízo contra uma pessoa, cidade ou nação, muitos não conseguem reconhecer a gravidade do mal que foi cometido e o número de oportunidades que os malfeitores tiveram de mudar seus caminhos antes de vir o juízo. A misericórdia de Deus é mais abundante do que os seus julgamentos.

A história registra quão depravadas e perversas foram as nações cuja destruição Deus ordenou. A vida humana era assassinada e desrespeitada pelas suas práticas detestáveis, e isso era apenas uma parte

---

* N.T.: programas de TV em que se conduzem julgamentos extraoficiais, similares aos judiciais, mas com participação popular de uma plateia. O mais próximo no Brasil seriam programas como os do Ratinho e da Márcia Goldschmidt, mas estes não envolvem uma estrutura que imite a formalidade de um processo judicial.

de como eles haviam se corrompido. Quando Deus agiu em juízo, ele era como um cirurgião amputando um membro canceroso para salvar a inteireza do corpo. Essas nações precisavam ser detidas tal como os nazistas da Segunda Guerra Mundial.

Mesmo na lei de Deus, em que havia punições severas para o mal, havia sacrifícios que poderiam ser feitos para evitá-las. Como sempre, havia mais misericórdia do que julgamento. Lembra-se da história de Jonas? A maioria dos críticos se concentram sobre a plausibilidade de ele ter sido engolido por uma baleia e sobrevivido. No entanto, o verdadeiro milagre foi a graça de Deus estendida a uma cidade ímpia. Deus disse a Jonas que contasse à cidade de Nínive que eles seriam destruídos. Jonas fugiu desse chamado e por isso foi que ele se encontrou no ventre daquela baleia. Quando ele finalmente obedeceu e entregou a mensagem de Deus ao povo de Nínive, eles se arrependeram, e Deus os poupou.

Jonas se aborreceu e disse: "Senhor, não foi isso que eu disse quando ainda estava em casa? Foi por isso que me apressei em fugir para Társis. Eu sabia que tu és Deus misericordioso e compassivo, muito paciente, cheio de amor e que prometes castigar, mas depois te arrependes" (Jonas 4:2). Na maioria dos casos, graves advertências de Deus para a humanidade são balanceadas com ofertas de graça. Uma sublime graça foi demonstrada no Antigo Testamento, bem como no Novo. É por isso que a cada ano, durante o Yom Kippur, o Dia do Perdão judaico, o livro de Jonas é lido em sinagogas ao redor do mundo.

Perceba que se você não sabe o quão sérias serão as consequências das suas ações, você nunca realmente entenderia quão sublime é a graça que Deus estende a você. É por isso que as pessoas hoje tendem a minimizar o sacrifício que Cristo ofereceu na cruz por nossos pecados, o de pagar pela nossa salvação. Elas nunca perceberam a separação que merecemos ao ser eternamente apartados de Deus como efeito de nossos pecados, e antes presumem que a recompensa dos céus certamente é delas.

Tomemos por exemplo a crença no céu ou em vida após a morte. Uma grande maioria das pessoas vai dizer que acredita que não há um lugar chamado céu, o qual existe além desta vida física. Se você lhes perguntar se há alguém que provavelmente não estará no céu por causa de seus crimes aqui na terra, elas também admitirão que sim. Mas quem decide sobre quem vai e quem não vai? E além disso, qual é o critério para ir para o céu? Ser bom? Mas quão bom é bom o suficiente?

Ninguém *merece* o céu. Nossos pecados de orgulho, egoísmo, luxúria e rebelião resultaram em uma separação entre nós e Deus. Somente quando percebermos qual é o castigo que merecemos vamos compreender a grandeza do dom de Deus, a salvação em Jesus Cristo. A graça é o favor imerecido de Deus para conosco, o qual ele nos deu mediante a morte e a ressurreição de Cristo.

O impacto da graça

A graça sobre a qual estivemos falando é a graça que está disponível a nós como indivíduos. Há outro tipo de graça chamada *graça comum*. É a descrição das bênçãos que uma cultura recebe por causa da bênção de Deus sobre um indivíduo. É o motivo por que Deus "faz raiar o seu sol sobre maus e bons e derrama chuva sobre justos e injustos" (Mateus 5:45). Muitas das coisas boas que nós achamos banais são o resultado da graça de Deus que influenciou fortemente o mundo em que vivemos. Vamos dar uma olhada na operação do Efeito Graça sobre a nossa sociedade:

1. Dignidade da vida

O mundo antigo exibia uma tamanha desvalorização da vida que decorre logicamente de uma visão de mundo que rejeita o verdadeiro Deus como o seu autor e a reduz a uma mera explicação natural. Por Deus ter projetado e criado a humanidade, há significado na nossa existência. Somos mais do que química e acaso.

Você pode colocar um preço real em uma vida humana? Lembra-se dos mineiros chilenos que ficaram presos cerca de 700m debaixo da terra por 68 dias? O mundo assistiu com espanto o quanto os extensos esforços de salvamento valeram a pena, pois cada um foi resgatado de um pesadelo da vida real e levado com segurança para a superfície. Será que alguém falou de quanto custaram os esforços ou de quantas horas-homem foram gastas para coordenar esse esforço? Não há preço alto demais quando se trata de salvar uma vida humana.

Onde a fé em Deus está presente, também está o prêmio de preservar a vida humana. No mundo antigo, tal como no de hoje, o aborto e o infanticídio foram resultados de uma visão materialista da vida.

O impacto da graça que vem por meio do evangelho é claramente ilustrado na história das Ilhas Fiji. Não há melhor foto de "antes e depois" do que esta:

> Em 1844, H.L. Hastings visitou as Ilhas Fiji. Achou lá que a vida era muito desvalorizada. Você poderia comprar um ser humano por sete dólares ou um mosquete (arma antiga). A vida de um homem era mais barata do que uma vaca. Após comprá-lo você poderia colocá-lo para trabalhar, chicoteá-lo, deixá-lo à míngua ou comê-lo, de acordo com a sua preferência — e muitos preferiam a última opção. Hastings voltou às ilhas alguns anos depois e percebeu que o valor da vida humana havia aumentado tremendamente. Não era mais possível comprar um ser humano por sete dólares para espancá-lo ou comê-lo. Na verdade, não era possível fazer esse tipo de aquisição nem mesmo por 7 milhões de dólares. Por quê? Porque nas Ilhas Fiji havia 1200 capelas cristãs em que o evangelho de Cristo era pregado, e as pessoas aprenderam que não pertencemos a nós mesmos e que fomos comprados por um preço, não com prata ou ouro, mas com o precioso sangue de Jesus Cristo.[11]

2. Proteção das crianças

É difícil imaginar o mundo que uma criança enfrentava 2 mil anos atrás. "Meninas romanas se casavam jovens, muitas vezes antes da puberdade."[12] Os mais vulneráveis tinham menos direitos e menos proteção contra o mundo brutal em que tinham entrado. Essa vulnerabilidade foi explorada sem protestos, até que Cristo e seus seguidores demonstraram o valor de cada criança. Jesus alertou sobre a mais severa das sentenças para a pessoa que prejudicasse uma criança. "Seria melhor que ela fosse lançada no mar com uma pedra de moinho amarrada no pescoço, do que levar um desses pequeninos a pecar" (Lucas 17:2).

Pense sobre o nosso mundo há quinhentos ou mesmo há apenas 150 anos. As crianças trabalhavam em minas perigosas ou em outros trabalhos forçados. Mesmo hoje em dia, a indústria do tráfico sexual explora milhões de crianças inocentes. Cristo trouxe valor às crianças, dando-lhes honra e dignidade e ordenando que elas sejam protegidas pelos mais fortes, e não prejudicadas por ninguém.

Um destino sombrio aguardava os jovens das antigas Roma, Grécia, Índia e China. Herodes matou os inocentes, mas o advento de Cristo foi o triunfo deles. Jesus reuniu as crianças a si mesmo, dizendo: "Deixem vir a mim as crianças e não as impeçam" (Mateus 19:14). Suas palavras deram uma nova importância a elas, uma importância que lhes concedeu tratamento digno.[13]

O aborto era normal há 2 mil anos. As práticas do mundo greco-romano tornavam matar os nascituros ou recém-nascidos tão comum quanto jogar fora um melão machucado no mercado. A graça de Deus liberada por meio da influência de seu povo na cultura causou um enorme impacto nessa área. Tanto o infanticídio quanto o aborto terminaram com o início da Igreja, o que levou à sua redução drástica em todo o Império Romano.[14]

O Supremo Tribunal de Justiça dos E.U.A., que escreveu o parecer no marcante caso Roe *versus* Wade, em 1973, que legalizou o aborto, viu a conexão entre o valor da vida humana e as ideias religiosas: "Se eu fosse apelar para a religião, apelaria para as religiões de Roma e da Grécia."[15] Portanto, à medida em que uma cultura abraça o conhecimento do único Deus verdadeiro, aumenta seu respeito pela vida humana e pelo nascituro. À medida em que tal conhecimento recua, o mesmo acontece com a atitude em relação à proteção da vida humana.

3. Elevação da mulher

Jesus Cristo foi o campeão inquestionável dos direitos das mulheres e de seu valor como co-herdeiras da graça da vida (ver 1Pedro 3:7). Ele ministrou para as mulheres, elevou-as da subserviência e deu-lhes o valor, a dignidade e a proteção que mereciam. Isto era certamente o oposto de como o mundo antigo as via:

Nas culturas antigas, a mulher era propriedade do marido. [...] Platão ensinou que se um homem vivesse covardemente, seria reencarnado como mulher. [...] Aristóteles disse que a mulher estava em algum lugar entre um homem livre e um escravo [...].[16]

A fonte da mudança nessa mentalidade foi a força da comunidade cristã e seu ponto de vista sobre as mulheres.

Apesar de alguns autores clássicos alegarem que as mulheres eram presas fáceis para qualquer "superstição estrangeira", a maioria reconhecia que o cristianismo foi extraordinariamente atraente porque as mulheres dentro da subcultura cristã gozavam de muito mais alto status do que as mulheres no mundo greco-romano como um todo.[17]

Nos países onde o evangelho não tem raízes, tal baixa visão das mulheres é o que você vai encontrar. Adam Smith, escrevendo em 1776, confirmou isso em seu livro *A riqueza das nações*:

Em todas as grandes cidades [da China], várias crianças são abandonadas toda noite na rua, ou afogadas na água como filhotes de animais. Afirma-se até que eliminar crianças é uma profissão [abertamente] reconhecida, cujo desempenho assegura a subsistência de certos cidadãos.[18]

Isso acontecia apenas duzentos anos atrás, antes que qualquer influência de Jesus Cristo começasse a penetrar na China.[19] No século XXI, em que ainda se abraça a ideologia comunista, o descaso para com as mulheres é crescente na China. Sua política de um filho só trata como um prêmio ter filhos homens em vez de mulheres. As meninas são muitas vezes indesejadas, descartadas ou entregues para adoção.

O tratamento que o mundo muçulmano dá às mulheres está no centro de um debate internacional. As mulheres não têm direitos e são obrigadas a se manter sob um manto de obscuridade. Enquanto muitas mulheres muçulmanas aceitam de bom grado esse estilo de vida, não é uma questão de escolha de adeptas fiéis. Durante minha adolescência, quando morei na Argélia (uma nação muçulmana) por uma curta temporada com meus pais, fomos informados de como as mulheres sempre foram forçadas a caminhar atrás de seus maridos. A única exceção foi em tempos de conflito, em que as minas terrestres estavam escondidas, e representava grande perigo alguém pisar sobre elas. Nesses casos, as mulheres foram autorizadas a andar na frente.

4. Abolição da escravatura

O movimento abolicionista que libertou os escravos primeiro na Inglaterra e depois nos Estados Unidos foi liderado pelos seguidores comprometidos de Jesus Cristo. William Wilberforce, um parlamentar inglês, foi influenciado por John Newton e pelo fundador do metodismo, John Wesley, a liderar uma batalha de vinte anos, acabando com a escravidão na Inglaterra. Foi em seu leito de morte que ele recebeu a notícia de que o parlamento votara para proibir completamente essa prática abominável. Trinta anos depois, os Estados Unidos fariam o mesmo.

A escravidão era um fato da vida no mundo antigo. A população escrava na antiga Atenas chegava a 80 mil, que era no mínimo 40% da população.[20] Pelo menos um quarto da população da antiga Roma era de escravos.[21] A Bíblia era a única fonte de oposição ou contenção contra a vastidão da escravidão humana. O livro de Êxodo registra a libertação radical que o povo hebreu recebeu da escravidão no Egito. Nada parecido com aquilo ocorrera antes na história humana.

A escravidão ganhava uma ampla gama de significados na Bíblia. É usada de diferentes maneiras: desde escravidão econômica até de povos conquistados, e também na ideia de ser servo. Paulo muitas vezes referiu-se a si mesmo como um servo ou escravo de Jesus Cristo. O dom da salvação é o que Cristo oferece ao mundo. Salvação do quê, você pergunta? Da escravidão.

A Bíblia foi definitiva no tocante à mais insidiosa e maligna forma de escravidão, que é a escravidão espiritual. Embora o abuso e o rapto de homens fossem condenados, havia a constante referência à redenção, ou a ser comprado para estar fora da escravidão. Os críticos ficaram chateados com Jesus, porque ele não fez oferta de imediata libertação política da opressão romana. Ele veio, no entanto, para nos libertar no sentido espiritual. É somente quando estamos internamente livres da escravidão do pecado que somos verdadeiramente livres. Todos os caminhos levam de volta ao evangelho, já que o evangelho dá a promessa da verdadeira liberdade aos cativos (ver Lucas 4:18).

Encontramos, por toda a extensão da Bíblia, a revelação do plano de Deus para a redenção. Mesmo sendo uma libertação espiritual, a libertação física se seguiu. Deus começa as coisas de dentro para fora.

Por exemplo, apesar de os hebreus terem sido fisicamente libertados do Egito, ainda estavam em servidão espiritual ao pecado. Jesus primeiro libertava corações, seguindo-se, então, a libertação física.

A maior parte da escravidão bíblica não era permanente e foram dadas instruções sobre como a liberdade de alguém poderia ser obtida. A Bíblia também descreve como os escravos deveriam ser tratados com humanidade. Estes são alguns dos primeiros exemplos de direitos humanos na História! Antes do fim do Novo Testamento, Paulo introduz o conceito radical de que escravos e senhores eram irmãos (ver Gálatas 3; Filemon). O historiador Rodney Stark resume desta forma:

> E assim como foi o cristianismo que eliminou a instituição da escravidão herdada de Grécia e Roma, também a democracia ocidental deve suas origens intelectuais essenciais e legitimidade aos ideais cristãos, e não a qualquer legado greco-romano. Tudo começou com o Novo Testamento.[22]

5. Educação

De todas as áreas da vida que a graça de Deus tocou, nenhuma é mais obscura do que a da educação. O fato de que a Bíblia é excluída de ter qualquer influência em grande parte do domínio acadêmico hoje pode ser uma das grandes ironias da História. O motivo? Era a estrutura judaico-cristã que enfatizava que o homem devia glorificar Deus com todo seu entendimento e também com seu coração. Os céticos argumentam que a religião chamou as pessoas a se afastarem do estudo do mundo físico, mas a realidade era exatamente a oposta.

As universidades na Europa nasceram das escolas monásticas da Idade Média e continuaram a servir a propósitos cristãos.[23] A grande maioria das faculdades e universidades nos Estados Unidos também foram iniciadas explicitamente para promover a fé cristã. A maioria hoje em dia, no entanto, ignora seus fundamentos e, muitas vezes, ensina contra o cristianismo.[24] A ideia da *universidade* envolve os conceitos de *unidade* e *diversidade* sendo combinados. A diversidade relaciona-se aos numerosos ramos do conhecimento, da astronomia à zoologia. Qual era o fator unificador que ligava todas estas áreas de estudo? Um Criador inteligente.

Com a invenção da prensa gráfica no século XV, os livros se pro-liferaram. Leitura e estudo da Bíblia tornaram-se o combustível que disparou uma reforma na área de religião e educação. Plebeus agora tinham o conhecimento ao seu alcance. Os líderes dessa reforma fi-caram conhecidos como *protestantes*, principalmente porque acredita-vam que a Palavra de Deus era a autoridade máxima acima de papas e reis. A educação pública teve sua gestação, em grande parte, na Europa Ocidental durante a Reforma Protestante. Os reformadores Martinho Lutero e John Knox promoviam a educação pública univer-sal, uma vez que a viam como indispensável à fé cristã.[25]

6. Caridade

A generosidade do mundo ocidental é indiscutível. Apesar dos pro-blemas financeiros de ultimamente, a história de dar aos necessitados é resultado direto do *ethos* cristão que permeava os fundamentos da Amé-rica e do mundo livre. Cristo não apenas trouxe a salvação ao mundo, ele ensinou que "há maior felicidade em dar do que em receber" (Atos 20:35). Esse espírito de doação demonstrou que Deus era a fonte abso-luta de riqueza e que, ao dar em seu nome, o povo estava honrando a ele.

Pode haver algumas instituições de caridade, recentemente, que foram financiadas por céticos devido à omissão flagrante desse tipo de atividade, mas não decorre logicamente de sua visão de mundo. Como Taunton explica:

> Conquanto os ateus possam realizar obras de caridade ou manter ele-vados padrões morais, a História revela que eles não o fazem com qualquer grau de consistência. As estatísticas confirmam isso. De acordo com um estudo realizado pelo Barna Group, os cristãos são o segmento mais caridoso da população. O mesmo estudo indica que o evangélico médio dá quase dez vezes mais dinheiro para entidades sem fins lucrativos do que o ateu médio.[26]

Os movimentos na Inglaterra do século XIX para ajudar os pobres eram os principais exemplos de motivação dos cristãos para demons-trar sua fé por meio de sua benevolência. O esforço para estabelecer orfanatos foi liderado pelos crentes, a fim de seguirem as instruções sobre o que a verdadeira religião deve fazer.

Se alguém se considera religioso, mas não refreia a sua língua, engana-se a si mesmo. Sua religião não tem valor algum! A religião que Deus, o nosso Pai, aceita como pura e imaculada é esta: cuidar dos órfãos e das viúvas em suas dificuldades e não se deixar corromper pelo mundo.

Tiago 1:26-27

A própria palavra *caridade,* na verdade, vem da própria Bíblia. Em grego a palavra *ágape* é o termo para o amor de Deus. É diferente da palavra *phileo,* que significa amor fraternal. Dar movido por um coração amoroso, portanto, é uma característica divina e demonstra que uma pessoa é um cristão verdadeiro. Dar sem esse tipo de amor é uma atividade vazia e autocentrada, que tem pouco valor em um sentido eterno: "Ainda que eu dê aos pobres tudo o que possuo e entregue o meu corpo para ser queimado, se não tiver amor, nada disso me valerá" (1Coríntios 13:3).

7. O cuidado com os doentes

A ideia de ajudar os doentes teve origem no Antigo Testamento e foi expandida através da origem do cristianismo. Jesus explicitamente enviou seus seguidores para curar os doentes (Mateus 10:8). Ele também ordenou que mostrassem grande preocupação com os menores e os mais vulneráveis na sociedade (Lucas 14:13). Os primeiros cristãos enfatizavam bastante a hospitalidade (Romanos 12:13), que chegou a ser um requisito para exercer ofícios na igreja (1Timóteo 5:10).

Durante séculos, um grande número de cristãos tem colocado esse ensinamento em prática.

Nos lares, famílias inteiras adotaram um estilo de vida modelada pela dos apóstolos; alguns se dedicaram a trabalhos missionários, outros a obras de caridade entre os excluídos da sociedade romana — leprosos e outras pessoas identificadas como "imundas": vagabundos, prostitutas, os desabrigados e necessitados.[27]

Casas de cristãos e áreas de reuniões da Igreja tornaram-se centros de cuidados de necessidades primárias. Quando a perseguição aos cristãos diminuiu no século IV, esses esforços expandiram-se em centros dedicados ao cuidado dos doentes, que foram os precursores dos hospitais modernos.

As igrejas em todos os lugares cuidavam de viúvas e órfãos, atendiam os doentes, os enfermos e os deficientes; enterravam os mortos, incluindo indigentes; preocupavam-se com escravos e proviam trabalho a quem precisava.[28]

Outras partes do mundo ofereceram atendimento semelhante em escala muito menor, mas o cristianismo foi sem precedentes na História quanto a sua extensão e ênfase em ajudar os pobres, necessitados e enfermos. O testemunho da Igreja ainda levou o imperador romano Juliano a escrever no século IV:

Por que, então, achamos nós que isso é suficiente mas não observamos a forma como a bondade dos cristãos a estranhos e seus cuidados com o enterro de seus mortos e a sobriedade de seu estilo de vida fizeram a maior parte do trabalho no avanço de sua causa? Cada uma dessas coisas, penso, deve realmente ser praticada por nós.[29]

Observando pelo mundo de hoje, vemos claramente que a construção de hospitais e os cuidados para com os doentes e moribundos são uma parte do chamado cristão. Madre Teresa entrou na situação desesperadora de Calcutá, na Índia, e sacrificialmente serviu os mais pobres dentre os pobres. Ela explicou a razão por que sentia que aquela difícil tarefa era seu dever:

Há sempre o perigo de que nós possamos apenas fazer o trabalho por causa do trabalho. É aí onde entram o respeito, o amor e a devoção — em que fazemos para Deus, para Cristo, e é por isso que nós buscamos fazê-lo o mais belamente possível.[30]

8. Unidade étnica

Uma das principais temáticas na história do mundo é o conflito entre etnias. Limpeza étnica ainda é praticada quando nações tentam eliminar as minorias pela força. O cristianismo introduziu a ideia de que somos "irmãos e irmãs" de pessoas de outra etnia por causa de Cristo. O notável historiador Rodney Stark explica:

A tendência natural do homem era segregar-se em seus próprios círculos étnicos particulares e excluir outros tendo por base serem eles inferiores ou até mesmo não humanos. O cristianismo derrubou o muro de divisão entre etnias e promoveu uma mensagem de que todos os homens poderiam ser irmãos em Cristo.[31]

O termo *raça*, na forma como tenta definir as distinções entre grupos de pessoas, torna-se realmente torcido ao ponto de sugerir que as pessoas de cor diferente são de alguma forma de diferentes "tipos". Quando Darwin escreveu *A origem das espécies*, o subtítulo era *por meio da seleção natural ou a preservação das raças favorecidas na luta pela vida*. As raízes do racismo derivam-se desse tipo de mentalidade naturalista. A Bíblia, por outro lado, afirma claramente que Deus fez as nações de "um sangue" (Atos 17:26 KJV*). É por isso que a mensagem cristã oferecia esperança a todas as nações por meio do evangelho. Judeus e gentios, negros e brancos, homens e mulheres eram todos iguais em Cristo (ver Gálatas 3:28).

Um dos ensinamentos mais singulares de Cristo é conhecido como a parábola do bom samaritano. Como reação à sua mensagem de "amar o próximo", lhe interrogaram: "Quem é o meu próximo?" (Lucas 10:29). Jesus respondeu com uma história de um homem que foi assaltado e espancado e deixado para morrer à beira da estrada. Ele contou como pessoas religiosas, bem como conterrâneos do próprio homem passaram e o ignoraram. O herói da história era um homem de Samaria, alguém de uma etnia diferente, até mesmo desprezada. Ele parou e ajudou o homem em necessidade. Somos instruídos a imitar suas ações e amar os outros, independentemente da cor de sua pele ou de seu país de origem.

9. Liberdade

Liberdade é um dos mais preciosos dons do evangelho da graça. Reis, faraós, ditadores e tiranos preenchem a paisagem histórica com legados de sua opressão sobre aqueles que governaram. Certamente eles não foram de todo ruins. Muitos desses líderes eram justos e retos. Mas veio da revelação das Escrituras o conceito de que esses líderes estão, eles mesmos, sujeitos a uma lei maior. Cristo é revelado como Rei dos reis e Senhor dos senhores. Todo joelho se dobrará e toda língua confessará que Jesus Cristo é o Senhor (ver Filipenses

---

* N.T.: expressão traduzida literalmente do original inglês.

2:9-11), até os joelhos e as línguas dos reis. Todo mundo tem de prestar contas perante a lei de Deus. Este é o fundamento da libertação da tirania arbitrária que foi comum ao longo da História. A liberdade individual tinha nascido. Na verdade, a liberdade é uma ideia dada por Deus.

Rodney Stark escreveu sobre John Locke, um dos principais pensadores fundacionais, cujos escritos moldaram os pais fundadores da América. Locke põe os holofotes sobre a verdadeira fonte da liberdade que distinguiu a América de todas as nações antes dela.

Muitos também expressam admiração pelas obras de John Locke no século XVII como uma fonte importante para a teoria democrática moderna, aparentemente sem a menor consciência de que Locke explicitamente baseava toda a sua tese em doutrinas cristãs relativas à igualdade moral. A maioria dos registros sobre o nascimento da nação dos E.U.A. nos livros didáticos agora ignora cuidadosamente seu aspecto religioso, como se um bando de céticos houvesse escrito estas famosas linhas da Declaração da Independência: "Consideramos estas verdades como autoevidentes: que todos os homens são criados iguais, que são dotados pelo seu Criador de certos direitos inalienáveis, que dentre esses estão a Vida, a Liberdade e a busca da Felicidade."[32]

10. O forte servindo o fraco

O abrangente impacto da graça de Deus sobre a civilização é fazer com que os fracos sejam protegidos pelos fortes e não por eles pisoteados ou explorados. Alguns dos julgamentos mais fortes das Escrituras vêm sobre a opressão aos pobres e aos desamparados. Isso está longe de uma visão de o homem simplesmente ser um outro animal e programado pelo DNA a se comportar de uma maneira primitiva. A Bíblia chama a humanidade a viver de outra forma, a não agir como animais.

Os céticos afirmam que um Deus amoroso não poderia ter sido responsável pela violenta luta que é tão evidente no mundo animal. Pense nisso, o que é normal para os animais é abominável para os seres humanos.

[...] Inescapavelmente, acreditamos ser errado que indivíduos ou grupos humanos mais fortes matem os mais fracos. Se a violência é totalmente natural, por que considerar errado que humanos fortes passem por cima dos fracos?[33]

Essa é outra maneira de demonstrar o que somos como seres humanos, por contraste. Nós não somos animais e não devemos agir como eles. O forte servir o fraco é a antítese da evolução e da seleção natural, mas é o coração do ensino de Jesus Cristo.

Pela graça de Deus, os nossos corações humanos são marcados pela lei interna de Deus. Há um senso de certo e errado que nos é comunicado através da faculdade da consciência. Sem esse sentido de consciência, a humanidade retrocede à escuridão tão evidente no mundo antigo. A graça trouxe um profundo senso de civilidade e compaixão de uns pelos outros. Servir os idosos e dar-lhes honra, em vez de vê-los como possuindo pouca utilidade porque eles não são mais fortes fisicamente. A falta desse tipo de graça resulta em crueldade, o que pode ser o traço definidor da cultura que rejeita a Deus.

Resumo

Jesus disse aos seus seguidores: "Vocês são o sal da terra. [...] Vocês são a luz do mundo" (Mateus 5:13-14). Assim como o sal é um conservante necessário para a nossa existência, a graça de Deus que vem através das vidas dos cristãos é também indispensável. A graça também flui para a sociedade como um todo pelas verdades das Escrituras. Isso é o que é conhecido como o Efeito Graça.

Ao olharmos para trás na História, podemos ver como a graça tem feito uma diferença substancial nas instituições, bem como na vida das pessoas. Tem uma visão distorcida do passado quem pinta a fé religiosa como destrutiva ou um impedimento ao progresso. A ciência surgiu de uma cosmovisão cristã e assim foi com a educação, os hospitais, a caridade e com o conceito de liberdade individual.

Uma das áreas mais importantes da influência dessa maravilhosa graça é na dos direitos humanos. As crianças receberam o seu valor próprio e não são mais tratadas como objetos a serem abusados ou descartados. As pessoas de fé têm oferecido também as mais barulhentas vozes de oposição contra a horrível prática do aborto. A graça tem sido o único refúgio para o nascituro. Os direitos das mulheres têm avançado por causa dos princípios das Escrituras que definiram as mulheres como co-herdeiras, junto com os homens, da graça da vida. Jesus elevou as mulheres da obscuridade de uma permanente subclasse até o seu lugar de dignidade, que é igual ao dos homens. Nosso mundo seria um lugar sombrio sem a luz da verdade de Deus sobrepujando o vazio da incredulidade.

CAPÍTULO 10
PROVAS VIVAS

Meu Deus não está morto,
Ele certamente está vivo.
Ele vive aqui dentro,
Rugindo como um leão [...]

— NEWSBOYS,
"God's Not Dead" ["Deus não está morto"][1]

Uma pesquisa, em 2006 — 15 anos após a queda do regime soviético — descobriu que 84% da população russa acreditava em Deus, enquanto apenas 16% se consideravam ateus.

— JOHN MICKLETHWAIT e ADRIAN WOOLDRIDGE,
God Is Back [Deus está de volta][2]

DOIS MIL E DOZE DEVERIA SER O ANO EM QUE A VIDA na Terra chegaria ao fim, pelo menos se você acreditava no calendário maia. Essa previsão estava obviamente errada e ganha um lugar no campo da infâmia juntamente com as outras inúmeras adivinhações a respeito de quando o mundo vai acabar.

Muitas pessoas têm feito previsões radicais deste tipo e também de que o cristianismo acabaria por desaparecer. De Vladimir Lênin, cofundador do comunismo, a John Lennon, dos Beatles, que compartilhou seu ponto de vista com Maureen Cleave, em 1967: "O cristianismo passará. Vai desaparecer e encolher [...]. Nós somos mais populares que Jesus agora."[3] O que a História tem mostrado é exatamente o oposto. A fé cristã está crescendo globalmente. Na verdade, parte do crescimento mais notável está vindo de lugares como China e Rússia, onde ele já foi banido e o ateísmo foi institucionalizado. Jornalistas seculares como John Micklethwait, editor-chefe da revista *The Economist*, e Adrian Wooldridge, também da *The Economist*, confirmaram isso em seu livro *God Is Back* [Deus está de volta]:

> Hoje, uma inquietante preocupação martela na cabeça dos liberais ocidentais: e se a Europa secular (e, a propósito, a Harvard secular e a laica Manhattan) for o caso isolado? Eles têm todo o motivo para se preocupar. Parece agora que é o modelo americano que está se espalhando ao redor do mundo: religião e modernidade andam de mãos dadas, não apenas na China, mas em grande parte da Ásia, da África, da Arábia e da América Latina.[4]

O que é tão irônico nessa citação é que tem havido um crescimento fenomenal do cristianismo em toda cidade descrita como sendo verdadeiramente secular. Tony Carnes, que estudou as tendências da religião em Nova York pelos últimos trinta anos, é o editor do site A Journey Through NYC Religions [Uma jornada pelas religiões de Nova York]. Tony diz enfaticamente: "Este é o momento da ascensão da fé — e ele está marcando nossas manchetes pro bem e pro mal."[5]

Sentei-me com Tony por várias horas e ouvi sobre o incrível progresso do evangelho na cidade. "Em 1979, havia apenas cerca de oito igrejas evangélicas em Manhattan, e a maioria delas era bastante fraca. Hoje, existem mais de duzentas igrejas, e a maioria delas é vibrante." A presença global dos vários grupos religiosos o levou a chamar Nova York de "A Cidade Pós-Secular". Uma verdadeiramente notável reviravolta na História. Essa mudança está ocorrendo conforme indivíduos de idades, níveis educacionais e culturais diferentes encontram a verdade e a realidade do evangelho e consideram suas afirmações objetivamente.

Devo mencionar que, enquanto escrevo, estou sentado dentro de um hotel no coração da Times Square. É o mesmo hotel onde fiquei nas noites de domingo na maior parte de 2002, quando estávamos começando nosso trabalho de evangelização em Nova York, logo após o 11 de setembro. Durante a última década, assisti de perto a pessoas encontrando a fé em uma cidade que a sabedoria popular diz ter sido abadonada por Deus. Faz-me lembrar que ninguém está demasiadamente perdido, e nunca é tarde demais para qualquer pessoa, cidade ou nação se voltar para Deus. Afinal de contas, já que ele é o Criador das nações, elas vão de fato prosperar quando o reconhecerem.

Todas as nações que tu formaste
virão e te adorarão, SENHOR,
e glorificarão o teu nome

Salmos 86:9

África

O crescimento do cristianismo é particularmente explosivo fora dos E.U.A. A África é um excelente exemplo. Em 1900, ela tinha 8% de cristãos. Em 2000, foi a 45%, e o cristianismo continua crescendo.[6] Frans Olivier, que trabalha como um ministro universitário na Cidade do Cabo, África do Sul, vê esse aumento da fé entre os estudantes. "Centenas de estudantes estão vindo a Cristo a cada mês na África do Sul. São as pessoas que ouviram os argumentos a favor e contra Deus e estão escolhendo acreditar."[7]

Nação após nação na África está experimentando um despertamento espiritual. Desde as pequenas, como Burundi e República Centro-Africana, até as grandes, como Nigéria e Etiópia, está ocorrendo um grande avanço do evangelho. Sam Aiyedogbon da Nigéria escreve uma coluna regular para um jornal de grande circulação em Lagos e é pastor de uma igreja lá. Ele descreve a expansão fenomenal do cristianismo desta forma:

Na Nigéria, a mensagem de Cristo está fazendo a diferença nas vidas de milhões de pessoas, apesar da corrupção generalizada em todas as áreas da sociedade. O evangelho está dando às pessoas a esperança de que transformação real é possível.[8]

Em uma das nações mais pobres da África, Serra Leoa, centenas de novas igrejas estão sendo abertas a cada ano. Não são apenas as igrejas que são plantadas, mas também hospitais e escolas estão sendo abertos. Resultados comoventes estão sendo vistos conforme as pessoas abraçam a graça das Boas-novas e se recusam a se tornar vítimas da AIDS. Não há dúvida de que o movimento de abstinência sexual é energizado pelo poder do Espírito Santo.

Eu testemunhei em primeira mão a crescente fé entre os jovens no Egito. Embora a nação tenha sido abalada com a turbulência política, o cristianismo continua a crescer. Shaddy Soliman, um dos líderes cristãos da nova geração, que me levou para o Egito em 2008, explica: "Você não vai ouvir sobre o despertar espiritual nos meios de comunicação, mas há um movimento crescente do cristianismo no Egito e em todo o mundo árabe."[9] Shaddy é parte de um esforço de mídia para o mundo árabe chamado *Al Karma*. Eles estão transmitindo para todo o mundo muçulmano e estão recebendo um grande volume de acessos a seu site solicitando informações, Bíblias e ajuda para aprender mais sobre a fé cristã.

Durante muito tempo, o isolamento geográfico ajudou governos muçulmanos a manter seu povo longe da exposição ao cristianismo. A maioria dos muçulmanos dos países árabes nunca teve acesso à Bíblia ou à doutrina cristã devido às leis muito rigorosas. Esse isolamento forçado está cambaleando agora, e a liberdade que o evangelho traz está correndo países a dentro.

Ásia

Em 1984, meu colega de faculdade Steve Murrell e eu, recém-casados com nossas esposas, Deborah e Jody, e minha filha de quatro meses, Elizabeth, viajamos para as Filipinas a fim de realizar uma missão de verão. Acompanhados de sessenta estudantes americanos, conduzimos reuniões noturnas e discussões diárias com os alunos na Universidade Belt de Metro Manila.

Nós sofremos com a raiva da oposição e da inquietação das agitações políticas contra o opressivo regime de Ferdinand Marcus. As reuniões que realizávamos testemunhariam uma abundância de lágrimas, e não só provenientes de experiências espirituais, mas do gás lacrimogêneo que era lançado nas ruas para dispersar a multidão. No meio da conturbação, centenas de estudantes se converteram a Cristo. A abertura foi tão convincente que Steve e Deborah decidiram ficar e ministrar àquela cidade carente.

Em 2013, esse pequeno grupo cresceu para mais de 60 mil participantes da Victory Christian Fellowship.[10] Como Ferdie Cabiling, um pastor e evangelista sênior da VCF, descreve: "A cada ano, milhares de estudantes estão se voltando para Deus por causa da esmagadora evidência de que Cristo é a verdade, de verdade. Do mais rico ao mais pobre, nossa nação está sendo tocada por Deus."[11]

Na década de 1950, a China expulsou todos os missionários ocidentais, e o ditador comunista Mao Tsé-Tung trocou Bíblias por *O livro vermelho* de ensino comunista. Milhões de pessoas perderam suas vidas quando qualquer oposição em potencial foi eliminada. Apesar da brutal perseguição, o cristianismo prosperou. Mais uma vez, descartando o mito de que a fé em Deus é uma muleta, milhões de pessoas sofreram muito em vez de negar o Cristo vivo. David Aikman, autor de *Jesus In Beijing* [Jesus em Pequim] atesta essa extraordinária explosão de fé nesse lugar improvável. "O crescimento do cristianismo na China tem sido impressionante, tendo vindo desde a contagem de apenas alguns milhões em 1950 até estimativas entre 80 milhões e 120 milhões hoje."[12]

No mesmo ano em que viajamos para as Filipinas, também começamos uma missão para alcançar a Coreia. Foi um ano muito especial na história dessa nação, marcando o centenário do cristianismo evangélico. Em 1900, a Coreia não tinha igreja protestante, e o país era considerado impossível de se penetrar. Hoje, a Coreia é 25% cristã,[13] com 7 mil igrejas apenas em Seul.[14]

De fato, em 1984, mais de 1 milhão de pessoas se reuniram em Yoido (o equivalente à ilha de Manhattan em Seul) para comemorar o avanço do evangelho naquela nação, que um dia fora predominantemente budista. Eu tive a honra de falar por alguns instantes em frente da vasta audiência. É ainda um dos pontos altos da minha vida. Mesmo que você já tenha estado em um gigantesco estádio para assistir a um evento esportivo, é provável que o público presente não tenha ultrapassado 100 mil pessoas. Imagine mais de 1,2 milhão de pessoas em um lugar, orando fervorosamente, cantando e ouvindo mensagens o dia todo sobre o poder e o amor de Jesus Cristo.

Aqueles que vão a reuniões de céticos, as quais atraem uns poucos milhares, não têm noção do grande número de cristãos existente ao redor do mundo. Cingapura têm várias congregações cristãs, com dezenas de milhares de membros. Sua vizinha Indonésia, a maior nação muçulmana do mundo, tem experimentado também um crescimento tremendo. O número de cristãos no país cresceu de 1,3 milhão, quarenta anos atrás, para mais de 36 milhões hoje.[15] Igrejas enormes são comuns, tendo números de membros na casa das dezenas de milhares.

A maioria da população mundial não tem ideia da magnitude desses números. Com todos os medos de possíveis atos terroristas provenientes das fileiras do islamismo radical, Deus tem levantado um povo que está orando por sua mão de intervenção e que destemidamente proclama o evangelho de Cristo em face dessa ameaça muito real. Na verdade, em praticamente todas as partes do mundo onde a percepção é esmagadoramente negativa, como no Irã, Deus ainda está trabalhando e construindo sua Igreja, à qual ele prometeu que "as portas do Hades não poderão vencê-la" (Mateus 16:18).

Europa

Sinais de renovação espiritual também estão aparecendo na Europa. "Há sinais de que as mesmas forças que estão revivendo a religião nos Estados Unidos — a busca por comunidade em um mundo cada vez mais atomizado, o desejo de balancear liberdade de escolha com um senso de certeza moral — estão fazendo progressos na Europa."[16]

No Reino Unido, apesar de a assiduidade dos membros na Igreja da Inglaterra talvez estar em declínio, há igrejas surgindo em todo o reino. Este ano eu passei vários dias treinando estudantes do Imperial College em Londres para que compartilhem o evangelho por meio do *The God Test*. Sendo possivelmente o apologeta cristão mais importante do nosso tempo, William Lane Craig, que tem dois doutorados em filosofia e teologia, desafiou Richard Dawkins para debater seu livro *Deus, um delírio* em Oxford. Dawkins não apareceu.

Em vez disso, Craig falou a um auditório cheio no Teatro Sheldonian em Oxford e expôs os argumentos vazios do livro. Dawkins havia liderado uma campanha de propagandas em ônibus, alguns anos antes, com cartazes que diziam: "Provavelmente Deus não existe." Nos dias seguintes ao desafio marcado na Universidade de Oxford, os ônibus tinham outros cartazes dizendo "Provavelmente Dawkins não existe", referindo-se à recusa de Dawkins em debater com Craig.[17]

O pastor Wolfgang Eckleben, que supervisiona seis congregações na área de Londres, disse-me recentemente:

Depois de quase vinte anos em Londres, vejo uma abertura sem precedentes para o evangelho. Como disse Jesus, "a colheita é grande, mas os trabalhadores são poucos". Nós simplesmente precisamos de mais gente que possa vir para cá e nos ajude a alcançar as pessoas.[18]

Mais de 2,5 milhões de pessoas fizeram o curso *Alpha*, que foi desenvolvido na Igreja da Santíssima Trindade, em Brompton, por Nicky Gumbel.

Gareth Lowe, um jovem sul-africano que vive em Berlim e lidera uma missão para atingir os estudantes universitários naquela cidade histórica, vê o início da abertura espiritual na Alemanha:

Embora não tenha havido um abandono do racionalismo e do secularismo na Alemanha, há uma consciência crescente de que eles não responderam nem podem responder às questões mais profundas da vida. Há uma fome crescente de experiências espirituais, sentido, propósito, e de relacionamentos profundos. Pode ser que a Alemanha esteja em estágios iniciais de um grande despertamento espiritual.[19]

América do Sul

Embora a América do Sul tenha sido, historicamente, predominantemente católica, tem havido um aumento radical no cristianismo evangélico. Há, segundo estimativas conservadoras, 100 milhões de evangélicos, bem como milhões de católicos. No Brasil, mais de 1 milhão deles se reúnem para shows com artistas cristãos realizando enormes cultos de adoração. Igrejas com 10 mil ou mais membros são comuns no Brasil, na Argentina, no Chile e na Colômbia.

No México, Bob Sanders e David Angulo supervisionam uma missão na península de Baja. Eles distribuíram mais de 100 mil Bíblias e *Purple Books* (um guia de estudo da Bíblia) por toda a área. Eles viram a queda na taxa de criminalidade à medida em que o conhecimento da Palavra de Deus satura o coração e a mente das pessoas.

Nas nações por toda a América Latina, milhões de cristãos estão experimentando poderosos encontros com Deus que mudam suas vidas. Como resultado, muitas igrejas estão crescendo grandemente e impusionam renovação cultural em suas cidades.

América do Norte

A previsão de que o cristianismo acabaria está provando ser uma ilusão por parte dos secularistas que querem ver todas as demonstrações públicas de fé eliminadas. Embora a América tenha sido fundada sobre os princípios da liberdade de expressão e de religião, muitos querem mesmo é se livrar *da* religião. Na América do Norte, houve um declínio no número de comparecimentos às igrejas em geral, mas os números são enganosos. O cristianismo nominal está desaparecendo, mas o cristianismo evangélico está prosperando. Ed Stetzer, da LifeWay Research, confirma:

O protestantismo comum e o cristianismo nominal estão em declínio, mas o evangelicalismo robusto está crescendo e é o futuro da Igreja na América do Norte. Nos próximos anos, o cristianismo evangélico continuará a ser distinguido por ter cristãos comprometidos.[20]

Uma pesquisa com enquete conduzida pelo Barna indicou que a porcentagem de americanos que se enquadram na categoria de cristãos nascidos de novo, na verdade, aumentou de 31% no início de 1980 para 45% hoje.[21] Os teologicamente moderados fizeram a transição para serem ou liberais ou evangélicos, ambos tendo mensagens e convicções claras. Membros de igrejas de médio porte têm ou migrado para pequenas comunidades espirituais ou para megaigrejas.[22]

A Igreja na América do Norte ainda é forte e vibrante. Trinta anos atrás, havia poucas congregações que excedessem mil membros.

Hoje, existem mais de 7 mil delas. Das enormes conferências que enchem estádios para exposições massivas de fé no Washington Mall, a fé cristã continua a prosperar nesta terra. Os Estados Unidos são uma nação que acredita firmemente em Deus, como o livro *God Is Back* [Deus está de volta] confirma:

O estudo mais profundo sobre as crenças religiosas americanas, o U.S. Religious Landscape Survey [Levantamento do panorama religioso nos E.U.A.], pelo Pew Forum on Religion and Public Life [Fórum Pew sobre religião e vida pública], demonstra claramente que o país mais poderoso do mundo é também um dos mais religiosos.[23]

Vamos olhar, para além dos números, as vidas de pessoas que foram impactadas pela mensagem do evangelho. Há literalmente milhões de pessoas com testemunhos de como foram da incredulidade à fé. Muitos até testemunham experimentar milagres sobrenaturais.[24]

Apesar de muitos ao longo da História terem virado as costas para Deus, muitos mais se voltaram para ele. A maioria daqueles que se afastam de Cristo fazem-no não por causa da falta de provas, mas por causa de uma falta de esforço. Eles simplesmente param de tentar, ou outros param de tentar alcançá-los. Viver nas trevas é muito mais fácil do que viver na luz; viver em apatia e indiferença para com os outros também. É por isso que o cristianismo nominal está diminuindo, mas a verdadeira fé está crescendo. Esse tipo de fé não é em uma igreja ou denominação particular, mas consiste em crentes genuínos que se renderam a seguir a Cristo.

Histórias pessoais: do ateísmo à fé

Cada história é única, cada vida, importante: a dos pobres e dos ricos, dos cultos e dos analfabetos. As histórias que destacamos aqui são, em sua maior parte, de pessoas que não foram educadas como cristãos. Nesses depoimentos, vemos como a fé pode crescer até nas mais desafiadoras circunstâncias.

Ming Wang: um ateu chinês na Universidade de Harvard
Pós-graduado em Harvard e no MIT

A existência de Deus é poderosamente demonstrada na incrível jornada de um querido amigo meu, um dos maiores cirurgiões do olho por laser do mundo, Ming Wang, graduado e pós-graduado em medicina. Ele é um pós-graduado *magna cum laude* de Harvard e do MIT, também um dos pouquíssimos cirurgiões de catarata e LASIK do mundo que possuem um doutorado em física do laser. Ele já realizou mais de 55 mil procedimentos de catarata e com LASIK, incluindo mais de 4 mil executados em colegas médicos. O dr. Wang realizou o primeiro 3-D LASIK do mundo e foi um dos primeiros cirurgiões nos Estados Unidos a realizar a cirurgia de catarata a laser.

Ao crescer durante a tumultuada Revolução Cultural na China, a Ming foi negada a oportunidade de ir à escola. Em vez disso, ele tocava violino chinês, chamado de *er-hu*, em um esforço para evitar a deportação para a parte pobre do país, onde teria sido submetido a uma vida de pobreza e trabalho duro. Esse destino devastador caiu sobre milhões de jovens na China durante esse tempo.

Um encontro casual com um turista americano, professor, ajudou Ming a chegar à América do Norte. Ele desembarcou nos Estados Unidos em 1982, com cinquenta dólares, um dicionário chinês/inglês no bolso e um grande sonho americano em seu coração. Ming apreciava verdadeiramente a liberdade e a oportunidade de aprender neste país, e ele trabalhou duro, tornando-se um dos mais renomados especialistas em laser oftalmológico do mundo. "Deus não está morto. Ele está vivo, passa bem e está mais poderoso do que nunca, inclusive na comunidade científica." O dr. Wang prossegue:

Eu vim a conhecer Jesus Cristo por não ter encontrado na ciência as respostas que eu estava procurando para as questões da vida. Na verdade, quanto mais eu aprendia sobre a ciência, mais — não menos — evidência eu via da criação e do projeto intencional de Deus. Por exemplo, quando eu estava me formando um oftalmologista e aprendendo sobre o funcionamento interno do olho, o arranjo incrível e lógico dos fotorreceptores, células ganglionares e neurônios, percebi que não há absolutamente nenhuma maneira pela qual uma estrutura complexa como um olho humano jamais poderia evoluir a partir de uma compilação aleatória de células. A própria complexidade de um olho humano é, de fato, a evidência mais forte da existência de Deus.

Enquanto Ming estava na Escola de Medicina em Harvard e no MIT, um professor pediátrico cristão percebeu a oportunidade de influenciar o então ateu Ming e levou-o para almoçar.

"O que está do outro lado da rua", ele perguntou.

"Um carro", Ming respondeu.

"Qual é a diferença entre um carro e o cérebro humano?"

Ming respondeu com confiança: "Um cérebro é muito mais complexo."

O professor, em seguida, defendeu este ponto crítico: "Você pode imaginar uma pilha aleatória de sucata montando-se em um carro?"

"Não!"

"Então, que tal um cérebro humano? Poderia montar a si mesmo?"

Até hoje, Ming se sente profundamente em dívida para com o professor, a quem ele admirava cientificamente e que se importou o suficiente com o jovem Ming, sentindo sua luta com a ciência e apontando o caminho a Jesus Cristo. Ming diz que agora que encontrou o Senhor por si mesmo, ele precisa fazer o que o professor fez anos atrás ao ajudá-lo, ou seja, usar sua influência e sua reputação científica para incentivar a próxima geração de jovens médicos a procurar a verdade e a encontrar respostas no cristianismo.

Como cristão e cientista, acredito que a fé e a ciência são compatíveis e podem trabalhar juntas. Podemos encontrar, de fato, soluções novas e inesperadas e mais poderosas para os problemas em nossas vidas se unirmos as duas ao invés de as separarmos, e por meio da perseverança e fé em que Deus criou este mundo, sem contradições. [25]

Joe Marlin: um ateu com compaixão
Médico e estudante de doutorado na Universidade de Nova York

Joe é uma pessoa que simplesmente quer fazer a diferença na vida. Mais especificamente, ele quer ajudar os outros. Ele desfaz o mito de que os ateus são todos um povo raivoso que se preocupa com nada mais que eles mesmos. Depois de se formar na Universidade da Califórnia, em Berkeley, ele foi aceito na Universidade de Nova York em um programa que lhe permitiu obter seu grau de médico e doutor ao mesmo tempo. Embora ateu, sua filosofia de criação era simples: "Algo aconteceu." Ele descreve suas crenças como sendo enraizadas na *Teoria do Caos*, a ideia de que as ocorrências de toda a vida estão interligadas embora a relação de causa e efeito entre elas seja muitas vezes obscura ou desconhecida.

Foi em uma sala de aula na Universidade de Nova York onde ele começou a questionar seu ateísmo. "Sentado na sala de aula um dia, me veio esse profundo senso da realidade de Deus, que tomou conta de mim. Era como se Deus estivesse falando com a minha mente: 'Eu sou real.'" Meses se passariam até que ele contasse a alguém sobre essa experiência.

Após uma série de conversas sobre Deus e coisas espirituais, ele foi convidado para uma igreja de Manhattan, a Morningstar New York. Lá ele conheceu Bruce Ho, um pastor que havia se mudado de Honolulu após a tragédia de 11 de setembro.

Bruce encontrou-se comigo toda semana durante dois meses. Ele me ouviu e me deu respostas diretas. O que realmente tocou meu coração foi que ele me dizia cada vez que terminávamos um momento juntos: "Joe, estou mesmo animado com as coisas que Deus está fazendo em sua vida." Mesmo eu não sendo um cristão, no entanto, eu sabia que havia mais o que dizer sobre a nossa existência do que "algo aconteceu". Na verdade, existe Alguém.

Joe tinha lido *Deus, um delírio,* de Richard Dawkins, e outros livros que falavam sobre a Bíblia ser apenas um livro de mitos. Ele começou a ler os Evangelhos por si mesmo e os viu ser o completo oposto de como os céticos os retratam. "Um dia eu comecei a orar e sentir a mesma presença que eu tinha sentido na sala de aula meses antes. Dessa vez, eu sabia que era Jesus. Então falei com ele e disse: 'Olá, eu sou o Joe.'"

Perguntei a ele na entrevista se Jesus lhe havia dito alguma coisa. Joe respondeu: "Não, ele não disse. Mas eu sabia que ele me conhecia."[26]

Deus não está morto   205

Brian Miller: um físico de fé
Pós-graduado no MIT e em Duke

O dr. Miller iniciou sua graduação no MIT querendo entender como funciona o universo e para ir atrás das respostas mais profundas sobre a existência humana. Para cumprir o primeiro objetivo, ele se formou em física. Para alcançar o segundo, ele tinha longas discussões sobre o significado da vida com seus amigos, se inscreveu para um curso bíblico para calouros e leu o livro de Richard Dawkins, *O relojoeiro cego*. O professor que ensinava sobre a Bíblia afirmou que as histórias das Escrituras eram em sua maioria relatos fictícios escritos para colocar em ação os planos e interesses dos autores. O livro de Dawkins afirmava que o projeto evidente na natureza era uma ilusão e, na verdade, apenas o resultado das forças cegas da evolução. Como consequência, Deus provavelmente era um mito.

Uma noite, Brian confessou que não sabia se Deus existia, mas se Deus existisse, precisava mostrar claramente o que era a verdade. Brian explicou para mim em nossa entrevista que, como cientista, ele só conseguiria acreditar no que se provasse verdadeiro por evidências claras. Naquela noite, começou uma longa jornada que o levou através de um estudo cuidadoso de filosofia, história, arqueologia, antropologia e algumas outras disciplinas. Mediante seus estudos, ele aprendeu que a ciência apontava claramente para a existência de Deus e para seu cuidado com a humanidade. Brian também percebeu que os Evangelhos são bem-suportados por evidências históricas, e que a ressurreição de Jesus é praticamente inegável por qualquer padrão racional.

Deus não apenas satisfez a necessidade de Brian de ter evidências claras, mas também realizou milagres: Brian viu seus amigos cristãos curarem sobrenaturalmente os enfermos em nome de Jesus, e às vezes ele ouvia a voz de Deus de maneira sutil, mas transformadora. Ele estava experimentando pessoalmente o amor de Deus.

Desde que terminou seu doutorado em física, o dr. Miller falou às multidões hostis em *campi* universitários em todo o mundo a respeito da evidência em favor da fé cristã. Por meio dessas experiências, ele tem entendido cada vez mais que as crenças dos céticos são tipicamente baseadas mais na fé cega na filosofia naturalista do que em evidências sólidas.[27]

Dra. Jo Goodson: a infância como uma ateia
Pós-graduada no Imperial College, em Londres

Tem sido meu privilégio, desde 1981, alcançar os *campi* em Londres, na Inglaterra. Tem sido um desafio, para dizer o mínimo, mas os testemunhos do poder transformador do evangelho são surpreendentes. Nenhuma dessas histórias é mais animadora do que a de Joanna Goodson, aqui descrita em suas próprias palavras:

Fui criada em uma família ateia. Não se conversava muito sobre isso, nós simplesmente não nos importávamos em ir à igreja. Nós não falávamos sobre Deus; por que falaríamos? Entendíamos que outras pessoas acreditavam em Deus e sentiam que isso era bom se as ajudava a passar pela vida. Felizmente, éramos bem-educados e financeiramente estáveis e talvez acreditássemos ser um pouco mais espertos do que os outros, por isso, não precisávamos inventar algum "Deus de mentirinha" para nos ajudar a viver. Éramos felizes, gente boa e acreditávamos que isso bastava.

Olhando para trás, consigo ver as vezes na minha infância quando meus irmãos e eu ficamos curiosos a respeito de Deus. Lembro-me de encontrar uma Bíblia dos Gideões em um quarto de hotel e tomei a decisão de lê-la do começo ao fim em uma noite. Eu tinha uns 12 anos na época. Adormeci no meio de Deuteronômio e nunca mais pensei nada sobre o assunto. Será que foi curiosidade intelectual ou Deus tentando se comunicar comigo? Mesmo agora, não tenho certeza. Lembro-me de meu irmão chegar em casa da escola com sete anos de idade dizendo que ele acreditava que cada palavra da Bíblia era verdade. Meus pais não tiveram que chamá-lo de lado e explicar-lhe quão tolo era isso, eu e minha irmã fizemos um bom trabalho durante o jantar arrancando essa fé para fora dele com insultos e ridicularização, chamando-o de ingênuo. Ele hoje se considera um budista, então acho que se poderia dizer que nós não conseguimos fazer dele um cético quanto às coisas espirituais.

A mudança para mim aconteceu quando fui para a universidade, aos 18 anos, uma graduanda arrogante que sabia de tudo da vida e da religião. Conheci um cristão dinâmico, com *dreadlocks* e uma personalidade vencedora. Todo mundo o amava e queria sair com ele. Ele era aberto quanto à sua fé e não bebia apesar de sair para baladas e

Deus não está morto   207

dançar por diversão. Além disso, ele não fazia sexo casual. Isso não fazia sentido para mim. Ele era bem-educado, benquisto e não tinha necessidade de muletas para viver. Ele era uma anomalia na minha compreensão da vida.

Discutimos muito sobre religião. Eu pensava que poderia convencê-lo de que ele estava sendo bobo e, obviamente, se agarrando a alguma coisa que lhe tinha sido ensinada na infância, mas nunca realmente avaliada criticamente por ele. Era um adulto que ainda acreditava em Papai Noel, e eu gostaria de mostrar-lhe a verdade, porque era cruel não sabê-la na sua idade. Conforme nossas discussões evoluíram, fiquei chocada ao descobrir que eu era a única que nunca tinha pensado sobre o assunto. Eu era a única que nunca havia desafiado o que me tinha sido dito em termos de uma visão ateísta da vida. Isso não fez de mim automaticamente uma cristã, mas ele abriu meus olhos para a possibilidade de que Deus fosse real.

As coisas se encaixaram quando Natty, meu amigo cristão dinâmico, me levou para a igreja. Eu não estava convencida por quaisquer argumentos enfeitados, estava sendo desafiada a considerar a possibilidade de que Cristo tinha realmente morrido por mim. Ao final, Deus foi até mim, onde eu estava, escondida na parte de trás de uma igreja em Londres, em um culto, perguntando-me: "Há mesmo alguém lá em cima?" Eu soube a resposta quando finalmente cheguei a uma posição de fé em que Deus de fato tinha feito muitas coisas por mim que eu simplesmente tinha ignorado. Um profundo sentimento de gratidão está em meu coração desde aquele dia.

Minha vida mudou instantaneamente, e seriam necessários muitos livros para explicar como. Não se tratava de parar com as drogas e com o sexo e simplesmente se tornar uma boa pessoa. Tratava-se de viver para Deus, querendo sinceramente mudar e também ver o mundo mudado para ele e para sua honra. Dez anos mais tarde, estou casada, tenho um filho, e uma filha está a caminho. Sou médica e matemática. Minha tese na universidade foi provar a existência de Deus através da lógica matemática. Eu realmente só provei que não se pode prová-lo de qualquer maneira. Isso está bom o suficiente para mim, obriga as pessoas a darem um passo de fé, de uma maneira ou de outra. Eu não tinha percebido que estava andando na direção errada, até que alguém me desafiou sobre ela.

Estou contente, em paz e posso confiar nos outros, porque Deus coloca a sua confiança em mim. Eu posso perdoar os outros, porque Deus me perdoou. Eu sou forte, porque Deus me dá a sua força. Sou capaz de lidar com os maus momentos, porque tenho algo em que colocar minha esperança. Eu sorrio porque sei que, não importando as aparências do mundo, Deus está fazendo todas as coisas cooperarem para o meu bem. Minha família ainda precisa acreditar em Deus, mas o impressionante é que eles querem. Eles me dizem que querem a fé que eu tenho. Minha mãe muitas vezes expressa um desejo de que meu irmão e minha irmã encontrem uma igreja agradável da qual participem, como eu. Ela acha que a felicidade, a amizade, e a capacidade de lidar com os desafios da vida vêm da igreja. Eu sei que tudo isso vem de Jesus. Quando ela perceber isso, ela vai acreditar também.[28]

Reding Brant: um ateu que levou a sério sua dúvida
Estudante canadense

Reding Brant é uma das mentes mais brilhantes que eu já conheci. Ele era um jovem líder empresarial em Calgary, no Canadá, e um seguidor muito sincero de Cristo, quando nos encontramos no início de 1990. Era difícil acreditar que aquele cara tinha sido ateu.

Pedi-lhe para explicar a história de sua jornada saindo da incredulidade para a fé. Ele começou a falar-me de uma conversa que teve com uma pessoa de fé, em seu primeiro ano de faculdade, enquanto frequentava a Universidade de Calgary, onde ele foi desafiado a levar a sério as suas dúvidas.

Eu estava apresentando os meus melhores argumentos contra a crença em Deus, e no entanto o homem com quem falava retrucou na minha cara. Ele disse: "Eu não posso responder a todas as suas objeções, mas acho que você deveria fazer uma coisa: por que não tirar algum tempo e refutar a existência de Deus? Seja o que for que você determinar, viva sua vida por essa verdade."

"Isso deve ser fácil", eu respondi. "Cada universitário e acadêmico em todo o mundo vai concordar comigo: a religião e Deus são simplesmente muletas, um ópio das massas, uma tentativa supersticiosa antiga de se explicar a vida."

Esta foi a conversa que me levou a ficar fora da universidade por um semestre. Eu decidi resolver aquela questão, a refutar a existência de Deus e viver com a consciência limpa. A luta intelectual durou mais de um semestre, no entanto. Refutar a existência de Deus não era tão simples e tão "lógico" como eu pensara pela primeira vez.

No campus, eu evoluíra de um simples cético para um forte cínico, descrevendo-me como um ateu que simplesmente queria se divertir e ser um cara legal. No segundo ano, eu tinha dissuadido algumas boas pessoas de sua assim chamada fé. Era fácil, ninguém tinha nenhuma prova substancial para suas crenças.

Eu não tinha sido criado em uma religião, nunca tinha aberto uma Bíblia ou um Alcorão. Nunca participara de uma reunião religiosa até aquele momento na minha vida. Não tinha raiva ou amargura contra pessoas religiosas, apenas perplexidade com sua ignorância e fé cega, que parecia arcaica e desprovida de razão. Quaisquer imaginações infantis sobre Deus que eu possa ter tido quando criança estavam firmemente engavetadas sob o peso da razão, da ciência e do individualismo.

Comecei minha busca lendo e pesquisando, e passei a descobrir que havia dois pontos de vista: o dos céticos, que eu já esperava, mas também a de muitos acadêmicos respeitados, cientistas e filósofos que não tinham problema em integrar a fé em Deus dentro do puro exercício intelectual. Francamente, fiquei confuso. Como intelectuais poderiam sugerir que Deus existe, quando nossos cinco sentidos racionais confirmavam o contrário? Você não consegue *ver* ou *ouvir* Deus, você não pode *tocar*, *provar* ou *cheirar* Deus. Parecia óbvio para mim: ele, portanto, não poderia existir.

Em certo ponto de minha pesquisa, um sábio acadêmico gentilmente deixou cair um lápis na minha mão.

"O que fez o lápis cair?", perguntou.

"A gravidade", respondi.

"Com o quê se parece a gravidade? Você pode vê-la?", ele pressionou. "Qual é a sua textura? Você pode senti-la? Que odor tem a gravidade, que som ela faz, qual é o seu gosto? Essa força que mantém todo o universo unido é invisível, indetectável aos seus cinco sentidos, e ainda assim você vive sua vida sujeito à realidade dela, mesmo que você não a possa experimentar com seus cinco sentidos humanos."

Tinha de admitir sinceramente a possibilidade de que a existência de uma força criativa do universo era viável e razoável. Logicamente isso significava que poderia até mesmo haver uma razão para o universo, um propósito para a vida e a consciência, e se isso era possível, então poderia até haver uma razão e um propósito para mim. Esse pensamento foi, honestamente, muito inquietante. Eu tinha vivido 23 anos na minha "matrix", a vida era simplesmente o produto da evolução de processos genéticos evolutivos — argilas sortudas — e nós é que fazemos da vida o que ela é. Não há um grande propósito ou razão, é apenas viver e deixar viver.

Tornou-se claro que não havia nenhuma evidência conclusiva para refutar Deus cientificamente, mas a evidência circunstancial foi se acumulando em sentido oposto. Virei meu olhar para as religiões do mundo. Alegavam que Deus era real, então por que não olhar para elas? Parecia óbvio para mim: todos os sistemas de crença centrados em Deus provariam a minha afirmação: na verdade todos eles foram inventados, sistemas de crenças artificiais enraizados na superstição.

Escolhi me concentrar nos indivíduos-chave, não no *pot-pourri* de religiões confusas. Os personagens óbvios incluíram Maomé, Joseph Smith, Siddhartha Gautama e Jesus, entre outros. Ficou logo evidente que a pessoa, a vida e os ensinamentos de Jesus se erguiam acima de todos os outros. A maioria dos outros grupos apontava direta ou indiretamente para ele.

Cavei mais. Um ponto decisivo para mim veio após a leitura do livro de C.S. Lewis *Cristianismo puro e simples* e da obra *Evidências que exigem um veredito*, de Josh McDowell. O peso da evidência e as pessoas sinceras que eu já estava agora ficando acostumado a ver vivendo sua fé eram impossíveis de ignorar. Em um dia de inverno, -34 ºC, sentado no meu carro, dei um passo e em voz alta pedi a Deus: "Se você é real, se tudo isso é verdade, faça-se real para mim." O invisível tornou-se tangível imediatamente. Tudo mudou interiormente. As palavras de Blaise Pascal, famoso matemático, se tornaram realidade para mim: dentro de cada homem existe um vazio em forma de Deus que nada pode preencher, exceto o Criador. Eu era um cético transformado em crente. Aquilo que eu tinha a intenção de refutar tinha, de fato, se provado verdadeiro. Demorou alguns anos, mas agora eu não trocaria esses anos de pesquisa por qualquer coisa.[29]

Jim Munroe: a ilusão da descrença
Ilusionista profissional

Jim Munroe é um ilusionista psicológico e autoproclamado "cético de nascença". Desde muito jovem, Jim tinha um talento único para fazer pessoas acreditarem que algo extraordinário estava acontecendo quando, na verdade, não estava. Sua capacidade de induzir falsa crença em suas audiências como ilusionista deixou Jim cético sobre todas as formas de religião e espiritualidade.

Enquanto estudava psicologia e filosofia na Universidade do Texas, ele decidiu que iria responder à questão da existência de Deus por si mesmo, de uma vez por todas. Ele estudou as declarações de todas as principais religiões e filosofias. Seu pedido a Deus, durante todo o seu estudo, manteve-se o mesmo: "Deus, se você é real, você precisa tornar-se tão real que não possa ser ignorado." Mal sabia ele que sua oração seria respondida da maneira menos desejada ou esperada.

Em 2009, ele foi diagnosticado com um raro câncer no sangue. Em certo ponto, os médicos disseram que a leucemia de Jim iria matá-lo em apenas dois meses. Ele iniciou o tratamento no MD Anderson Cancer Center, em Houston, e teve que passar por um transplante de medula óssea. O problema para esse transplante foi encontrar alguém cujo sangue correspondesse perfeitamente ao de Jim e que estivesse disposto a doar sua medula em prol dele. Depois de procurar por alguém compatível em uma base internacional de dados de 9 milhões de pessoas, houve um único que poderia salvá-lo dessa doença biológica. Jim explicou que ele conseguia ver uma comparação direta com a mensagem do evangelho de Jesus Cristo. Jesus era o único com o sangue perfeito que poderia doar seu sangue saudável (no sentido espiritual) por nossa condição desesperadamente doente.

Após a conclusão de seu bem-sucedido transplante de medula óssea, Jim viu que Deus havia de fato respondido à sua oração e se revelara de maneira inegável. "Os médicos me disseram que eu tinha ganhado uma nova data de nascimento. As enfermeiras me diziam que eu era como um bebê dentro do útero novamente." Por sua incrível jornada, Jim afirma que sua natureza cética "foi esmagada pela realidade de Cristo". Agora Jim leva milhares de pessoas ao Senhor e ao registro de doadores de medula por meio de sua notável história.[30]

Dr. Augusto Cury: o ateísmo intenso implode
Psiquiatra e escritor

Eu conheci o dr. Augusto Cury, um brasileiro, enquanto ele estava nos Estados Unidos escrevendo um livro. Psiquiatra de renome mundial e autor prolífico, escreveu trinta livros com mais de 40 milhões de cópias vendidas em todo o mundo. Seus ensinamentos e *insights* impactaram pessoas em mais de sessenta países.

Eu era um dos ateus mais comprometidos que já caminharam sobre a Terra — talvez mais do que Nietzsche, que escreveu sobre a morte de Deus, ou Karl Marx, que escreveu que a religião é o ópio que entorpece a humanidade, ou Freud, que escreveu que a busca de Deus é a procura por um pai protetor. A grande maioria dos ateus, na realidade, é antirreligiosa. Em contraste com eles, eu era um ateu científico.

Pela pesquisa teórica de uma das últimas fronteiras científicas, a natureza e os limites do processo de construção de pensamentos, Deus era para mim fruto da mais alta complexidade de engenharia de pensamento, produzido por um cérebro apaixonado pela vida que iria resistir ao seu caos na solidão de um túmulo. É provável que eu tenha chegado à fase final do ateísmo. No entanto, já que minha teoria contemplava não só a construção do pensamento, mas também o processo de formação de pensadores, estudei as mentes dos grandes homens e mulheres para ver como eles se libertavam da prisão da rotina, ventilavam sua inteligência e quais ferramentas eles usavam para produzir suas grandes ideias.

Como asceta psicológico, decidi estudar um homem chamado Jesus. Comecei com suas biografias, chamadas Evangelhos, em várias versões. Eu esperava encontrar uma pessoa comum, sem grande intelecto ou emoção, fabricada por um grupo de galileus que precisavam de um herói para libertá-los da opressão de Tibério César, o imperador romano. Mas minha análise detalhada me deixou perplexo, atônito e fascinado, porque, claramente, compreendi que nenhuma mente poderia inventar um indivíduo com suas características de personalidade. Ele não se encaixava na imaginação humana. Centenas de exemplos que eu investiguei confirmaram essa tese. Cito apenas dois.

Primeiro: os fenômenos psicológicos e sociológicos que ocorrem em sua última ceia. Ele escolheu um dos piores tipos de homens jovens como alunos ou discípulos para formar uma excelente raça de pensadores. Foi uma escolha muito arriscada. Eles tinham defeitos de personalidade graves, tais como a necessidade neurótica de poder e controle sobre os outros e o mau comportamento social de insitirem em estar sempre certos. Na Última Ceia, sabendo que ele logo seria morto, Jesus ainda precisava ensinar-lhes lições importantes sobre generosidade, altruísmo e tolerância social.

Então, para meu espanto psicológico, sociológico e psicopedagógico, ele controlou sua extrema tensão, abriu as portas de sua mente, tomou um pouco de água e uma toalha e começou a lavar os pés dos jovens que lhe tinham dado apenas dores de cabeça. Com inteligência única, ele bombardeou suas necessidades neuróticas, levando-os a reeditarem o filme de seu inconsciente e reescreverem suas histórias. Nunca alguém tão grande se fez tão pequeno para tornar os pequenos grandes.

Segundo: quando Judas Iscariotes traiu Jesus, seria de esperar que ele fechasse o circuito de sua memória e reagisse por instinto, de forma agressiva, sucumbindo a ataques de raiva ou medo. Mas, para a perplexidade da ciência humana, ele governou sua intensa frustração, contemplou seu traidor, e teve a coragem de dizer: "Amigo, por que você está aqui?" Em primeiro lugar, Jesus chamou Judas de amigo, o que é notável, indicando que ele não estava com medo de ser traído, mas temia perder um amigo. Em segundo lugar, ele fez uma pergunta — a indagação é o princípio da sabedoria em filosofia. Jesus não deu uma resposta rápida, mas por sua pergunta fez Judas internalizar, questionar a si mesmo e encontrar sua própria resposta. Ele queria mentes pensantes, não escravos. Ele solenemente mostrou que uma pessoa é mais importante do que o erro dela. Nunca na História uma pessoa traída tratou o traidor com tal dignidade.

Não há precedente histórico para as características apresentadas na personalidade de Jesus. Freud, uma das mentes mais brilhantes da humanidade, reagiu de forma completamente diferente. Ele baniu Jung e Adler da família psicanalítica por contradizerem suas ideias.

Eu estava tão fascinado pela inteligência de Jesus que escrevi mil páginas em cinco volumes sobre o assunto. Um dos maiores erros do cristianismo foi estudar Jesus Cristo somente a partir do ângulo da espiritualidade e não das complexas funções de sua mente. A educação no mundo seria diferente se incorporasse as ferramentas que ele usou para formar pensadores. Eu não defendo nenhuma religião, mas a ciência que tem levado muitos ao ateísmo me convenceu, catorze anos atrás, que há um Deus, encontrado atrás das cortinas do tempo e do espaço.[31]

Resumo

A prova viva da existência de Deus é o testemunho contínuo de seu trabalho na vida das pessoas ao redor do mundo. Independentemente de idade, etnia, ou mesmo contexto cultural, a mensagem de Jesus Cristo continua a ser a esperança das nações.

À medida em que os cristãos vivem sua fé em meio a confusão, enfado e medo, presentes no século XXI, é verdade que nunca houve um melhor momento para demonstrar a realidade de Deus mediante a sua presença, que nos capacita a passar pelos momentos mais difíceis mantendo ainda a maior das esperanças. O mundo incrédulo tenta descartar os testemunhos positivos das pessoas como não sendo evidências admissíveis em favor da existência de Deus, mas eles são rápidos em usar as histórias dolorosas de outros como prova de que Deus não existe. Há inúmeras histórias de pessoas que passaram por experiências dolorosas que poderiam fazer os outros apontarem o dedo para o céu e perguntar: "Onde estava Deus?" Mas, em vez disso, esses crentes encontraram grande graça e conforto em Deus, em meio às suas circunstâncias difíceis.

Em maio de 2011, tornados invadiram o Alabama. Na esteira da crise, centenas de pessoas afluíram ao estado para fornecer alimentos, água e ajuda às vítimas daqueles trágicos acontecimentos. Eu fui para a casa de um casal de idosos que tinham sobrevivido depois de atingidos diretamente por um furacão quando se encolheram dentro um armário. Quando abriram a porta do armário, após o tornado passar, sua casa inteira tinha ido embora. Na verdade, eu mesmo entrei no exato armário em que haviam se escondido e se impressionado com a visão de sua casa e a de seu vizinho sendo varridas em um momento. Esse casal precioso olhou para mim com um sorriso e disse: "Quando as pessoas nos perguntam 'Onde estava Deus durante aqueles tornados?' dizemos: 'Ele estava naquele armário com a gente.'"

CONCLUSÃO
A BUSCA POR DEUS

Há bastante luz para os que desejam ver, e bastante escuridão para os que têm uma disposição contrária.

— BLAISE PASCAL[1]

Deus [...] recompensa aqueles que o buscam.

Hebreus 11:6

DEUS NÃO ESTÁ MORTO. Já olhamos atentamente a evidência real da sua existência, nas nove provas principais abordadas nos capítulos 2 a 10, que apresentam uma base sólida para os crentes de todas as idades e todos os níveis de escolaridade. Qualquer uma dessas provas é suficiente para demonstrar que Deus existe.

O ateu e cético deve derrubar cada uma das provas e, em seguida, estabelecer a sua própria evidência de que toda a vida e existência não são produtos de um projeto intencional inteligente e, portanto, em última análise, um acidente. Se qualquer um desses pontos permanecer em pé, então a defesa da descrença falha. O ônus da prova de que Deus não existe é enorme. Mesmo Richard Dawkins, em um debate com o arcebispo de Cantuária, disse que, em uma escala de um a sete, ele era um seis em termos de sua certeza de que Deus não existe.[2] Isso tecnicamente faz do mais famoso ateu do mundo um agnóstico. Mas ele pode, obviamente, chamar-se do que quiser.

Fomos, no entanto, brindados com provas suficientes em favor de Deus que nos impedem de definhar em incerteza perpétua. A ciência está, certamente, dando-nos uma visão clara da enorme ordem e expansão do universo, levando as mentes abertas a reconhecerem Deus.

Minha sincera esperança é que você vá além de simplesmente acreditar que Deus existe e desenvolva um relacionamento com ele, que está sempre disponível. Crer que ele existe é o primeiro passo; crer que ele recompensa aqueles que o buscam é o segundo passo.

O que devemos fazer agora?

A Bíblia diz que devemos buscá-lo. Jesus disse: "Peçam, e será dado; busquem, e encontrarão; batam, e a porta será aberta" (Mateus 7:7). O poder de Deus é dado gratuitamente àqueles que são humildes o suficiente para pedir, desesperados o suficiente para buscar e ousados o suficiente para bater. Ele não é apenas um fenômeno a ser analisado ou uma fórmula a ser desenvolvida; ele é uma Pessoa a ser conhecida. Observe atentamente por um momento a mensagem que o grande mestre do cristianismo, o apóstolo Paulo, deu em Atenas, Grécia, a um público altamente educado e diversificado. Existem fortes ligações entre as necessidades do mundo antigo e as do nosso atual. A maneira como ele falava com ousadia diante de uma multidão bastante hostil me lembra de como devemos falar no século XXI.

O Deus que fez o mundo e tudo o que nele há é o Senhor dos céus e da terra e não habita em santuários feitos por mãos humanas. Ele não é servido por mãos de homens, como se necessitasse de algo, porque ele mesmo dá a todos a vida, o fôlego e as demais coisas. De um só fez ele todos os povos, para que povoassem toda a terra, tendo determinado os tempos anteriormente estabelecidos e os lugares exatos em que deveriam habitar. Deus fez isso para que os homens o buscassem e talvez, tateando, pudessem encontrá-lo, embora não esteja longe de cada um de nós. "Pois nele vivemos, nos movemos e existimos", como disseram alguns dos poetas de vocês: "Também somos descendência dele."

Assim, visto que somos descendência de Deus, não devemos pensar que a Divindade é semelhante a uma escultura de ouro, prata ou pedra, feita pela arte e imaginação do homem. No passado Deus não levou em conta essa ignorância, mas agora ordena que todos, em todo lugar, se arrependam. Pois estabeleceu um dia em que há de julgar o mundo com justiça, por meio do homem que designou. E deu provas disso a todos, ressuscitando-o dentre os mortos.

Quando ouviram sobre a ressurreição dos mortos, alguns deles zombaram, e outros disseram: "A esse respeito nós o ouviremos outra vez."

Atos 17:24-32

A reação daquele público revela muitos dos mesmos sentimentos que enfrentamos hoje quando apresentamos o evangelho, ao abordarmos os obstáculos na mente das pessoas. Paulo viu que os gregos tinham expressões de tudo quanto era ideia imaginável — religiosa, filosófica e científica. Eles entretiam todas as novas ideias e consideravam-nas igualmente válidas (ver Atos 17:22-23). Em meio a um mercado de ideias, Paulo subiu ao palco (por assim dizer) e falou com clareza e convicção, sem medo de expor crenças errôneas.

Paulo abordou especificamente os epicureus e os estoicos, duas notáveis escolas de pensamento filosófico (ver Atos 17:18). O ideal epicurista era "comamos e bebamos, nos alegremos, porque amanhã morreremos", já os estoicos enfrentavam todos os altos e baixos da vida com ausência de emoções. Cada grupo era diametralmente oposto ao sistema de crença do outro mas, ainda assim, eles se uniram em comum descrença quanto a um Deus real. Qual foi a mensagem de Paulo a esses e a inúmeros outros grupos que apenas estavam fazendo umas comprinhas no mercado de ideias naquele dia?

1. Deus fez o mundo

Ele começa com a apresentação de Deus como o Criador. Esse é o início da fé. Assim como a ciência hoje confirma um início do universo, Paulo falou a uma cultura que acreditava em muitos deuses e em uma variedade de histórias sobre como as coisas vieram a existir. Ele lhes disse com simplicidade: o Deus único e verdadeiro fez o mundo. Essa crença não é uma questão coadjuvante, mas a verdade fundamental para se chegar a entender e conhecer a Deus.

2. Deus não habita em templos feitos por mãos humanas

Prédios são úteis em termos de facilitar reuniões para adoração e ensino, mas o coração humano é o verdadeiro templo que Deus deseja habitar. Paulo desafiou as expressões de fé e corrigiu os pontos de vista equivocados a respeito de Deus e da adoração. Ele desfez o mito de que as crenças religiosas de uma pessoa estão além do alcance de qualquer avaliação crítica. Ateus, resmungando que as pessoas de fé fogem de inquirição cruzada*, muitas vezes mantêm seus próprios pontos de vista fora de tal escrutínio. Isso é completamente o oposto a como se retrata a vida de fé nas Escrituras.

3. Deus é o autor da vida

A resposta para o mistério da origem da vida não foi obtida no domínio dos filósofos e cientistas; Paulo creditava Deus como o Autor da vida. A ciência pode nos dizer como os sistemas e processos operam, mas nunca será capaz de nos dizer de onde a vida vem. Deus, como o Criador, é o possuidor das patentes e dos direitos autorais da vida. Ao explicar que Deus é o seu Autor, Paulo estava estabelecendo o direito que Deus tem de falar sobre a condição de nossas almas, devendo ser confiado como fonte de toda a sabedoria. Assim como o fabricante de um produto dá as instruções mais confiáveis para o seu uso adequado, o Criador da vida é o especialista mais confiável sobre como deve ser entendida.

4. Deus é o criador dos homens e das nações

Paulo, então, se embrenha pela área das origens humanas e diz a seus ouvintes que Deus criou a humanidade. Ele nos fez para sermos humanos e fez os animais para que sejam animais. Ele nos criou à sua imagem, para que possamos ter comunhão com ele. Deus, embora infinitamente maior do que os seres humanos, nos criou com a capacidade de ter um relacionamento real com ele.

5. Deus fez isso para que o buscassem

Paulo entrega o segredo logo de início: toda a vida foi intencionalmente projetada de modo que os humanos desejem e busquem a Deus. Pense sobre si mesmo. A quem você permite que seja seu amigo? Existem certos tipos de pessoas de que você gosta e outros de que não gosta? Deus poderia ter o mesmo tipo de sentimentos? Ele poderia revelar-se àqueles que ele quer e esconder-se dos outros?

---

* N.T.: inquirição cruzada ou exame cruzado: termo jurídico que designa o interrogatório feito por uma das partes à testemunha da outra parte. Por exemplo: quando o promotor da acusação interroga uma testemunha da defesa.

O filósofo e matemático francês Blaise Pascal falou diretamente a esse respeito: "Ele de tal forma regula o conhecimento de si mesmo que tem dado sinais de sua pessoa, sinais visíveis àqueles que o buscam, mas não aos que não o buscam."[3] É assim que nós fucionamos como seres humanos. Muitos podem nos ver ou saber que existimos, mas isso não significa que nós permitimos a todos que possam construir um relacionamento conosco. Nós revelamos a nós mesmos para aqueles em quem confiamos. Em essência, essa ideia e esse traço vêm do próprio Deus. A recompensa por buscar diligentemente a Deus é vir a compreender quem e como ele é.

Ele nos deu provas suficientes para sabermos que ele existe, mas espera que nós o busquemos. Por que não o buscaríamos? Os cientistas procuram respostas, os filósofos buscam sabedoria, os médicos buscam curas, empresários e empresárias buscam lucro e oportunidade. Os crentes devem buscar a Deus. É por causa de Deus estar realmente vivo que o conhecimento deve inspirar-nos a superar obstáculos e a buscá-lo de todo o nosso coração. É o que fazemos quando nos dizem que temos uma oportunidade de conhecer alguém rico, famoso ou influente.

Se fôssemos informados de que o presidente dos Estados Unidos ou a rainha da Inglaterra tivessem emitido um convite para nos encontrarmos com eles, não seria uma honra que não deve ser desconsiderada? Até ingressos para ver o U2, com passe livre nos bastidores para conhecer Bono Vox seria um ponto alto na vida de algumas pessoas. Você poderia substituir qualquer exemplo de que gostar, mas o ponto está claro: você recebeu um convite aberto para conhcer o Criador do universo e até mesmo tornar-se seu amigo, o que é sem dúvida a maior honra possível de se imaginar. É desse tipo de relacionamento com Deus que as bênçãos de compaixão, sabedoria, conhecimento afluem para a sua vida. Ele quer fazer de você uma torrente da graça para o mundo.

Inicie a conversa

Se você é capaz de entender o básico das nove provas da existência de Deus, então você está mais do que pronto e capaz de envolver confiantemente descrentes e crentes em um diálogo sobre as áreas críticas da fé, do ceticismo e do sentido da vida. Claro, existem alguns argumentos sofisticados que os céticos usam que podem estar além de sua capacidade de resposta. Eu encaro isso o tempo todo. Muitas vezes, porém, aqueles que recorrem à linguagem altamente técnica da ciência e da filosofia encontraram um lugar fácil para se esconderem das implicações da existência de um Criador inteligente e das expectativas que ele tem em relação a nós como seres humanos.

Mais cedo ou mais tarde, todo mundo tem de ponderar seriamente as questões "Qual é o sentido da vida?" e "Deus existe?". Essas são as grandes questões do nosso tempo. As respostas a tais perguntas definirão e dirigirão a sua vida como nenhuma outra. Elas não são questões que possam ser ignoradas para sempre. Ao simplesmente abrir os olhos para as pessoas ao seu redor, você vai encontrar nelas uma enorme abertura para iniciar conversas que terão significado eterno.

AGRADECIMENTOS

O PROCESSO DE ESCREVER ESTE LIVRO levou cerca de dez meses desde o começo até o fim. Durante esse tempo, Jody, minha esposa há trinta anos, e os meus cinco filhos têm sido uma fonte constante de encorajamento, inspiração e crítica construtiva. Ter filhos cujas idades variam de 13 a 28 anos deu-me um grupo de foco com a faixa etária do público-alvo com que estou mais preocupado ao escrever este livro. Meus mais profundos agradecimentos a todos eles: Charlie, Wyatt, William, Louisa e Elizabeth (do mais novo para o mais velho). Ninguém estava mais feliz do que eu por terminar este projeto do que minha esposa, que fica aliviada por ter sua sala de jantar livre da bagunça de papel, livros, artigos e xícaras de café.

Estou em dívida com o dr. Brian Miller, pós-graduado pelo MIT e pela Duke em física, o qual serviu como meu consultor técnico e como um fantástico assistente de pesquisa. Foi um privilégio trocar ideias com uma mente tão brilhante, bem como me beneficiar de sua orientação nos comentários de crítica científica presentes no livro.

Eu tive um time dos sonhos feito de amigos e assessores que leram o manuscrito, fizeram observações e acrescentaram estratégia e visão a este projeto. Stephen Mansfield, David Aikman, Larry Taunton, dr. Hugh Ross, dr. Dan Wallace, dr. William Lane Craig e Dave Sterrett são todos escritores e pensadores realizados e me prestaram um grande serviço, dedicando seu tempo para me ajudar. Meus agradecimentos também vão para Elizabeth Broocks e Georgia Shaw por terem ajudado em vários aspectos deste trabalho.

Devo também agradecer aos meus amigos e colegas de ministério da Bethel World Outreach Church, em Nashville, e à Every Nation Ministries por sua amizade e parceria: Ron e Lynette Lewis, James e

Debbie Lowe, Kevin York, Steve Murrell, Jim Laffoon, Russ Austin e muitos mais que desejaria poder citar.

Sou profundamente grato pelo incentivo diário de Dale Evrist, da New Song Christian Fellowship, em Nashville. Ele acreditou na importância deste livro e é uma fonte constante de inspiração.

Eu sou grato ao Engage 2020, ao Campus Harvest, e ao time do The God Test que se dedicam a ver o evangelismo e a apologética eficaz como parte de cada igreja local e ministério nos *campi*: Steve e Cindy Hollander, Frans Olivier, Jerret Sykes, Larry Tomczak, Greg Chapman, Louisa Broocks e Gene Mack.

Há também várias famílias que se interessaram por minha vida e têm apoiado a mim, a minha família e a meus muitos projetos. Os mais profundos agradecimentos a Kelly e Joni Womack, Danny e Diane McDaniel.

Agradecimentos ao meu amigo de longa data Wes Campbell, empresário da banda Newsboys. Sua paixão por Cristo e pelo evangelho deu a faísca inicial à ideia de um livro para acompanhar ao *hit* da banda, "God´s Not Dead". Por causa de Wes, conheci Dean Diehl, que me desafiou a escrever este livro.

Eu também quero reconhecer a Troy e Tracy Duhon, Bob e Candy Majors, Mark e Melinda Flint por seu amor e sua generosidade.

Agradeço a Matt Baugher, Paula Major, Andrea Lucado e a toda equipe da Nelson por seu entusiasmo e interesse verdadeiro por este livro. É uma honra estar em parceria com vocês neste projeto.

SOBRE O AUTOR

RICE BROOCKS É COFUNDADOR DA FAMÍLIA de igrejas Every Nation, que tem atualmente mais de mil igrejas em mais de sessenta nações. Ele também é o ministro sênior da Bethel World Outreach Church, em Nashville, Tennessee, onde supervisiona uma igreja multiétnica, atualmente reunida em seis locais diferentes.

Rice é graduado pela Universidade do Estado do Mississippi, com mestrado pelo Seminário Teológico Reformado, em Jackson, Mississippi, além de um doutorado em Missiologia pelo *Fuller Theological Seminary*, em Pasadena, Califórnia.

Autor de vários livros, incluindo *Every Nation in Our Generation* [Toda nação em nossa geração] e *The Purple Book (Biblicals Foundations)* [O livro púrpura (Fundamentos bíblicos)], Rice mora em Franklin, Tennessee, com sua esposa, Jody, e seus cinco filhos.

NOTAS

Introdução: O marco zero da fé

1. WILBERFORCE, William. *Real Christianity*. Ed: Beb Beltz (Ventura, CA: Regal, 2006). p. 20. Publicado no Brasil pela Editora Palavra sob o título *Cristianismo verdadeiro*.
2. GRAFFIN, Greg; OLSON, Steve. *Anarchy Evolution: Faith, Science, and Bad Religion in a World Without God* [Evolução anarquista: fé, ciência e religião ruim num mundo sem Deus]. Nova York: HarperCollins, 2010. p. 61.
3. DAWKINS, Richard. *O relojoeiro cego*. Lisboa: Edições 70, 1988. p. 24. Publicado pela primeira vez em 1986.
4. HAWKING, Stephen W. *Uma breve história do tempo: do Big Bang aos buracos negros*. Rio de Janeiro: Rocco, 1991. p. 197.
5. PEW RESEARCH CENTER. "Partisan Polarization Surges in Bush, Obama Years" [Polarização partidária aumenta nos anos de Bush e Obama]. Pew Research Center for the People & the Press, Washington, 4 jun de 2012. Disponível em: <http://www.people-press.org/2012/06/04/section-6-religion-and-social-values>. Acesso em: 27 mai 2013.
6. THE BARNA GROUP. "Most Twentysomethings Put Christianity on the Shelf Following Spiritually Active Teen Years" [A maioria dos jovens a partir dos vinte anos coloca o cristianismo na prateleira depois do período espiritualmente ativo da adolescência]. Barna Group, Ventura, 11 set 2006. Disponível em: <http://www.barna.org/barna-update/article/16-teensnext-gen/147-most-twentysomethings-put-christianity-on-the-shelf-following-spiritually-active-teen-years>. Acesso em: 27 mai 2013.
7. HARRIS, Sam. *A morte da fé: religião, terror e o futuro da razão*. São Paulo: Companhia das Letras, 2009. p. 258.

Capítulo 1: Deus não está morto

1. LENNOX, John. *Richard Dawkins vs. John Lennox: The God Delusion Debate* [Richard Dawkins vs. John Lennox: Debate

"Deus, um delírio"]. Birmingham: New Day Entertainment, 2007. DVD. Debate ocorrido na Universidade do Alabama em Birmingham, 3 out 2007.

2. Apesar de frequentemente atribuída a G.K. Chesterton, a exata proveniência dessa citação é desconhecida. Ver ACS RESEARCH SERVICES. "When Man Ceases to Worship God" [Quando o homem cessa de adorar a Deus]. The American Chesterton Society, Minneapolis. Disponível em: <http://www.chesterton.org/discover-chesterton/frequently-asked-questions /cease-to-worship>. Acesso em: 28 mai 2013.

3. "Is God Dead?" [Deus está morto?]. *Time*, 8 abr 1966.

4. MARX, Karl. *Crítica da filosofia do direito de Hegel*, 1843. 2ª ed. rev. São Paulo: Boitempo, 2010. p. 145.

5. "God: After a Lengthy Career, the Almighty Recently Passed into History. Or Did He?" [Deus: após uma longa carreira, o Todo-poderoso recentemente passou para a história. Será mesmo?]. *The Economist*, Nova York, 23 dez 1999. Disponível em: <http://www.economist.com/node/347578>. Acesso em: 23 ago 2013.

6. MICKLETHWAIT, John; WOOLDRIDGE, Adrian. *God Is Back: How the Global Revival of Faith Is Changing the World* [Deus está de volta: como o avivamento global da fé está mudando o mundo]. Nova York: Penguin Press HC, 2009. Publicado em Portugal pela Editora Quetzal sob o título *O regresso de Deus*.

7. LEWIS, Clive Staples. *Cristianismo puro e simples*. São Paulo: Martins Fontes, 2005. p. 47.

8. Idibem. p. 19.

9. SULLIVAN, Andrew. "Christianity in Crisis" [Cristianismo em crise]. *Newsweek*, Nova York, 2 abr 2012.

10. HAWKING, Stephen; MLODINOW, Leonard. *O grande projeto*. Rio de Janeiro: Editora Nova Fronteira, 2011. p. 7.

11. DENNETT, Daniel C. *Darwin's Dangerous Idea: Evolution and the Meanings of Life* [A perigosa ideia de Darwin: a evolução e os significados da vida]. Nova York: Touchstone, 1995. p. 21. Publicado no Brasil pela editora Rocco sob o título *A perigosa ideia de Darwin*.

12. AIKMAN, David. 12 set. 2012. Em discussão com Rice Broocks.

13. MUGGERIDGE, Malcolm. *A Third Testament: A Modern Pilgrim Explores the Spiritual Wanderings of Augustine, Blake, Pascal, Tolstoy, Bonhoeffer, Kierkegaard, and Dostoevsky* [Um terceiro testamento: um peregrino moderno explora as caminhadas espirituais de Augustine, Blake, Pascal, Tolstoy, Bonhoeffer, Kierkegaard e Dostoievsky]. Nova York: Ballantine, 1983. p. 32.

14. DAWKINS, Richard. *Deus, um delírio*. São Paulo: Companhia das Letras, 2006. p. 15.

15. DAWKINS, Richard. *Q&A*, Sydney, 9 abr 2012. Produção da ABC. Entrevista cedida a Tony Jones em forma de debate.
16. GRAFFIN, Greg; OLSON, Steve. *Anarchy Evolution: Faith, Science, and Bad Religion in a World Without God* [Evolução anarquista: fé, ciência e religião ruim num mundo sem Deus]. Nova York: HarperCollins, 2010. p. 5-6.
17. PLATÃO. *A república*. Tradução: Enrico Corvisieri. São Paulo: Editora Nova Cultural. p. 84.
18. LENNON, John. *Imagine*. Intérprete: John Lennon. In:_____. Imagine. Londres: Apple Records, 1971.
19. MAHER, Bill. *Religulous* [Religículo (mistura de religioso com ridículo)]. Santa Monica: Lionsgate, 2008. Direção de Larry Charles. 1 DVD.
20. BROOCKS, Rice. *Finding Faith at Ground Zero* [Encontrando fé no Marco Zero]. Nashville: Every Nation, 2002. p. 10.

Capítulo 2: A fé verdadeira não é cega

1. LENNOX, John. *Richard Dawkins vs. John Lennox: The God Delusion Debate* [Richard Dawkins vs. John Lennox: o debate Deus, um delírio]. Birmingham: New Day Entertainment, 2007. DVD. Debate ocorrido na Universidade do Alabama em Birmingham, 3 out 2007.
2. CRAIG, William Lane. *Apologética contemporânea: a veracidade da fé cristã*. São Paulo: Vida Nova, 2012. p. 44.
3. DAWKINS, Richard. *Richard Dawkins vs. John Lennox: The God Delusion Debate* [Richard Dawkins vs. John Lennox: o debate Deus, um delírio]. Birmingham: New Day Entertainment, 2007. DVD. Debate ocorrido na Universidade do Alabama em Birmingham, 3 out 2007.
4. LENNOX, John. Idem.
5. KELLER, Timothy. *A fé na era do ceticismo: como a razão explica as crenças*. Rio de Janeio: Elsevier, 2008. introdução.
6. CRAY, Dan. "God vs. science: a spirited debate between atheist biologist Richard Dawkins and Christian geneticist Francis Collins" [Deus versus ciência: um animado debate entre o biólogo ateu Richard Dawkins e o geneticista cristão Francis Collins]. *Time*, Nova York, 13 nov 2006. Disponível em: <http://www.time.com/time/magazine/pacific/0,9263,503061113,00.html>. Acesso em: 4 jun 2013.
7. Ibidem.
8. POLKINGHORNE, John. "God vs. science" [Deus versus ciência]. *Saturday Evening Post*, Indianapolis, set/out 2011. Disponível em: <http://www.saturdayeveningpost.com/2011/08/16/in-the-magazine/features/god-vs-science.

html>. Acesso em: 5 jun 2013. Entrevista concedida a Dean Nelson.

9. LEWIS, Clive Staples. *Miracles: A Preliminary Study* [Milagres: um estudo preliminar]. Londres: Fontana, 1947. p. 110.

10. EINSTEIN, Albert. *Física e realidade. Revista Brasileira de Ensino de Física*, São Paulo, v. 28, n. 1, 2006 . Tradução: Sílvio Dahmen. Disponível em: <http://www.scielo.br/scielo.php?script=sci_arttext&pid=S1806-11172006000100003&lng=en&nrm=iso>. Acesso em: 05 jun 2013.

11. KEPLER, Johannes. *Astronomia nova*. [S.l.]: [s.n.], 1609. Citado em: HACKER, Peter Michael Stephan. Natureza humana. São Paulo: Artmed, 2010. p. 192.

12. DAWKINS, Richard. Citado em: SPIERING, Charlie. "A rally without faith" [Um encontro sem fé]. *Crisis Magazine*, Bedford, 27 mar 2012. Proferido em discurso no *The reason rally* [O encontro da razão], no Washington DC Mall, Washington, 24 mar 2012.

13. HITCHENS, Peter. *The rage against God: how Atheism Led me to Faith* [A raiva contra Deus: como o ateísmo me levou à fé]. Grand Rapids: Zondervan, 2010. p. 12-13.

14. KRAUSS, Lawrence. *A universe from nothing: why there is something rather than nothing* [Um universo a partir do nada: porque existe alguma coisa em vez de coisa nenhuma]. Nova York: Free Press, 2012. pp. 240. Resenha de: ALBERT, David Z. *On the origin of everything: A universe from nothing* by Lawrence M. Krauss [Acerca da origem de todas as coisas: Um universo a partir do nada, de Lawrence Krauss]. *The New York Times*, Nova York, 23 mar 2012. Disponível em: <http://www.nytimes.com/2012/03/25/books/review/a-universe-from-nothing-by-lawrence-m-krauss.html?_r=0>. Acesso em: 26 ago 2013.

15. MARLIN, Joe. 15 ago 2012. Em conversa com Rice Broocks.

16. LEWIS, Clive Staples. *Cristianismo puro e simples*. São Paulo: Martins Fontes, 2005. p. 187-188.

17. BARR, Stephen M. *Retelling the Story of Science* [Recontando a história da ciência], 16ª Palestra Erasmus Anual, Institute on Religion and Public Life, Nova York, 15 de novembro de 2002. Citado em: PHILLIPS, Melanie. *The World Turned Upside Down: the Global Battle Over God, Truth, and Power* [O mundo de cabeça para baixo: a batalha sobre Deus, verdade e poder]. Nova York: Perseus, 2011. p. 79.

18. WIESELTIER, Leon. *The God Genome* [O genoma divino]. The New York Times, Nova York, 19 fev 2006. Disponível em: <http://www.nytimes.com/2006/02/19/books/review/19wieseltier.html?pagewanted=all&_r=0 >. Acesso em: 10 jun 2013.

19. *Science in the Dock: Discussion With Noam Chomsky, Lawrence Krauss & Sean M. Carroll* [A ciência no banco dos réus:

discussão com Noam Chomsky, Lawrence Krauss e Sean M. Carroll]. Science & Technology News, [s.l.],1 mar 2006. Disponível em: <http://www.chomsky.info/debates/20060301.htm>. Acesso em: 26 ago 2013.

20. CRAIG, William Lane. *Dr. William Lane Craig vs Dr Peter Atkins highlight* [Pontos altos do [debate entre] Dr. William Lane Craig versus Dr. Peter Atkins]. [S.l.]: The Honest Theist, 2009]. Disponível em: <http://www.youtube.com/watch?v=3vnjNbe5lyE>. Acesso em: 6 jun 2013. Debate com Peter Atkins, Georgia, abr 1998.

21. WIGNER, Eugene. *The Unreasonable Effectiveness of Mathematics in the Natural Sciences* [A desarrazoada efetividade da matemática nas ciências naturais]. *Communication on Pure and Applied Mathematics* [Comunicação em matemática pura e aplicada], Hoboken, v. 13, nº. 1, p. 1-14, fev 1960.

22. PHILLIPS, Melanie. The *World Turned Upside Down: The Global Battle Over God, Truth, and Power* [O mundo de cabeça para baixo: a batalha sobre Deus, verdade e poder]. Nova York: Perseus, 2011. p. 321.

23. DAWKINS, Richard. *Q&A*, Sydney, 9 abr 2012. Produção da ABC. Entrevista cedida a Tony Jones em forma de debate.

24. DAWKINS, Richard. *Richard Dawkins vs. John Lennox: the God Delusion Debate* [Richard Dawkins vs. John Lennox: o debate Deus, um delírio]. Birmingham: New Day Entertainment, 2007. DVD. Debate ocorrido na Universidade do Alabama em Birmingham, 3 out 2007.

25. GOULD, Stephen Jay. *Pilares do tempo: ciência e religião na plenitude da vida.* Rio de Janeiro: Rocco, 2002. p. 11-12.

26. POLKINGHORNE, *John. God vs. Science [Deus versus ciência]. Saturday Evening Post*, Indianapolis, set/out 2011. Disponível em: <http://www.saturdayeveningpost.com/2011/08/16/in-the-magazine/features/god-vs-Science.html>. Acesso em: 5 jun 2013. Entrevista concedida a Dean Nelson.

27. Ibidem.

28. EINSTEIN, Albert. *Out of my Later Years* [Dos meus últimos anos]. Nova York: Citadel, 1956.

Capítulo 3: O bem e o mal não são ilusões

1. DAWKINS, Richard. *Q&A*, Sydney, 9 abr 2012. Produção da ABC. Entrevista cedida a Tony Jones em forma de debate.

2. SCHAEFFER, Francis A. *How Should We Then Live? The Rise and Decline of Western Thought and Culture* [Como devemos viver então? Ascensão e declínio do pensamento e da cultura ocidental]. L'Abri 50th Anniversary Edition [edição do 50º

aniversário do L'Abri]. Wheaton: Crossway, 2005. p. 145. Original publicado em 1976. Publicado no Brasil pela editora Cultura Cristã sob o título de Como viveremos?.

3. TAUNTON, Larry Alex. *The Grace Effect: How the Power of One Life Can Reverse the Corruption of Unbelief* [O Efeito Graça: como o poder de uma vida pode reverter a corrupção da incredulidade]. Nashville: Thomas Nelson, 2011. p. 6.

4. Ibidem, 21.

5. ROSS, Hugh. *Why the Universe is the Way It Is* [Por que o universo é do jeito que é]. Grand Rapids: Baker, 2008. p. 169.

6. TIL, Cornelius van. The defense of the faith [A defesa da fé]. Editor: K. Scott Oliphint. Phillipsburg, NJ: P and R, 1955.

7. LEWIS, Clive Staples. *Cristianismo puro e simples*. São Paulo: Martins Fontes, 2005. p. 51.

8. HARRIS, Sam. *A morte da fé: religião, terror e o futuro da razão.* São Paulo: Companhia das Letras, 2009. p. 77.

9. CRAIG, William Lane. *The God debate II: Harris vs. Craig* [O debate sobre Deus II: Harris versus Craig]. Notre Dame: Notre Dame University, 2011. Disponível em: <http://www. youtube.com/watch?v=yqaHXKLRKzg >. Acesso em: 26 ago 2013. Em debate com Sam Harris, Universidade de Notre Dame, abril de 201, sobre o tema-título: "Is the foundation of morality natural or supernatural?" [O fundamento para a moral é natural ou sobrenatural?].

10. PHILLIPS, Melanie. *Welcome to the Age of Irrationality* [Bem-vindo à era da irracionalidade]. The Spectator, Londres, 28 abr 2010. Disponível em: <http://www.spectator.co.uk/ features/5951248/welcome-to-the-age-of-irrationality>. Acesso em: 13 jun 2013.

11. LEWIS, Clive Staples. *Cristianismo puro e simples*. São Paulo: Martins Fontes, 2005. p. 12.

12. HARRIS, Sam. *The Moral Landscape: How Science Can Determine Human Values* [A paisagem moral: como a ciência pode determinar os valores humanos]. Nova York: Free Press, 2010. p. 28.

13. HUME, David. *A Treatise of Human Nature* [Tratado da natureza humana]. Brisbane: Emereo, 2010. p. 335. Original publicado em 1739.

14. HARRIS, Sam. *The Moral Landscape: How Science Can Determine Human Values* [A paisagem moral: como a ciência pode determinar os valores humanos]. Nova York: Free Press, 2010. p. 39.

15. KANT, Immanuel. Citado em: [s.n]. *Wiener Zeitschrift* [Jornal Vienense], Viena, 1 fev 1820.

16. KANT, Immanuel. *Fundamentação da metafísica dos costumes.* Lisboa: Edições 70, 2007. p. 33. Original publicado em 1785.

17. KANT, Immanuel. *A metafísica dos costumes*. Bauru: EDIPRO, 2003. p. 65. Original publicado em 1798.
18. NIETZSCHE, Friedrich W. *O crepúsculo dos ídolos ou a filosofia a golpes de martelo*. Curitiba: Hemus, 2001. p. 57.
19. SPENCER, Herbert. *The Principles of Biology* [Os princípios da biologia]. Nova York: D. Appleton, 1866. p. 444. v. 1.
20. HUXLEY, Thomas. *Evolution and Ethics* [Evolução e ética]. In:_____. *Evolution and Ethics and Other Essays* [Evolução e ética e outros ensaios]. Nova York: D. Appleton, 1899. p. 83.
21. DAWKINS, Richard. *O rio que saía do Éden: uma visão darwiniana da vida*. Rio de Janeiro: Rocco, 1996. último parágrafo do 4º capítulo, *A função de utilidade de Deus*.
22. DAWKINS, Richard. *Q&A*, Sydney, 9 abr 2012. Produção da ABC. Entrevista cedida a Tony Jones em forma de debate.
23. HUXLEY, Aldous. *Ends and Means: An Enquiry Into the Nature of Ideals and Into the Methods employed for Their Realization* [Fins e meios: uma investigação da natureza dos ideais e dos métodos empregados na sua realização]. Londres: Chatto and Windus, 1946. p. 273.
24. SARTRE, Jean-Paul. *O existencialismo é um humanismo*. Tradução: Rita Valente Correia Guedes. 3ª ed. São Paulo: Nova Cultural, 1987. p.7.
25. JONES, Malcolm. *Dostoevsky and the Dynamics of Religious Experience* [Dostoievski e a dinâmica da experiência religiosa]. Londres: Anthem, 2005. p. 7.
26. DAWKINS, Richard. *Richard Dawkins vs. John Lennox: the God Delusion Debate* [Richard Dawkins vs. John Lennox: o debate Deus, um delírio]. Birmingham: New Day Entertainment, 2007. DVD. Debate ocorrido na Universidade do Alabama em Birmingham, 3 out 2007.
27. HITCHENS, Christopher. *Cartas a um jovem contestador*. São Paulo: Companhia das Letras, 2006. p. 63.
28. LEWIS, Clive Staples. *Cristianismo puro e simples*. São Paulo: Martins Fontes, 2005. p. 91-92.
29. LEIBNIZ, Gottfried Wilhelm. *Theodicy: Essays on the Goodness of God, the Freedom of Man and the Origin of Evil* [Teodiceia: ensaios sobre a bondade de Deus, a liberdade do homem e a origem do mal]. Tradução: E. M. Huggard. Editor: A. Farrer. LaSalle, IL: Open Court, 1985. p. 228.
30. HITCHENS, Christopher. *The Portable Atheist: Essential Readings for the Nonbeliever* [Ateu portátil: leituras essenciais para o incrédulo]. Cambridge, MA: Da Capo Press, 2007. p. 394.
31. LEWIS, Clive Staples. *Cristianismo puro e simples*. São Paulo: Martins Fontes, 2005. p. 63.
32. ROSS, Hugh. *Why the Universe is the Way It Is* [Por que o universo é do jeito que é]. Grand Rapids: Baker, 2008. p. 159.

33. BÍBLIA. Português. *Bíblia sagrada*. Nova Versão Internacional. São Paulo: Biblica Brasil, 2013. Texto de Apocalipse 21:4.

34. ZACHARIAS, Ravi. *Pode o homem viver sem Deus?* São Paulo: Mundo Cristão, 1997.

35. CRAIG, William Lane. The *God Debate II: Harris vs. Craig* [O debate sobre Deus II: Harris versus Craig]. Notre Dame: Notre Dame University, 2011. Disponível em: <http://www.youtube. com/watch?v=yqaHXKLRKzg >. Acesso em: 26 ago 2013. Em debate com Sam Harris, Universidade de Notre Dame, abril de 201, sobre o tema-título: "Is the foundation of morality natural or supernatural?" [O fundamento para a moral é natural ou sobrenatural?]. p. 26. Publicado no Brasil pela editora Nova Fronteira sob o título "Escritos da maturidade".

Capítulo 4: Houve um começo

1. HOYLE, Sir Fred. *The Universe: Past an Present, Reflections* [O universo: passado e presente, reflexões]). Engineering and Science, Pasadena, 12 nov 1981, p. 12. Publicação trimestral do California Institute of Technology (Caltech). Disponível em: <http://calteches.library.caltech.edu/3312/1/Hoyle. pdf>. Acesso em: 26 ago 2013.

2. PENZIAS, Arno. Citado em: BROWNE, Malcolm W. *Clues to Universe Origin Expected; the Making of the Universe* [Esperam-se pistas sobre a origem do universo; a fabricação do universo]. *The New York Times*, Nova York, 12 mar 1978. Disponível em: <http://select.nytimes.com/gst/abstract.html?res=F30912F6 345A13728DDDAB0994DB405B888BF1D3>. Acesso em: 26 ago 2013. Acesso restrito a assinantes.

3. HAWKING, Stephen W.; PENROSE, Roger. *A natureza do espaço e do tempo*. Tradução: Alberto Luiz da Rocha Barros. Campinas: Papirus, 1997. p. 30.

4. SAGAN, Carl. *Cosmos*. 3ª ed. Rio de Janeiro: Francisco Alves, 1982. p. 4.

5. RUSSELL, Bertrand. *Porque não sou cristão e outros ensaios sobre religião e assuntos correlatos*. Tradução: Brenno Silveira. São Paulo: Livraria Exposição do Livro, 1960. p. 175.

6. DAVIES, Paul Charles William. *Spacetime Singularities in Cosmology* [Singularidades espaço-tempo na cosmologia] In: FRASER, J. T. (ed.). *The study of time III* [O estudo do tempo III]. Nova York: Springer Verlag, 1978. p. 78-79.

7. JASTROW, Robert. *God and the astronomers* [Deus e os astrônomos]. 2ª ed. Nova York: Norton and Norton, 1992. p. 9.

8. EDDINGTON, Sir Arthur Stanley. *The End of the World: From the Standpoint of Mathematical Physics* [O fim do mundo: de um

ponto de vista da física matemática]. *Nature*, Londres, v. 127, p. 450, mar 1931.

9. HAWKING, Stephen W. *Uma breve história do tempo: do Big Bang aos buracos negros*. Rio de Janeiro: Rocco, 1991. p. 77.

10. HOYLE, Sir Fred. *The intelligent Universe* [O universo inteligente]. Nova York: Holt, Rinehart and Winston, 1983. p. 237. Publicado em Portugal sob o título *O universo inteligente: uma nova perspectiva sobre a criação e a evolução*.

11. MORELAND, J. P.; CRAIG, William Lane. *Filosofia e cosmovisão cristã*.São Paulo: Vida Nova, 2005. p. 567.

12. Ibidem. p. 571.

13. MORELAND, J. P.; CRAIG, William Lane (ed.). *The Blackwell Companion to Natural Theology* [Enciclopédia Blackwell de teologia natural]. Chichester: Blackwell, 2009. p. 130.

14. Ibidem. p. 192.

15. LEIBNIZ, G. W. *On the Ultimate Origination of Things* [Sobre a natureza última das coisas]. In:_____. Leibniz: philosophical writings [Leibniz: escritos filosóficos]. Editor: G. H. R. Parkinson. Tradução: M. Morris e G. H. R. Parkinson. Londres: J. M. Dent, 1973. p. 136-44.

16. DAWKINS, Richard. *Richard Dawkins vs. John Lennox: the God Delusion Debate* [Richard Dawkins vs. John Lennox: o debate Deus, um delírio],. Birmingham: New Day Entertainment, 2007. DVD. Debate ocorrido na Universidade do Alabama em Birmingham, 3 out 2007.

17. KRAUSS, Lawrence. *A Universe from Nothing: Why There Is Something Rather Than Nothing* [Um universo a partir do nada: porque existe alguma coisa em vez de coisa nenhuma]. Nova York: Free Press, 2012. p. xiv.

18. ROSS, Hugh. *Universe from Nothing: A Critique of Lawrence Krauss' Book – Part 1* [Universo a partir do nada: uma crítica ao livro de Lawrence Krauss – parte 1]. *Reasons to Believe*, Glendora, 9 abr 2012. Disponível em: <http://www.reasons. org/articles/universe-from-nothing-a-critique-of-lawrence-krauss-book-part-1>. Acesso em: 24 jun 2013.

19. STENGER, Victor. *Why Is There Something Rather Than Nothing?* [Por que há algo em vez de nada?]. Skeptical Enquirer, Amherst, v. 16, nº 2, jun 2006. Disponível em: <http://www. csicop.org/sb/show/why_is_there_something_rather_than_ nothing>. Acesso em: 24 jun 2013.

20. SHERMER, Michael. *Nothing Is Negligible: Why There Is Something Rather Than Nothing* [Nada é desprezível: porque há algo em vez de nada], *eSkeptic*, Altadena, 12 jul 2011. Disponível em: <http://www.skeptic.com/eskeptic/12-07-11/#feature>. Acesso em: 24 jun 2013.

21. SANDAGE, Allan Rex. Citado em: WILFORD, J. N. *Sizing Up The Cosmos: An Astronomer's Quest* [Medindo o cosmos: a saga de um astrônomo]. *The New York Times*, Nova York, 12 mar 1991, B9. Disponível em: <http://www.nytimes.com/1991/03/12/science/sizing-up-the-cosmos-an-astronomer-s-quest.html?pagewanted=all&src=pm>. Acesso em: 26 ago 2013.

22. HAWKING, Stephen W.; MLODINOW, Leonard. *O grande projeto: novas respostas para as questões definitivas da vida*. Rio de Janeiro: Nova Fronteira, 2011. p. 132.

23. HAWKING, Stephen W. Curiosity: *Did God Create the Universe?* [Curiosidade: Deus criou o universo?]. Silver Spring: Discovery Channel, 2012. Disponível em: <http://www.youtube.com/watch?v=jcrRyK4uO8g>. Acesso em: 25 jun 2013.

24. *O Mágico de Oz*. Direção: King Vidor. São Paulo: Warner Bros South, 1999. 1 DVD. Original lançado em 1936.

25. CARROLL, Sean. *The Pointless Universe* [O universo sem sentido]. In: BROCKMAN, John (ed.). *This Will Make You Smarter: New Scientific Concepts to Improve Your Thinking* [Isto vai fazê-lo mais inteligente: novos conceitos científicos para melhorar seu pensamento]. Nova York: HarperCollins, 2012. p. 9.

26. KRAUSS, Lawrence M. *A Universe From Nothing: Why There Is Something Rather Than Nothing* [Um universo a partir do nada: porque existe alguma coisa em vez de coisa nenhuma]. Nova York: Free Press, 2012. p. 142.

27. DAWKINS, Richard. *O relojoeiro cego*. Lisboa: Edições 70, 1988. p. 34. Publicado pela primeira vez em 1986.

28. PLANTINGA, Alvin. *The Dawkins Confusion: Naturalism "ad absurdum"*[Dawkins, uma confusão: naturalismo 'ad absurdum']. *Christianity Today*, Carol Stream, mar/abr 2007. Disponível em: <http://www.booksandculture.com/articles/2007/marapr/1.21.html>. Acesso em: 25 jun 2013. Uma tradução integral para o português de Vitor Grando, sem ligações com esta publicação está disponível em: <http://despertaibereanos.blogspot.com.br/2007/11/dawkins-uma-confuso-alvin-plantinga_29.html>. Acesso em: 25 jun 2013.

29. SWINBURNE, Richard. *Argument from the Fine-tuning of the Universe* [Argumento a partir do ajuste fino do universo]. In: LESLIE, John. *Physical cosmology and philosophy* [Filosofia e cosmologia física]. Nova York: Macmillan, 1991. p. 160.

30. TIPLER, Frank J.; Barrow, John D. *The Anthropic Cosmological Principle* [O princípio cosmológico antrópico]. Nova York: Oxford University Press, 1986. p. 40.

31. ROSS, Hugh. *Creator and the Cosmos: How the Latest Scientific Discoveries of the Century Reveal God* [Criador e cosmos: como as últimas descobertas científicas do século revelam Deus]. Colorado Springs: NavPress, 2001. p. 150.

32. Para uma descrição detalhada, ver: ROSS, Hugh. *Why the Universe Is The Way It Is* [Por que o universo é do jeito que é]. Grand Rapids: Baker, 2008.

33. LENNOX, John C. *God's Undertaker: Has Science Buried God?* [Por que a ciência não consegue enterrar Deus]. Oxford: Lion Hudson, 2009. p. 71.

34. STENGER, Victor. *Anthropic Principle, The* (Princípio Antrópico, O). In: FLYNN, Tom (ed.). *The New Encyclopedia of Unbelief* [A nova enciclopédia da descrença]. Amherst: Prometheus, 2007.

35. DYSON, Freeman. *Disturbing the Universe* [Perturbando o universo]. Nova York: Harper and Row, 1979. p. 250.

36. HOYLE, Sir Fred. *The Universe: Past an Present, Reflections* [O universo: passado e presente, reflexões]). *Engineering and Science*, Pasadena, 12 nov 1981, p. 8-12. Publicação trimestral do California Institute of Technology (Caltech). Disponível em: <http://calteches.library.caltech.edu/3312/1/Hoyle.pdf>. Acesso em: 26 ago 2013.

37. DAVIES, Paul. *Yes, the Universe Looks Like a Fix. But That Doesn't Mean a God Fixed It* [Sim, o universo parece ter sido determinado. Mas isso não quer dizer que um deus o determinou]. Guardian, Londres, 26 jun 2007. Disponível em: <http://www.guardian.co.uk/commentisfree/2007/jun/26/spaceexploration.comment>. Acesso em: 27 jun 2013.

38. HORGAN, John. *Clash in Cambridge: Science and Religion Seem as Antagonistic as Ever* ["Embate em Cambridge: ciência e religião parecem antagonistas como sempre"]. *Scientific American*, Nova York, 12 set 2005. Disponível em: <http://www.scientificamerican.com/article.cfm?id=clash-in-cambridge>. Acesso em: 27 jun 2013.

39. HARRISON, Edward. *Masks of the Universe: Changing Ideas on the Nature of the Cosmos* ["Máscaras do universo: mudando ideias sobre a natureza do cosmos]. Nova York: Collier Books, 1985. p. 252, 263, 286.

40. MORELAND, J. P.; CRAIG, William Lane (ed.). *The Blackwell Companion to Natural Theology* [Enciclopédia Blackwell de teologia natural]. Chichester: Blackwell, 2009. p. 142-44.

41. LEWIS, Clive Staples. *Cristianismo puro e simples*. São Paulo: Martins Fontes, 2005. p. 35.

42. DAWKINS, Richard. *Richard Dawkins vs. John Lennox: the God Delusion Debate* [Richard Dawkins vs. John Lennox: o debate Deus, um delírio]. Birmingham: New Day Entertainment,

2007. DVD. Debate ocorrido na Universidade do Alabama em Birmingham, 3 out 2007.

43. JASTROW, Robert. *God and the Astronomers* [Deus e os astrônomos]. 2ª ed. Nova York: Norton and Norton, 1992. p. 9-10.

44. LENNOX, John. *Has Science Buried God?* [A ciência enterrou Deus?]. Birmingham: Fixed Point Foundation, 2009. DVD. Debate ocorrido no Museu de História Natural da Universidade de Oxford, Oxford, 21 out 2008.

Capítulo 5: A vida não é um acidente

1. DARWIN, Charles. *A origem das espécie por meio da seleção natural ou a preservação das raças favorecidas na luta pela vida.* São Paulo: Editora Escala, [20--]. Tomo II, p. 29.

2. DAWKINS, Richard. *The Illusion of Design* [A ilusão de projeto] In: Park, Michael Alan (ed.). *Biological Anthropology: an Introductory Reader* [Antropologia biológica: uma leitura introdutória]. Nova York: McGraw Hill, 2007. p. 30.

3. FLEW, Antony. *Um ateu garante: Deus existe e as provas incontestáveis de um filósofo que não acreditava em nada.* São Paulo: Ediouro, 2008. p. 61.

4. Ibidem. p. 61.

5. GATES, Bill. *A estrada do futuro.* São Paulo: Companhia das Letras, 1995. p. 235.

6. CRAY, Dan. *God vs. Science: a spirited debate between atheist biologist Richard Dawkins and christian geneticist Francis Collins* [Deus versus ciência: um animado debate entre o biólogo ateu Richard Dawkins e o geneticista cristão Francis Collins]. *Time*, Nova York, 13 nov 2006. Disponível em: <http://www.time.com/time/magazine/pacific/0,9263,503061113,00.html>. Acesso em: 4 jun 2013.

7. COLLINS, Francis S. *The Language of Life: DNA and the Revolution in Personalized Medicine* [A linguagem da vida: o DNA e a revolução na saúde]. New York: HarperCollins, 2010. p. 6.

8. HUXLEY, Julian. *At Random: A Television Preview* [Ao acaso: uma prévia para a televisão]. In: TAX, Sol (ed.). *Evolution after Darwin* [Evolução após Darwin]. Chicago: University of Chicago, 1960. p. 45.

9. DAWKINS, Richard. *Richard Dawkins vs. John Lennox: The God Delusion Debate* [Richard Dawkins vs. John Lennox: o debate Deus, um delírio]. Birmingham: New Day Entertainment, 2007. DVD. Debate ocorrido na Universidade do Alabama em Birmingham, 3 out 2007.

10. EINSTEIN, Albert. *Como vejo o mundo.* Rio de Janeiro: Editora Nova Fronteira, 1981. p. 13.

11. DIAMOND, Jared. *Preface* [Prefácio]. In: MAYR, Ernst. *What Evolution Is* [O que é a evolução]. Nova York: Basic, 2001. p. vii.
12. COYNE, Jerry A. *Why Evolution Is True* [Por que a evolução é verdade]. Nova York: Penguin, 2009. p. 3.
13. DAWKINS, Richard. *O relojoeiro cego*. Lisboa: Edições 70, 1988. p. 39. Publicado pela primeira vez em 1986.
14. ROSS, Hugh. 26 out 2012. Entrevista concedida a Rice Broocks. Usada sob permissão.
15. DARWIN, Charles. *A origem das espécie por meio da seleção natural ou a preservação das raças favorecidas na luta pela vida*. 2ª ed. São Paulo: Editora Escala, [20--]. Tomo III, p. 156.
16. LENNOX, John. *Richard Dawkins vs. John Lennox: the God Delusion Debate* [Richard Dawkins vs. John Lennox: o debate Deus, um delírio]. Birmingham: New Day Entertainment, 2007. DVD. Debate ocorrido na Universidade do Alabama em Birmingham, 3 out 2007.
17. ROSS, Hugh. 26 out 2012. Entrevista cedida a Rice Broocks. Usada sob permissão.
18. DAWKINS, Richard. *O relojoeiro cego*. Lisboa: Edições 70, 1988. p. 19. Publicado pela primeira vez em 1986.
19. CRICK, Francis. *What Mad Pursuit: A Personal View of Scientific Discovery* [Que louca busca: uma visão pessoal da descoberta científica]. Nova York: Basic, 1988. p. 138.
20. HOYLE, Fred; WICKRAMASINGHE, Chandra. *Evolution From Space* [Evolução vinda do espaço]. Londres: Granada Publishing Ltd., 1981. p. 20.
21. HOYLE, Fred. *Hoyle on Evolution* [Hoyle a respeito da evolução]. *Nature*, v. 294, nº 12, nov de 1981, p. 105.
22. HOYLE, Fred; WICKRAMASINGHE, Chandra. *Evolution from Space* [Evolução vinda do espaço]. Londres: Granada Publishing Ltd., 1981. p. 28.
23. DAWKINS, Richard. *Deus, um delírio*. Tradução: Fernanda Ravagnani. São Paulo: Companhia das Letras, 2007. p. 165.
24. CAME, Daniel. *Richard Dawkins Refusal to Debate is Cynical and Anti-intellectual* [A recusa de Richard Dawkins para debater é cínica e anti-intelectual]. *The Guardian*, Londres, 22 out 2011. Disponível em: <http://www.guardian.co.uk/commentisfree/belief/2011/oct/22/richard-dawkins-refusal-debate-william-lane-craig?CMP=twt_gu>. Acesso em: 2 jul 2013.
25. PLANTINGA, Alvin. *Where the Conflict Really Lies: Science, Religion, and Naturalism* [Onde o conflito de fato mora: ciência, religião e naturalismo]. Nova York: Oxford University, 2012. p. 27.
26. DAWKINS, Richard. *Militant Atheism* [Ateísmo militante]. TED, Nova York, abr 2007. Disponível em: <http://www.ted.

com/talks/lang/en/richard_dawkins_on_militant_atheism.
html >. Acesso em: 2 jul 2013. Palestra proferida em
Monterey, Califórnia, fev 2002.

27. MENDEL, Jerry M.; WU, Dongrui. *Perceptual Computing: Aiding People in Making Subjective Judgments* [Computação perceptiva: auxiliando pessoas a fazerem julgamentos subjetivos]. Hoboken, NJ: John Wiley and Sons, 2010. p. 20.

28. DAWKINS, Richard. *A escalada do Monte Improvável: uma defesa da Teoria da Evolução.* Tradução: Suzana Sturlini Couto. São Paulo: Companhia das Letras, 1998. p. 91.

29. BEHE, Michael J. *A caixa preta Darwin: o desafio da bioquímica à Teoria da Evolução.* Tradução: Ruy Jungmann. Rio de Janeiro: Jorge Zahar Editor, 1997. p. 77-80.

30. ANDREWS, Edgar. *Who Made God? Searching for a Theory of Everything* [Quem fez Deus? Em busca de uma teoria de tudo]. Maitland, FL: Xulon Press, 2012. p. 76-77.

31. WANG, Ming. 5 jun 2012. Em conversa com Rice Broocks.

32. *Calvin and Hobbes* [Calvin e Haroldo]. Direitos reservados a Watterson, 1990. Distribuído por Universal Press Syndicate.

33. ROSS, Hugh. Em entrevista com o autor.

34. DEMBSKI, William A. *The Design Revolution: Answering the Toughest Questions About Intelligent Design* [A revolução do design: respondendo às mais difíceis perguntas sobre design inteligente]. Downer's Grove, IL: InterVarsity, 2004. p. 87-93.

35. *Evolution's Big Bang* [O Big Bang da evolução]. *Time*, Nova York, 4 dez 1995. Disponível em: <http://www.time.com/time/covers/0,16641,19951204,00.html>. Acesso em: 5 jul 2013.

36. NASH, J. Madeleine. *When Life Exploded* [Quando a vida explodiu]. *Time*, Nova York, 4 dez 1995. Disponível em: <http://www.time.com/time/magazine/article/0,9171,983789,00.html>. Acesso em: 5 jul 2013.

37. DARWIN, Charles. *A origem das espécies por meio da seleção natural ou a preservação das raças favorecidas na luta pela vida.* 2ª ed. São Paulo: Editora Escala, [20--]. Tomo II, p. 11.

38. NARBONNE, Guy M. Citado em: NASH, J. Madeleine. *When Life Exploded* [Quando a vida explodiu]. *Time*, Nova York, 4 dez 1995. Disponível em: <http://www.time.com/time/magazine/article/0,9171,983789,00.html>. Acesso em: 5 jul 2013.

39. Para uma discussão detalhada, ver REMINE, Walter. *The biotic Message: Evolution versus Message Theory* [A mensagem biótica: evolução contra a Teoria da Mensagem. Saint Paul, MN: Saint Paul Science, publishers, 1993.

Capítulo 6: A vida tem sentido e propósito

1. KRAUSS, Lawrence. *A Universe from Nothing* [Um universo a partir do nada]. [S.l.]: bdw5000, [20--]. Disponível em: <http://www.youtube.com/watch?v=EjaGktVQdNg>. Acesso em: 8 jul 2013. Palestra na Universidade de Oxford, Oxford, Inglaterra.

2. LEWIS, Clive Staples. *Cristianismo puro e simples*. São Paulo: Martins Fontes, 2005. p. 52.

3. SAGAN, Carl. *Carl Sagan Appears on CBC to Discuss the Importance of SETI* [Carl Sagan aparece na CBC para discutir a importância do SETI [arquivo de Carl Sagan]]. Toronto: Callum C. J. Sutherland, 2011. Disponível em: <http://www.youtube.com/watch?v=r5GFoFh4T2g>. Acesso em: 18 ago 2013. Em entrevista à CBC, outubro de 1988.

4. CRAIG, William Lane. *Em guarda: defenda a fé cristã com razão e precisão*. São Paulo: Vida Nova, 2011. p. 32.

5. KUSHNER, Harold S. Prefácio. In: FRANKL, Viktor E. *O homem em busca de um sentido*. Alfragide: Lua de Papel, 2012.

6. FRANKL, Viktor E. *Em busca de sentido*. São Leopoldo: Sinodal; Petrópolis: Vozes, 2008. p. 7. [itálico do original]

7. NIETZSCHE, Friedrich Wilhelm. *O anticristo*. São Paulo: Escala, 2008. p. 89. [itálico do original]

8. Para mais informações, por favor, visite <www.thegodtest.org>.

9. DAWKINS, Richard. *O rio que saía do Éden: uma visão darwinista de vida*. Rio de Janeiro: Rocco, 1996. p. 52.

10. RUSSEL, Bertrand. *Why I Am Not a Christian and Other Essays on Religion and Related Subjects* [Porque não sou cristão e outros ensaios sobre religião e assuntos afins]. Nova York: Simon and Schuster, 1957. p. 107. As versões em português não contêm o trecho citado, extraído do texto "A free man's worship" [Adoração a um homem livre].

11. SARTRE, Jean-Paul. *Truth and Existence* [Verdade e existência]. Editor: Ronald Aronson. Tradução: Adrian van den Hoven. Chicago: University of Chicago, 1992. p. 71.

12. WARREN, Rick. *Uma vida com propósitos*. São Paulo: Editora Vida, 2008.

13. KRAUSS, Lawrence M. *A Universe from Nothing: Why There Is Something Rather Than Nothing* [Um universo a partir do nada: porque existe alguma coisa em vez de coisa nenhuma]. Nova York: Free Press, 2012. p. xii.

14. ROBERTSON, David. *As cartas para Dawkins: desafiando mitos ateístas*. Brasília: Monergismo, 2008. p. 32.

15. SCHAEFFER, Francis A. *The Church Before the Watching World: A Practical Ecclesiology* [A Igreja diante do mundo que

a observa: uma eclesiologia prática]. Downer's Grove, IL: InterVarsity, 1971. p. 29.

16. GRAFFIN, Greg; OLSON, Steve. *Anarchy Evolution: Faith, Science, and Bad Religion in a World Without God* [Evolução anarquista: fé, ciência e religião ruim num mundo sem Deus]. Nova York: HarperCollins, 2010. p. 61.

17. LENNOX, John. *Richard Dawkins vs. John Lennox: the God Delusion Debate* [Richard Dawkins vs. John Lennox: o debate Deus, um delírio]. Birmingham: New Day Entertainment, 2007. DVD. Debate ocorrido na Universidade do Alabama em Birmingham, 3 out 2007.

18. SCHAEFFER, Francis A. *Escape from Reason* [Fuga da razão]. Downer's Grove, IL: InterVarsity, 2006. p. 32. Publicado no Brasil pela Editora Fiel e Aliança Brasileira Universitária sob o título A morte da razão.

19. TINKER, Christopher; TINKER, Melvin. *Fifty Years on: The Legacy of Francis Schaeffer — An Apologetic for Post-moderns* [Cinquenta anos depois: a legacia de Francis Schaeffer — uma apologética para os pós-modernos]. Churchman, Watford, v. 119, nº 3, outono 2005, p. 208.

20. GOULD, Stephen Jay. Citado em: FRIEND, David. *The Meaning of Life: Reflections in Words and Pictures on Why We Are Here* [O significado da vida: reflexões sobre "por que estamos aqui?" em palavras e figuras]. Nova York: Little Brown, 1991. p. 33.

21. HITCHENS, Cristopher. *The True Core of the Jesus Myth: Christopher Hitchens @ FreedomFest* [O verdadeiro âmago do mito sobre Jesus: Christopher Hitchens @FreedomFest]. [S.l.]: FfreeThinker, 2009. Disponível em: <http://www.youtube.com/watch?v=vMo5R5pLPBE>. Acesso em: 11 jul 2013.

22. DAWKINS, Richard. *O capelão do diabo: ensaios escolhidos*. São Paulo: Companhia das Letras, 2005. p. 48.

23. WELLS, Jonathan. *Survival of Fakest* [Sobrevivência do mais falso]. *American Spectator*, Arlington, dez 2000/jan 2001. Disponível em: <http://catholiceducation.org/articles/science/sc0066.html>. Acesso em: 27 ago 2013.

24. STANLEY, Steven M. *The New Evolutionary Timetable: Fossils, Genes, and the Origin of Species* [O novo cronograma da evolução: fósseis, genes e a origem das espécies]. Nova York: Basic, 1981. p. 139.

25. GOULD, Stephen Jay. *Ever since Darwin: Reflections in Natural History* [Desde Darwin: reflexões sobre a história natural]. Nova York: W. W. Norton, 1977. p. 57.

26. COLLINS, Francis S. *A linguagem de Deus: um cientista apresenta evidências de que Ele existe*. São Paulo: Editora Gente, 2007.

27. GAUGER, Ann; AXE, Douglas; LUSKIN, Casey. *Science and Human Origins* [Origem da ciência e da humanidade]. Seattle: Discovery Institute, 2012.

28. ZACHARIAS, Ravi. *Pode o homem viver sem Deus?* São Paulo: Mundo Cristão, 1997. p. 47.

29. *What Is Speciesism? The Ethics of Speciesism* [O que é especismo? A ética do especismo]. Ethics Guide, Londres, [20--]. Publicado pela BBC News. Disponível em: <http://www.bbc.co.uk/ethics/animals/rights/speciesism.shtml>. Acesso em: 11 jul 2013.

30. SINGER, Peter. *Libertação animal*. Porto Alegre, São Paulo: Lugano, 2004. p. 197.

31. DAWKINS, Richard. [s.n.]. *Late Late Show*, Dublin, 18 set 2009. Entrevista concedida a Craig Ferguson. Programa da RTÉ One (TV irlandesa).

32. CHOMSKY, Noam. *Linguagem e mente*. São Paulo: Editora UNESP, 2009. p. 124.

33. CHOMSKY, Noam. *Novos horizontes no estudo da linguagem e da mente*. São Paulo: Editora UNESP, 2005. p. 155.

34. DENTON, Michael. *Nature's Destiny: How the Laws of Biology Reveal Purpose in the Universe* [Destino da natureza: como as leis da biologia revelam propósito no universo]. Nova York: Free Press, 2002. p. 241.

35. Ibidem. p. 239.

36. GLEISER, Marcelo. *We Are Unique* [Nós somos únicos]. In: BROCKMAN, John (ed.). *This will make you smarter: new scientific concepts to improve your thinking* [Isto vai fazê-lo mais inteligente: novos conceitos científicos para melhorar seu pensamento]. Nova York: HarperCollins, 2012. p. 4.

37. FRANKFURT, Harry G. *Freedom of the Will and the Concept of a Person* [Livre-arbítrio e o conceito de pessoa]. *The Journal of Philosophy* [O Jornal de Filosofia], Nova York, v. 68, n° 1, p. 5-7, 14 jan 1971.

38. TOMASELLO, Michael. "How are humans unique?" [Quão únicos são os seres humanos?]. *The New York Times*, Nova York, 25 mai 2008. Disponível em: <http://www.nytimes.com/2008/05/25/magazine/25wwln-essay-t.html?_r=0>. Acesso em: 12 jul 2013.

39. DONALD, Merlin. *A Mind So Rare: The Evolution of Human Consciousness* [Uma mente muito rara: a evolução da consciência humana]. Nova York: W.W. Norton, 2002. p. xiii.

40. HABERMAS, Gary; MORELAND, J. P. *Beyond Death: Exploring the Evidence for Immortality* [Além da morte: explorando a evidência em prol da imortalidade]. Eugene: Wipf & Stock Publishers, 2004.

41. Para uma discussão completa desses e de outros exemplos, ver: FAVERO, Kevin. *Science of the Soul: Scientific Evidence of Human Souls* [Ciência da alma: evidências científicas da alma humana]. Edina, MN: Beaver's Pond Press, 2004.
42. AGOSTINHO. *Confissões*. São Paulo: Círculo do Livro, 1999. liv. I, cap. 1, p. 37. (Os pensadores).

Capítulo 7: Jesus e a ressurreição

1. MCDOWELL, Josh; MCDOWELL; Sean. *Mais que um carpinteiro: a história deste livro pode mudar a história da sua vida*. São Paulo: Hagnos, 2012. p. 99.
2. EHRMAN, Bart. *Did Jesus exist?: The Historical Argument for Jesus of Nazareth* [Jesus existiu? O argumento histórico sobre Jesus de Nazaré]. Nova York: HarperOne: 2012. p. 7.
3. RILEY, Naomi Schaefer. "A revelation: civil debate over God's existence" [Uma revelação: um debate civil sobre a existência de Deus]. *The Wall Street Journal*. Disponível em: <http://online.wsj.com/article/SB119214767015956720-search.html>. Acesso em: 12 jul 2013.
4. LENNOX, John. *Richard Dawkins vs. John Lennox: the God Delusion Debate* [Richard Dawkins vs. John Lennox: o debate Deus, um delírio]. Birmingham: New Day Entertainment, 2007. DVD. Debate ocorrido na Universidade do Alabama em Birmingham, 3 out 2007.
5. LENNOX, John. *Has Science Buried God?* [A ciência enterrou Deus?]. Birmingham: Fixed Point Foundation, 2009. DVD. Debate ocorrido no Museu de História Natural da Universidade de Oxford, Oxford, 21 out 2008.
6. EHRMAN, Bart. *Did Jesus Exist? The Historical Argument for Jesus of Nazareth* [Jesus existiu? O argumento histórico sobre Jesus de Nazaré]. Nova York: HarperOne: 2012. p. 5-6.
7. TÁCITO. *Anais*. Trad. Leopoldo Pereira. São Paulo: Ediouro, s/d. p. 248.
8. PLÍNIO, o Jovem. *Cartas* 2.10.
9. JULIUS Africanus. *Chronography* [Cronografia] 18.1.
10. JOSEFO, Flávio. *Antiguidades judaicas*, Livro Vigésimo, Capítulo 8, 856. In: _____. História dos hebreus. Trad. de Vicente Pedroso. 5ª ed. Rio de Janeiro: Casa Publicadora das Assembleias de Deus, 1990. p. 465.
11. BLOMBERG, Craig. *The Historical Reliability of the Gospels* [A confiabilidade histórica dos Evangelhos]. Downer's Grove, IL: InterVarsity, 1987. p. 252–54.
12. BLAIKLOCK, E. M. Citado em: MCDOWELL, Josh. *Skeptics Who Demanded a Verdict* [Céticos que exigem um veredito].

Wheaton: Tyndale, 1989. p. 85. Publicado no Brasil pela Editora Candeia sob o título Céticos que exigem um veredito.

13. GORDON, Richard. *Image and value in the Graeco-Roman world* [Imagem e valor no mundo greco-romano]. Aldershot, Reino Unido: Variorum, 1996. p. 96.

14. CARRIER, Richard. "Kersey Graves and the world's sixteen crucified saviors" ["Kersey Graves e os dezesseis salvadores crucificados"]. Internet Infidels. Disponível em: <http://www.infidels.org/library/modern/richard_carrier/graves.html>. Acesso em: 20 ago 2013.

15. KEENER, Craig S. *The Historical Jesus of the Gospels* [O Jesus histórico dos Evangelhos]. Grand Rapids: Wm. B. Eerdmans, 2009. p. 334–35.

16. METZGER, Bruce M. *Mystery Religions and Early Christianity* [Religiões de mistério e cristianismo primitivo]. In: _____. *Historical and literary studies* [Estudos históricos e literários]. Leiden, Países Baixos: E. J. Brill, 1968. p. 11.

17. KEENER, Craig S. *The Historical Jesus of the Gospels* [O Jesus histórico dos Evangelhos]. Grand Rapids: Wm. B. Eerdmans, 2009. p. 336.

18. Ibidem. p. 333.

19. METTINGER, Tryggve N. D. *The Riddle of Resurrection: "Dying and Rising Gods" in the Ancient Near East* [O enigma da ressurreição: "deuses que morrem e ressuscitam" no antigo Oriente próximo]. Londres: Coronet, 2001. p. 7, 40–41.

20. STERRETT, Dave. *Why Trust Jesus? An Honest Look at Doubts, Plans, Hurts, Desires, Fears, Questions, and Pleasures* [Por que confiar em Jesus? Um exame honesto sobre dúvidas, planos, mágoas, desejos, medos, perguntas e prazeres]. Chicago: Moody, 2010. p. 141.

21. STROBEL, Lee. *Proof of Jesus and the Bible* [Prova de Jesus e da Bíblia]. Disponível em: <http://www.youtube.com/watch?v=6WGDfNlp2as>. Acesso em: 19 ago 2013.

22. EDWARDS, William D.; GABEL, Wesley J.; HOSMER, Floyd E. *On the physical death of Jesus Christ* [Sobre a morte física de Jesus Cristo]. *Journal of the American Medical Association* [Jornal da Associação Médica Americana], Chicago, 21 mar 1986, p. 256.

23. ROBINSON, John A. T. citado por CRAIG, William Lane. *A prova do corpo desaparecido: o corpo de Jesus realmente desapareceu do túmulo?* In: STROBEL, Lee. *Em defesa de Cristo: jornalista ex-ateu investiga as provas da existência de Cristo*. Tradução: Antivan Guimarães Mendes, Hans Udo Fuchs. São Paulo: Editora Vida, 2001. p. 278. Entrevista concedida a Lee Strobel.

24. TABOR, James D. *A dinastia de Jesus: a história secreta das origens do cristianismo*. Rio de Janeiro: Ediouro, 2006. p. 246.

25. SANDERS, Ed Parish. *The Historical Figure of Jesus* [A verdadeira história de Jesus]. Nova York: Penguin Books, 1993. p. 279–280.
26. EHRMAN, Bart D. *The New Testament: A Historical Introduction to the Early Christian Writings* [O Novo Testamento: uma introdução histórica aos escritos cristãos primitivos]. 3ª ed. Nova York: Oxford University, 2004. p. 276.
27. CROSSAN, John Dominic; REED, Jonathan L. *Em busca de Jesus: debaixo das pedras, atrás dos textos*. Tradução: Jaci Maraschin. São Paulo: Paulinas, 2008. p. 275-276.
28. LAPIDE, Pinchas. *The Resurrection of Jesus: A Jewish Perspective* [A ressurreição de Jesus: uma perspectiva judaica]. Tradução: Wilhelm C. Linss. Minneapolis: Fortress Press, 1988. p. 125.
29. FRANCIS, James A.; BLANCHARD, Ken. *One Solitary Life* [Uma vida solitária]. Nashville: Thomas Nelson, 2005. p. 39.

Capítulo 8: O testemunho das Escrituras

1. KANT, Immanuel. Citado em PAULSEN, Friedrich. *Immanuel Kant: His Life and Doctrine* [Immanuel Kant: sua vida e doutrina]. Tradução: J. E. Creighton, Albert LeFevre. Nova York: Charles Scribner's Sons, 1902. p. 48.
2. LINCOLN, Abraham. *Reply to Loyal Colored People of Baltimore Upon Presentation of a Bible* [Réplica ao leal povo de cor habitante de Baltimore quanto ao presente de uma Bíblia]. *Daily Morning Chronicle*, Washington, 8 set 1864.
3. *The digital Dead Sea Scrolls* [Os Pergaminhos digitais do Mar Morto]. Iniciativa: The Israel Museum, Jerusalem [O Museu de Israel, Jerusalém]. Disponível em: <http://dss.collections. imj.org.il/isaiah>. Acesso em: 21 ago 2013.
4. GRUDEM, Wayne; COLLINS, C. John; SCHREINER, Thomas R. (Ed.). *Understanding Scripture: an overview of the Bible's origin, reliability, and meaning* [Origem, confiabilidade e significado da Bíblia]. Wheaton, IL: Crossway, 2012. p. 159.
5. BRUCE, F. F. *Galatian problems. 4. the date of the epistle* [Problemas em Gálatas. 4. a data da epístola]. *Bulletin of the John Rylands Library* [Boletim da Biblioteca John Rylands], Manchester, primavera de 1972, v.54, nº 2, p. 250-267. Boletim atualmente publicado pela Universidade de Manchester. Disponível em: <https://www.escholar. manchester.ac.uk/api/datastream?publicationPid=uk-ac-man-scw:1m2744&datastreamId=POST-PEER-REVIEW-PUBLISHERS-DOCUMENT.PDF>. Acesso em: 20 ago 2013.
6. GEISLER, Norman; BOCCHINO, Peter. *Fundamentos inabaláveis: resposta aos maiores questionamentos contemporâneos sobre a fé cristã: clonagem, bioética, aborto, eutanásia,*

macroevolução. Tradução: Heber Carlos de Campos. São Paulo: Editora Vida, 2003. p. 275-276.

7. STEWART, Robert. *The Reliability of the New Testament: Bart Ehrman and Daniel Wallace in Dialogue* [A confiabilidade do Novo Testamento: Bart Ehrman e Daniel Wallace em diálogo]. Minneapolis: Augsburg Fortress, 2011. Edição eletrônica para Amazon Kindle. p. 33-34. Faz referência a METZGER, Bruce M.; EHRMAN, Bart D. *The Text of the New Testament: its transmission, corruption, and restoration* [O texto do Novo Testamento: sua transmissão, corrupção e restauração]. 4ª ed. Nova York: Oxford University Press, 2005. p. 126.

8. ARCHER, Gleason. *Merece confiança o Antigo Testamento? Panorama de introdução.* São Paulo: Edições Vida Nova, 1974. p. 21. Para uma edição mais recente: ARCHER, Gleason. *Panorama do Antigo Testamento: nova edição revisada e ampliada do "Merece confiança o Antigo Testamento?".* São Paulo: Vida Nova, 2012.

9. BROWN, Dan. *O Código Da Vinci.* São Paulo: Editora Arqueiro, 2004.

10. STEWART, Robert. *The Reliability of the New Testament: Bart Ehrman and Daniel Wallace in Dialogue* [A confiabilidade do Novo Testamento: Bart Ehrman e Daniel Wallace em diálogo]. Minneapolis: Augsburg Fortress, 2011. Edição eletrônica para Amazon Kindle. p. 55.

11. CRAIG, William Lane. *Establishing the Gospels' Reliability* [Estabelecendo a confiabilidade dos Evangelhos]. Reasonable Faith, Dallas, 5 abr 2010. Disponível em: < http://www. reasonablefaith.org/establishing-the-gospels-reliability>. Acesso em: 20 ago 2013.

12. STEWART, Robert. *The Reliability of the New Testament: Bart Ehrman and Daniel Wallace in Dialogue* [A confiabilidade do Novo Testamento: Bart Ehrman e Daniel Wallace em diálogo]. Minneapolis: Augsburg Fortress, 2011. Edição eletrônica para Amazon Kindle. p. 39.

13. BLOMBERG, Craig. *The Historical Reliability of the Gospels* [A confiabilidade histórica dos Evangelhos]. Downer's Grove, IL: InterVarsity, 1987. p. 55-62.

14. Ibidem. p. 152-195.

15. Ibidem. p. 203-204.

16. RAMSAY, Sir William. *The Bearing of Recent Discovery on the Trustworthiness of the New Testament* [A influência da recente descoberta da confiabilidade do Novo Testamento]. Grand Rapids: Baker, 1975. p. 89. Original lançado em 1915.

17. KEENER, Craig S. *The Historical Jesus of the gospels* [O Jesus histórico dos Evangelhos]. Grand Rapids: Wm. B. Eerdmans, 2009. p. 85–94. Ver também: HEMER, Colin. *Book of Acts in*

the setting of hellenistic history [O livro de Atos no contexto da história helênica].Winona Lake, IN: Eisenbrauns, 1990.

18. BLOMBERG, Craig. *The Historical Reliability of the Gospels* [A confiabilidade histórica dos Evangelhos]. Downer's Grove, IL: InterVarsity, 1987. p. 206.

19. KITCHEN, K. A. *On the Reliability of the Old Testament* [Da confiabilidade do Antigo Testamento].Grand Rapids: Wm. B. Eerdmans, 2003).

20. KOENIG, Harold. *The Healing Power of Faith: How Belief and Prayer Can Help You Triumph Over Disease* [O poder curativo da fé: como crer e orar podem ajudá-lo a triunfar sobre a doença].

Capítulo 9: O Efeito Graça

1. EHRMAN, Bart D. *O problema com Deus*. Tradução: Alexandre Martins. Rio de Janeiro: Agir, 2008. p. 115-116.

2. STARK, Rodney. *The Rise of Christianity: How the Obscure, Marginal Jesus Movement Became the Dominant Religious Force in the Western World in a Few Centuries* [O surgimento do cristianismo: como o obscuro e marginalizado movimento de Jesus tornou-se a religião dominante no mundo ociental em poucos séculos]. Princeton: Princeton University, 1996. p. 211.

3. DURANT, Will. *Caesar and Christ: A History of Roman Civilization from their Beginnings to A.D. 325* [César e Cristo: uma história da civilização romana do seu início até o ano 325 d.C.] . Nova York: Simon and Schuster, 1972. p. 652. Original publicado em 1944.

4. GREEN, Michael. *Thirty Years that Changed the World: The Book of Acts for Today* [Trinta anos que mudaram o mundo: o livro de Atos para os dias de hoje]. Grand Rapids: Wm. B. Eerdmans, 2004. p. 7. Original publicado1993.

5. KENNEDY, D. James; NEWCOMBE, Jerry. *E se Jesus não tivesse nascido?* São Paulo: Editora Vida, 2003. p. 23.

6. HITCHENS, Christopher. *The Dennis Miller Show*, Westwood One, 30 out. 2009. Entrevista concedida a Dennis Miller.

7. CRAIG, William Lane. Debate - *William Lane Craig vs Christopher Hitchens - Does God Exist?* [Debate: William Lane Craig versus Cristopher Hitchens: Deus existe?]. In: *Enhanced Does God Exist? Debate DVD*. La Mirada, Califórnia: Biola University; La Mirada Films, 2009. 2 DVDs. Disponível em: <http://www.youtube.com/watch?v=4KBx4vvlbZ8>. Acesso em: 22 ago 2013.

8. MUEHLHAUSER, Luke. *The Craig-Hitchens Debate* [O debate Craig/Hitchens]. *Common Sense Atheism*, [S.l.], 4 abr. 2009. Disponível em: <http://commonsenseatheism.com/?p=1230>. Acesso em: 22 ago 2013.

9. TAUNTON, Larry Alex. *The Grace Effect: How the Power of One Life Can Reverse the Corruption of Unbelief* [O Efeito Graça: como o poder de uma vida pode reverter a corrupção da incredulidade]. Nashville: Thomas Nelson, 2011. p. xii.

10. Ibidem. p. 22.

11. KENNEDY, D. James; NEWCOMBE, Jerry. *E se Jesus não tivesse nascido?* São Paulo: Editora Vida, 2003. p. 45-46. Texto alterado na citação para adequação à ênfase dada pelo autor deste livro, Rice Broocks, no original em inglês.

12. STARK, Rodney. *The rise of Christianity: How the Obscure, Marginal Jesus Movement Became the Dominant Religious Force in the Western World in a Few Centuries* [O surgimento do cristianismo: como o obscuro e marginalizado movimento de Jesus tornou-se a religião dominante no mundo ociental em poucos séculos]. Princeton: Princeton University, 1996. p. 105.

13. KENNEDY, D. James; NEWCOMBE, Jerry. *E se Jesus não tivesse nascido?* São Paulo: Editora Vida, 2003. p. 24-29.

14. STARK, Rodney. *The Rise of Christianity: How the Obscure, Marginal Jesus Movement Became the Dominant Religious Force in the Western World in a Few Centuries* [O surgimento do cristianismo: como o obscuro e marginalizado movimento de Jesus tornou-se a religião dominante no mundo ociental em poucos séculos]. Princeton: Princeton University, 1996. p. 124-128.

15. KENNEDY, D. James; NEWCOMBE, Jerry. *E se Jesus não tivesse nascido?* São Paulo: Editora Vida, 2003. p. 45.

16. Ibidem. p. 29-30.

17. STARK, Rodney. *The Rise of Christianity: How The Obscure, Marginal Jesus Movement Became the Dominant Religious Force in the Western World in a Few Centuries* [O surgimento do cristianismo: como o obscuro e marginalizado movimento de Jesus tornou-se a religião dominante no mundo ociental em poucos séculos]. Princeton: Princeton University, 1996. p. 95.

18. SMITH, Adam. *A riqueza das nações: investigação sobre sua natureza e suas causas.* 3ª ed. Tradução: Luiz João Baraúna. São Paulo: Nova Cultural, 1988. Vol.1, p. 67. (Os economistas). Citado em KENNEDY, D. James; NEWCOMBE, Jerry. *E se Jesus não tivesse nascido?* São Paulo: Editora Vida, 2003. p. 31.

19. KENNEDY, D. James; NEWCOMBE, Jerry. *E se Jesus não tivesse nascido?* São Paulo: Editora Vida, 2003. p. 29-31.

20. LAUFFER, Siegfried. *Die Bergwerkssklaven von Laureion* [Os escravos mineradores de Láurio]. *Forschungen zur antiken Sklaverei* [Pesquisas sobre a escravidão na antiguidade], Mainz, vol.11, pp.117, 1955. Publicado pela Akademie der Wissenschaften und der Literatur.

21. BRADLEY, Keith. *Resisting Slavery in ancient Rome* [Resistindo à escravidão na Roma antiga]. History, Londres, 17 fev. 2011. Disponível em: <http://www.bbc.co.uk/history/ancient/romans/slavery_01.shtml>. Acesso em: 23 ago 2013. Publicado pela BBC News.

22. STARK, Rodney. *The Victory of Reason: How Christianity Led to Freedom, Capitalism, and Western Success* [A vitória da razão: como o cristianismo levou à liberdade, ao capitalismo e ao sucesso do ocidente]. Nova York: Random House, 2005. p. 76.

23. JOHNSON, Paul. *The Renaissance: a short history* [O renascimento: história essencial]. Nova York: Modern Library, 2000. p. 9.

24. MARSDEN, George. *The Soul of the American University: From Protestant Establishment to Established Nonbelief* [O espírito da universidade americana: do estabelecimento protestante à incredulidade estabelecida]. Nova York: Oxford University, 1996.

25. HORTON, Michael S. *Where in the World is the Church? A Christian View of Culture and Your Role in It* [Cadê a Igreja? uma visão cristã sobre a cultura e o seu papel nela]. Phillipsburg, NJ: P and R, 2002. p. 29-31.

26. TAUNTON, Larry Alex. *The Grace Effect: How the Power of One Life Can Reverse the Corruption of Unbelief* [O Efeito Graça: como o poder de uma vida pode reverter a corrupção da incredulidade]. Nashville: Thomas Nelson, 2011. p. 34.

27. HERRIN, Judith. *The Formation of Christendom* [A formação da cristandade]. Princeton: Princeton University, 1987. p. 57.

28. HINSON, E. Glenn. *The Early Church: Origins to the Dawn of the Middle Ages* [A igreja primitiva: das origens ao nascer da Idade Média]. Nashville: Abingdon, 1996. p. 171.

29. JULIANO. Citado em: NAGLE, D. Brendan; BURSTEIN, Stanley M. *The Ancient World: Readings in Social and Cultural History* [O mundo antigo: leituras de história social e cultural]. Englewood Cliffs, NJ; Prentice Hall, 1995. p. 314-315.

30. TERESA DE CALCUTÁ, Madre. Citada em: *Mother Teresa Quotes* [Citações de Madre Teresa]. [S.l.]: BrainyQuotes, [19--]. Disponível em: <http://www.brainyquote.com/quotes/quotes/m/mothertere158114.html>. Acesso em: 23 ago 2013.

31. STARK, Rodney. *The rise of Christianity: How the Obscure, Marginal Jesus Movement Became the Dominant Religious Force in the Western World in a Few Centuries* [O surgimento do cristianismo: como o obscuro e marginalizado movimento de Jesus tornou-se a religião dominante no mundo ociental em poucos séculos]. Princeton: Princeton University, 1996. p. 215.

32. STARK, Rodney. *The Victory of Reason: How Christianity Led to Freedom, Capitalism, and Western Success* [A vitória da razão: como o cristianismo levou à liberdade, ao capitalismo e ao sucesso do ocidente]. Nova York: Random House, 2005. p. 76

33. KELLER, Timothy. *A fé na era do ceticismo: como a razão explica as crenças*. Rio de Janeio: Elsevier, 2008. p.133. Nova York: Simon and Schuster, 2001).

Capítulo 10: Provas vivas

1. BASHTA, Daniel. *God's Not Dead (Like a lion)* [Deus não está morto (como um leão)]. Intérprete: Newsboys. © 2010 worshiptogether.com Songs (ASCAP), sixsteps Music (ASCAP), Go Forth Sounds (ASCAP) (administração na EMICMGPublishing.com). Todos os direitos reservados. Usado sob permissão.

2. MICKLETHWAIT, John; WOOLDRIDGE, Adrian. *God is Back: How the Global Revival of Faith is Changing the World* [Deus está de volta: como o avivamento global da fé está mudando o mundo]. Nova York: Penguin Press HC, 2009. p. 13.

3. LENNON, John. *The John Lennon I knew* [O John Lennon que eu conhecia]. The Telegraph, Londres, 5 out. 2005. Disponível em: <http://www.telegraph.co.uk/culture/music/rockandjazzmusic/3646983/The-John-Lennon-I-knew.html>. Acesso em: 23 ago 2013. Entrevista concedida a Maureen Cleave.

4. MICKLETHWAIT, John; WOOLDRIDGE, Adrian. *God Is Back: How The Global Revival of Faith is Changing the World* [Deus está de volta: como o avivamento global da fé está mudando o mundo]. Nova York: Penguin Press HC, 2009. p. 12.

5. CARNES, Tony. 9 ago. 2012. Entrevista concedida a Rice Broocks.

6. *The Explosion of Christianity in Africa* [A explosão do cristianismo na África]. Christianity.com. Disponível em: <http://www.christianity.com/ChurchHistory/11630859>. Acesso em: 23 ago 2013.

7. OLIVIER, Frans. 20 mai. 2012. Conversa pessoal com Rice Broocks.

8. AIYEDOGBON, Sam. 12 out. 2012. Conversa pessoal com Rice Broocks.

9. SOLIMAN, Shaddy. 11 set. 2012. Conversa pessoal com Rice Broocks.

10. MURRELL, William. *Manila's mega-move* [O megapasso de Manila]. Charisma, Lake Mary, 1 set. 2012. Disponível

em: <http://www.charismamag.com/spirit/church-ministry/15495-manila-s-mega-move>. Acesso em: 23 ago 2013.

11. CABILING, Ferdie. 1 set. 2012. Conversa pessoal com Rice Broocks.

12. AIKMAN, David. 12 set. 2012. Em discussão com Rice Broocks.

13. CENTRAL INTELLIGENCE AGENCY. *The world factbook* [O livro do mundo]. Washington: CIA, 2013. Disponível em: <https://www.cia.gov/library/publications/the-world-factbook/geos/ks.html>. Acesso em: 23 ago 2013.

14. MOFFETT, Samuel H. *What Makes the Korean Church Grow? The Simple Secrets of its Remarkable Explosion* [O que faz a igreja coreana crescer? Os segredos simples de sua notável explosão]. *Christianity Today*, Carol Stream, 31 jan. 2007. Disponível em: <http://www.christianitytoday.com/ct/2007/januaryweb-only/105-33.0.html>. Acesso em: 23 ago 2013.

15. MANDRYK, Jason. *Operation World: The Definitive Prayer Guide to Every Nation* [Operação mundo: o guia definitivo para cada nação]. 7ª ed. Colorado Springs: Biblica, 2010. p. 447.

16. MICKLETHWAIT, John; WOOLDRIDGE, Adrian. *God Is Back: How The Global Revival of Faith is Changing the World* [Deus está de volta: como o avivamento global da fé está mudando o mundo]. Nova York: Penguin Press HC, 2009. p. 14.

17. *"There's Probably no Dawkins" bus campaign* (William Lane Craig vs The God delusion) [Campanha nos ônibus "Provavelmente Dawkins não existe" (William Lane Craig versus Deus, um delírio)]. [S.l.]: Birdieupon, 2011. Disponível em: <http://www.youtube.com/watch?v=SGWr9qpeKpE>. Acesso em: 23 ago 2013. Vídeo disponibilizado no YouTube.

18. ECKLEBEN, Wolfgang. 15 ago. 2012. Conversa pessoal com Rice Broocks.

19. LOWE, Gareth. 1 ago. 2012. Conversa pessoal com Rice Broocks.

20. STETZER, Ed. [s.n] [mensagem pessoal]. Mensagem recebida por Rice Broocks em 22 ago 2012.

21. THE BARNA GROUP. *Barna Survey Reveals Significant Growing in Born Again Population* [Pesquisa do Barna revela significativo crescimento na população nascida de novo]. Barna Group, Ventura, 27 mar. 2006. Disponível em: <http://www.barna.org/barna-update/article/5-barna-update/157-barna-survey-reveals-significant-growth-in-born-again-population>. Acesso em: 23 ago. 2013.

22. HALL, Chad. *Leader's Insight: The Disappearing Middle. Leadership Journal*, Carol Streams, jul. 2007. Disponível em: <http://www.christianitytoday.com/le/2007/july-online-only/cln70716.html?start=2>. Acesso em: 23 ago 2013.

23. MICKLETHWAIT, John; WOOLDRIDGE, Adrian. God *Is Back: How The Global Revival of Faith is Changing the World* [Deus está de volta: como o avivamento global da fé está mudando o mundo]. Nova York: Penguin Press HC, 2009. p. 139.

24. KEENER, Craig. *Miracles: The Credibility of the New Testament Accounts* [Milagres: a credibilidade dos registros do Novo Testamento]. Grand Rapids: Baker Academic, 2011. Para um estudo detalhado sobre milagres. 2 vol., pp. 1172.

25. WANG, Ming. 5 jun. 2012. Entrevista concedida a Rice Broocks. Usada sob permissão.

26. MARLIN, Joe. 15 ago. 2012. Entrevista concedida a Rice Broocks. Usada sob permissão.

27. MILLER, Brian. 10 ago. 2012. Entrevista concedida a Rice Broocks. Usada sob permissão.

28. GOODSON, Joanna. 20 set. 2012. Entrevista concedida a Rice Broocks. Usada sob permissão.

29. REDING, Brant. 15 set. 2012. Entrevista concedida a Rice Broocks. Usada sob permissão.

30. MUNROE, Jim. 20 set. 2012. Entrevista concedida a Rice Broocks. Usada sob permissão.

31. CURY, Augusto. [s.n]. [S.l.]: [20--?]. Disponível em: <www.augustocury.com.br>.

Conclusão: A busca por Deus

1. PASCAL, Blaise. *Pensamentos*. 4ª ed. Tradução de: Sérgio Milliet. São Paulo: Nova Cultural, 1988. p. 142. (Os pensadores). Artigo VII. 430.

2. DAWKINS, Richard. *Q&A*, Sydney, 9 abr 2012. Produção da ABC. Entrevista cedida a Tony Jones em forma de debate.

3. PASCAL, Blaise. *Pensamentos*. 4ª ed. Tradução de: Sérgio Milliet. São Paulo: Nova Cultural, 1988. p. 142. (Os pensadores). Artigo VII. 430.

Este livro foi impresso no Rio de Janeiro, em 2018,
pela Edigráfica, para a Thomas Nelson Brasil.
A fonte usada no miolo é IowanOldSt BT, corpo 10,5/14,5.
O papel do miolo é avena 80g/m², e o da capa é cartão 250g/m².